中国城镇化发展路径选择

张郁达　著

ZHONGGUO CHENGZHENHUA FAZHAN LUJING XUANZE

知识产权出版社
全国百佳图书出版单位

图书在版编目（CIP）数据

中国城镇化发展路径选择/张郁达著．—北京：知识产权出版社，2016.6
ISBN 978-7-5130-4232-1

Ⅰ.①中…　Ⅱ.①张…　Ⅲ.①城市化—研究—中国　Ⅳ.①F299.21

中国版本图书馆 CIP 数据核字（2016）第 134313 号

内容提要

城镇化是人类社会文明发展到一定阶段的集中体现，是经济社会发展的必然趋势，是国家现代化建设的主要驱动力量。随着城镇化进程的加快，城乡差距日益扩大，进城农民工不能享受均等化的公共服务。资源、环境和社会矛盾等问题日益突出，成为阻碍中国现代化建设的“瓶颈”。因此，我们必须转变经济发展方式，加快体制创新，推进城镇化与工业化、信息化、农业现代化同步协调发展，走一条有利于释放内需巨大潜力，提高劳动生产率，破解城乡二元结构，促进社会公平和共同富裕的新型城镇化道路。

责任编辑：龚　卫　崔　玲　　**责任校对**：董志英
特邀编辑：杨佳瑞　　**责任出版**：刘译文

中国城镇化发展路径选择

张郁达　著

出版发行：知识产权出版社有限责任公司　　**网　　址**：http：//www.ipph.cn
社　　址：北京市海淀区西外太平庄 55 号　　**邮　　编**：100081
责编电话：010-82000860 转 8121　　**责编邮箱**：gongwei@cnipr.com
发行电话：010-82000860 转 8101/8102　　**发行传真**：010-82000893/82005070/82000270
印　　刷：北京科信印刷有限公司　　**经　　销**：各大网上书店、新华书店及相关专业书店
开　　本：720mm×1000mm　1/16　　**印　　张**：14.75
版　　次：2016 年 6 月第 1 版　　**印　　次**：2016 年 6 月第 1 次印刷
字　　数：245 千字　　**定　　价**：48.00 元

ISBN 978-7-5130-4232-1

摘　要

城镇化是指农村人口不断向城镇转移，第二、第三产业不断向城镇聚集，从而使城镇数量增加，城镇规模扩大的一种历史过程。城镇化是现代化的必由之路，是解决“三农”问题的重要途径，是推动区域经济协调发展的有力支撑，是扩大内需和促进产业升级的重要抓手，对全面建成小康社会、加快推进社会现代化具有重大现实意义和深远影响。

中共十六大以来，中国城镇化率每年都在逐步递增，城镇人口也在持续增长。城镇化既增加了投资又推动了消费，成为拉动内需的持久动力和中国经济发展的重要引擎。正确选择城镇化发展模式，是确保中国国民经济长期持续、健康、有序发展的关键。在国外很多发达国家的城镇化发展过程中，其发展规模、发展轨迹、动力源泉等方面都体现出了不同的特点，从而形成了各具特色的发展模式。

美国是高度城市化的国家，工业化启动以及国内市场扩大使其城市数量、规模逐渐扩大。伴随着城市化、郊区化、逆城市化、再城市化，城市规模从小到大，城市结构也由集中到分散到再集中、再分散的过程，美国城市规划逐渐发展为广泛吸收建筑学、地理学、经济学、社会学、生态学等学科知识而形成的综合性城市规划。英国走的是“集中型城市化”发展道路，以发展大中城市为主导，全面带动周围城市地区的经济发展；建立了与城市经济相适应的户籍管理制度，并且英国也十分注重农业、交通运输业等基础产业的建设。在法国，伴随着城镇化不断发展人口向城市集中，生产方式由第一产业转向第二、第三产业，生活方式由农村型转向城市型。并且在城乡协调、共同发展的基础上实现了城乡一体化。

日本、韩国、新加坡等亚洲国家在城镇化发展进程中也经历了一系列变革，其工业化、城市化与农村土地制度的发展经验，对我国协调三者关系，实现工业反哺农业以及让农民共享工业化、城市化成果，具有很大的借鉴作用。日本最早从制定农业基本法开始实施农业保护措施。在之后的发展中也出台了一系列法律政策，促进劳动力从农业部门向非农部门转移，扶持山区、农村及人口过疏地区的经济健康发展。外向型的经济战略决定了韩国的城市发展体现出既迅猛又集中的特点。主要是政府与政治制度引导发展，制订国土综合开发计划，重点发展中小城市先进基础设施等。新加坡几乎是一个没有农村的国家，城市建设中坚持超前科学规划，注重建设公园和开放空间，大力实施人性化建设，是名副其实的“花园城市”。新加坡施行“建管分离”法制化的管理模式，并且重视宣传教育以在根本上减少城市环境污染。新加坡的城市化发展经验值得我国在未来的发展中充分借鉴。

总结发达国家成功的城市化发展经验，不难发现，其发展历程都经历了工业化、城市化与农村土地制度的改革，政府强有力的政策引导和制度创新在城市规划建设和管理方面起到了至关重要的作用。如何协调产业结构升级与资源、经济能源的有效利用，以及解决因人口迁移高度密集而引发的环境、交通、教育、就业、农业结构等问题，是每个国家都要积极应对的课题。我国的城镇化也进入了快速发展阶段，根据我们的国情走出一条大中小城市与小城镇协调发展的道路。但是，我国城镇化的发展规划尚欠科学方法，支撑力量不够，投入资金和配套政策偏少，这使得我们在实现城镇发展方式的转变中，遇到很大程度上的制约。除此之外，我国城市化还存在城镇化农村富余劳动力转移、大城市病、盲目扩镇和建镇等问题。为此，我们必须找出一条适合我国城镇化的发展道路，以促进城镇化建设的可持续发展。

政府决策、人口迁移和农村城镇化改革是城镇化发展需要着重解决的三大问题。也是本书重点研究的内容。中国城镇化在很大程度上为政府所主导，加强政府决策在发展进程中的作用，促进有序城镇化发展是城镇化建设的应有之意。城镇化最显著的特点是人口的高度密集，而城市的许多问题诸如环境、交通、住房等也正是因为人口密集引起的。政府应当推进以人为核心的新型城镇化建设，合理规划城市分区和道路建设。着眼于公平、高效地分配城乡之间的空间，包括各种资源的利用、交通空间的利用以及大力促进绿色空间的建设发展。强化政府在相关政策及财政方面的支持，进行制度创新、户籍制度和土地制度的改革，推动城市交通道路建设，住房税收政策调整，水资源合理利用和环境污染的治理。加强环保意识教育，鼓励、引导公众参与环境保护。稳步推进义务教育、就业服务、基本养老、基本医疗卫生、保障性住房等城镇基本公共服务。因地制宜，采取合理的农村教育政策，扩大投资渠道，加大农村教育投入力度，提高农村教师的素质并加速教育现代化。农村城镇化是农业结构有效转变不可或缺的条件。立足“三农”问题，统筹城乡发展，打破城乡二元结构、缩小城乡区域间的差距，实现城乡一体化；努力营造有利于劳动力资源合理利用和土地合理流动的政策环境以及有利于各类资本向城市聚集的投融资环境；以城市的标准科学规划县城，以县城为中心加速农村城市化。构建政府引导、市场主导、民营经济推动的城市化动力机制；实行优惠政策，大力吸引农民进城；树立城市经营理念，多渠道筹措城市化建设资金；分步骤、分阶段地进行农村人口转移，同时加强农业现代化和农业规模化经营建设。

城镇化与工业化一道，是现代化的两大引擎。走中国特色、科学发展的新型城镇化道路，核心是以人为本，关键是提升质量，要与工业化、信息化、农业现代化同步推进。城镇化是长期的历史进程，要科学有序、积极稳妥地向前推进。新型城镇化要找准着力点，有序推进农村转移人口市民化，加强农民工职业培训和保障随迁子女义务教育，努力改善城市生态环境质量。在具体工作中，要科学规划实施，加强相关法规、标准和制度建设。坚持因地制宜，探索各具特色的城镇化发展模式。

关键词： 城镇化建设　科学规划　制度创新

目　　录

第一章

绪　论

第一节　研究的背景及其意义

城镇化是我国现代化建设的历史任务，也是扩大内需的最大潜力所在。中央经济工作会议把城镇化列入 2013 年的六项工作重点，城镇化战略被提到了一个新高度。城镇化与工业化相伴，在发达国家已有 200 多年历史，成为其现代化的基本内容和重要标志。第二次世界大战之后，一些发展中国家急起直追，形成了多样的城镇化模式和路径。

第二次世界大战以后，世界上出现了好的城市化和坏的城市化。好的城市化是指在经济发展过程中，农村人口比重不断减少，城市人口比重不断增加，而且形成一种良性互动，经济效益不断提高，城乡居民收入不断增加，生活质量和环境也不断改善。坏的城市化是指随着城市化率的不断提高，城市化率出现了大量的贫民窟和失业群体，各种矛盾突出，给社会造成不稳定。

城市化是世界潮流，未来的世界将是一个城市化的世界。从全球范围来说，城市化最早始于18世纪的英国。从1760年的工业革命开始到1851年，英国用了90年的时间成为世界上第一个城市化水平超过50%的国家。此后，欧美其他发达国家在100年左右的时间里基本完成了城市化过程，实现了城乡人口的根本性转变。借鉴西方发达国家实现城市化的经验和教训，遵循世界城市化发展的一般规律，对于城镇化率刚刚超过50%的中国城镇化进程而言，无疑是大有裨益的。

“如何继续有效推进中国城镇化”是当前讨论的热点，“城镇化对中国经济增长的影响”是目前讨论的主要内容之一。

一种主流看法是从城镇化对经济增长的作用着眼。这派观点首先站在需求层面看待中国城镇化发展，将城镇化视为中国未来最大内需所在，是推动中国未来经济增长的最大亮点。城镇化的推进会提供关于基础设施和住房的大量需求；农村人口转为城市人口，消费需求也会有明显提升。所以，站在扩大内需的角度来讨论城镇化的带动作用是此派观点讨论的一个重要内容。由此派生出相当多对中国未来城镇化水平的测算，以及城镇化如何带动基础设施、住房、居民消费的研究，以推算城镇化将可能对中国未来经济增长产生的影响。

也有观点站在供给层面来看待城镇化对经济的带动作用。由于城镇化本身有利于规模经济产生和人力资本积累等原因，会对经济增长产生明显帮助。近来，创新在经济增长中的作用日益受到重视，而城市则在技术创新中起着决定性的作用。如何进一步发挥城市在创新中的作用，从而带动中国未来的经济增长，也成了推进城镇化过程中迫切需要研究的问题。此外，从供给层面看，也有研究从城镇化过程中生产率提升的角度来探讨其对经济增长的作用。城镇化过程伴随着产业结构和就业结构的变迁，农村中从事农业的人口流向城市从事第二、第三产业，会带来明显的生产率提升。未来这样的人口流动还有多少潜力，如何进一步发挥流动的效益，是这些研究重点讨论的问题。

可以看到，当前国内重复建设、产能过剩问题越加严重，人们日益质疑原有依靠大规模投资拉动经济增长的方式如何持续，再加上全球金融危机后国际市场长期动荡低迷，中国出口形势严峻。在劳动力、土地、水、能源资源等各种要素价格纷纷上涨的背景下，大家都已经意识到旧有增长方式不可持续，纷纷做出了中国未来经济的潜在增长率将要回落的判断。对于中国未来的增长趋势而言，目前来看在出口方面我国已基本占领了低端国际市场，而技术进步、产业结构升级和战略性新兴产业的打造等却不是可以一蹴而就的事。那么，中国新的经济增长点究竟在哪里？由此，“城镇化”这三个金光闪闪的大字，自然映入人们眼帘，从而在一定程度上也被许多人当作能够继续使中国未来保持高速发展的根本动力之一。城镇化在推动中国经济继续增长方面被众多人士寄予厚望，在此背景下，国内新一轮的城镇化大潮也被认为即将波澜壮阔地展开。

我们必须承认，中国现有的城镇化模式尽管弊端重重，但也仍有许多可取之处和值得继承的宝贵经验，它是中国在现实条件的制约下，不断摸索而闯出的一条和平推进自身城镇化的一条有效道路。针对中国现有城镇化模式存在的许多重要问题，现有的讨论已经提出了不少相应的改革建议。但是已有城镇化模式是一整套激励体系下的产物，土地、户籍、财政等相关制度的调整，无一不是牵一发而动全身的改革，到底应该选择哪个环节进行突破，相关的改革次序如何确定，不同的改革领域的措施之间如何协调推进，都需要更为深思熟虑的全盘考虑。因此，深入研究城镇化问题，具有重大的现实意义。

第二节 研究方法

本书采取理论研究和社会实际调查相结合的方法，坚持个体案例分析与宏观研究相结合，对城镇化问题进行了系统分析。

（1）文献研究法。笔者查阅、检索了国内外有关城镇化方面的文献资料，并进行了分类整理；到北京市有关部门进行了调研，搜集、查阅了大量公开发表的相关资料。

（2）案例分析法。本书选择了城镇化发展较为成功与失败的典型案例加以对比分析，从中总结各自的经验教训，为中国城镇化研究提供实证依据。

（3）综合运用多种分析方式。运用经济学和社会学以及城镇化发展的相关理论，从不同角度对城镇化问题进行了研究分析。

第三节 理论创新与存在的不足

县域承载着中国城镇化的重要历史任务，没有县域的城镇化，就没有农村的现代化，也就没有中国的现代化。县城和重点镇应当成为中国城镇化最重要的节点之一。县域经济要抓住 21 世纪前 20 年城市化快速发展的战略机遇期，树立“以县城为中心重点发展小城镇，推进工业化、城市化”的新理念、新战略。一方面让县域经济的发展搭上快车道；另一方面又要避免新的“发展失误”。这是本书的创新点之一。

从宏观上，城镇化是对一个国家、一个民族空前绝后的一个挑战，也是一次难得的发展机遇。作为城市的建设者，我们非常有幸处在这个空前绝后的过程中，这个过程对一个国家、一个民族只有一次，城镇化一旦确定，城乡关系和空间分布也就随之确定，再改变就非常困难了。所以，我们的城乡规划，首先要着眼于公平的、高效的分配城乡之间的空间，包括各种资源的利用、交通空间的分配以及大力促进绿色空间的建设发展。做到这些，才能使得整个城市不断向生态城市演变，使城市向大自然索取最少，以最小的干扰进行持续、健康的发展，这也是本书的创新点之一。

鉴于数据的可得性，本书在进行城镇化发展的相关理论实证分析时缺少国外的数据，未能在微观层次上进行国际比较，这是本书明显的缺憾。

第二章

国内外城镇化发展研究文献综述

第一节　国外城市化发展研究文献综述

城市化是一个既古老又年轻的名词，说它古老是因为自城市出现以来就一直伴随着这样的过程，说它年轻则是因为在关于城市化发展的研究方面，自 19 世纪才兴起。西班牙巴塞罗那城市规划师 A. 塞尔达于 1867 年，在他的《城市化概论》一书中最早提出了“城市化”这一术语，之后被 1989 年诺贝尔经济学奖得主库滋涅茨再次提及，在中国社会科学出版社出版的《城市经济学》一书中对城市化也进行了定义。城市化是一种人类社会发展的过程，涉及政治、经济、科技、教育、文化等社会各个方面的系统综合，是提高整个社会文明和促进社会进步的重要过程。

城镇化一词是由我国学者基于中国国情提出的，它是城市化的一种实现形式，是指国家或地区在实现城市化发展过程中，着重发展小城镇，通过推进小城镇城市文明建设和经济社会发展来缩小城乡差距，打破城乡二元结构实现一体化，并最终带动城市文明的全面发展。可以说，城镇化是中国特色的城市化。

尽管世界各国城市化的起步时间、发展模式和速度以及当下的城市化水平不尽相同，但是总体来说，世界各国的城市化过程都遵循了一个比较明显的规律。美国地理学家诺瑟姆（Ray. M. Northam）对这一规律进行了研究，总结概括为一条 S 形曲线[1]，曲线呈初期、加速、后期三个不同历史阶段。在初期阶段，农业经济和农业人口占主导地位，城市人口增长缓慢。在第二阶段，城市化水平超过30%，进入加速阶段。这一阶段城市人口大幅上升，随着工业基础的逐步建立，经济得到相当程度的发展，农村剩余劳动力向城市转移，这种趋势一直持续到城市人口比重达到70%才有所减缓。第三阶段也被称为终极阶段，这个时期农村劳动力已经大量转移并基本完成产业升级，人口压力减小，劳动生产率较前两个阶段大大提高，农村经济和生活条件得到很好改善，农村与城市之间的差距大幅缩小，人口转移的动力变小了，因而城市化进程就有了下降趋势直到最后达到平衡。这就是根据大多数国家发展经验总结分析出的城市化 S 形曲线规律。

关于城市化过程中的人口转移问题，很多学者都曾提出对后来影响较大的论述。其中包括英国经济学家拉文斯坦（E. G. Ravenstein）等人提出的推拉因理论，舒尔茨（T. W. Schultz）的人口迁移理论，托达罗（M. P. Todaro）的城乡人口迁移理论以及刘易斯（W. A. Lewis）等人的二元经济发展模型。刘易斯的二元经济结构模型是以劳动的边际生产率为基点，比较了在现代部门与传统部门之间的经济差异。该模型指出了劳动力在传统部门向现代部门转移的过程中，对城市经济发展起着极大的促进作用。然而这是建立在农业劳动边际生产率无限接近于零的前提下，是为社会实践所否认的。更为不足的是，这种理论模型是建立在西方工业化现实基础上的，并不充分适用于发展中国家经济发展道路。在此基础上便出现了“哈里斯-托达罗模型”(Harris-Todaro Model)。“哈里斯-托达罗模型”理论修正了刘易斯“二元经济结构模型”的先验假设，同时指出，人口从农村向城市迁移，不仅取决于城市与农村实际收入的差异，同时还取决于城市就业率的高低和由此做出的城乡预期收入差异，农民向城市流动是在市场经济条件下既注意现实又含有预期的理性行为。这一点与目前国内的

---

[1] R. M. Mortham，Urban Geography，New York：J · Wiley & Sons，1975：65-67.

一些重要文献所阐述的观点基本相同。该理论认为，一个典型的非熟练农业劳动者从劳动生产率较低的农村进入城镇正规的高收入部门要经过两个阶段，首先进入城镇传统或非正规部门，然后才可能在正规部门找到工作。预期收入模型表明，只要城镇中还存在较高预期收入，农业人口向城市迁移的过程就不会停止。这个过程也正是城市逐渐发展和扩张的过程。卢卡斯（Lucas，2004）在传统城乡二元结构模型的基础上，引入人力资本理论，解决了传统二元经济理论不能解释的为何不是所有农村人口都一下子转移到城市这一难题。他构建了一个新型城乡二元模型，假设在这个模型里经济是无限增长的，在这一模型下农村劳动力不断从土地密集型的第一产业向人力资本密集型的第二、第三产业转移。

关于城市化的作用，以刘易斯为代表的经济学家们认为，农村剩余劳动力向第二、第三产业转移，不仅会促进经济增长和资本积累，而且劳动力转移出去后，还会引进现代和资本密集型的农业技术，促进农业现代化的发展。因此，城市化是从传统社会向现代社会转变过程中经济发展的必然趋势，最终会带领整个社会迈向现代化。但也有一些经济学家对欠发达国家的城市化效果存在悲观看法，因为到20世纪七八十年代的时候，许多发展中国家在城市化进程中出现了严重的“城市病”和“城市危机”。迈克尔·利普顿就把城市偏向发展看作是一些发展中国家持续贫困的主要原因。

在城市化与经济增长的相互作用机制方面，国外一些学者也进行了一些研究。Fujita，Krugman & Venables 从空间经济学的角度分析了城市化对经济增长的影响，他们认为在城市化过程中由于知识和技术的外溢效应、劳动力市场共享以及需求关联和成本关联的循环累积及因果关系效应的发挥和影响，使得经济发展过程中的成本得以降低，从而有利于经济持续增长。进一步的，一些学者的研究表明，城市化可以通过“集聚效应”和“规模效应”来促进经济增长。Baldwin & Martin 设计了一个区域经济内生增长的理论框架，研究并比较了存在本地溢出效应和不存在本地溢出效应下的经济增长，认为城市化进程中城市的“集聚效应”能够促使城市不断发展壮大，进而促进经济的持续增长。Baldwin，Brown & Rigby 利用加拿大 1989~1999 年相关地区的资料进行面板数据分析，也证实了城市化的规模效应和集聚效应。

上述研究表明，城市化可以通过规模效应和集聚效应来促进经济增长。但是城市化具体通过哪些渠道作用于经济增长，学者们也展开了广泛的研究。有关学者的研究表明，城市化是内生于经济增长之中的，城市化实质上是人口以及各种经济活动在空间上不断聚集的过程。

第二节　国内城镇化发展研究文献综述

改革开放以来，中国城镇化发展取得了显著成效。人口城镇化率从 1978 年的 17.92%上升到 2010 年 11 月的 50.27%，基本达到世界平均水平（51%）。虽然与高收入国家 78%的平均水平还有一些的差距，但按照前 30 多年约 1%的年均增长率来看，中国的人口城镇化水平超过这些高收入国家指日可待。在坚持以科学发展观为主导的城镇化建设中，城镇化进程加快，城镇建设质量明显提高，众多农民实现“就地城镇化”，生活发生根本性转变，城市群渐成城镇化的主体形态，综合效益大幅提升。

推进城镇化最为重要的是发展思路与发展战略的确定和调整。以着力发展小城镇来解决中国农村剩余劳动力的发展模式是我国主要采用的发展战略。许经勇、段进军等学者认为，相对于大城市来说，小城镇不仅是缓冲人口压力的蓄水池，也是转移劳动力心理适应的缓冲带。当然，小城镇更是联结城乡的桥梁，是大中城市生产力向外辐射扩散的承接基地。发展小城镇既可以推进农村现代化，又可以调节城市人口规模及生产力布局，从而形成以城带乡、以工促农、工农联动、城乡互动的新机制，增强城镇对县域经济发展的支撑作用和对农村发展的辐射作用，为农民提供更多的就业机会，这也是缩小城乡差别和解决三农问题的关键。

对于城镇化发展意义方面。朱铁臻认为，城镇化是 21 世纪中国经济高增长的强大动力。❶ ①城镇化是解决二元经济结构矛盾的根本

---

❶ 朱铁臻. 城市化是新世纪中国经济高增长的强大动力［J］. 经济界，2000（1）.

出路。不调整城乡这个大的经济构成，不减少中国农民的数量，不加速农村城镇化，就不可能从根本上解决中国二元经济结构的矛盾。②城镇化有助于促进工业化。现在人类已进入世界范围的城镇化推动工业化和现代化的新阶段。城镇化不仅可以为工业化提供便利的交通、快捷的信息、良好的市场、发达的科技与教育，以及提供先进的城市设施等必需条件，而且可以大大增加有效需求。③城镇化有利于第三产业的发展。没有一定数量的服务对象，第三产业是发展不起来的。城镇化的迅速发展，会给第三产业带来快速发展的机遇，创造大量的就业机会。④城镇化有利于提高人口素质和劳动生产率。城市教育较发达，信息量大，工作、生活节奏快，竞争力强，这些都有利于人的能力的培养和人的工作效率及文明水平的提高。⑤城镇化有利于自然资源和人力资源的合理利用。城镇化不仅能合理节约地利用土地，而且有利于保护和合理利用水资源和其他资源，有利于环境保护和生态平衡。另外，城镇化能够促进人力资源流动，使人力资源合理配置，可以更好地利用我国劳动力资源丰富的优势，发挥劳动密集型产业在我国经济增长和出口增长中的作用。

陈军涛认为，城镇化是解决中国系列经济社会问题的新起点。城镇化将积极推动我国农业工业化和农业产业规模化经营的进程，为环境保护和生态控制提供新契机。同时，城镇化本身所产生的巨大需求将促使中国经济长期保持一个较高的增长速度。据估计，在中国现有的发展水平上，城市人口比重每增加 1 个百分点，直接消费可拉动 GDP 增加 1.5 个百分点。

虽然城镇化有其必然性，但也呈现出多方面的问题。温立认为尽管我国在农村城镇化过程中已经取得了显著的成果，但像世界上其他国家城镇化进程一样，我国在城镇化过程中也存在一些问题，集中表现在小城镇的建设方面。第一，农村城镇化整体水平较低，目前我国的城镇化率与同等经济发展水平国家相比要低约 10 个百分点，与同等工业化水平国家相比要低约 20 个百分点，城镇化水平明显滞后于经济发展水平。第二，小城镇规模偏小，形成不了规模，并阻碍人口和其他资源的进一步集聚。第三，小城镇空间分布不均衡，空间上的极度不均衡影响了中西部的发展，影响了我国整个国民经济的发展。第四，布局不尽合理，造成小城镇的无序发展，一些地方缺乏长远科学的规划，致使小城镇发展各自为政，遍地开花。

陈洪毅认为农村城镇化是我国经济社会和谐发展的一项紧迫而重大的历史任务，我国农村改革与发展面临的诸多难题，特别是“三农”问题，都直接、间接地与城镇化有关，因此对于这一方面的研究就显得尤为重要。在我国现阶段城镇化最可行的思路是农村城镇化，片面发展大中城市的思路不可行，我国城镇化工作水平不高，吸纳农民少。建设小城镇是发展趋势，小城镇是我国城镇化的主要推动力量。

葛宝文认为农民失地存在问题。第一，征地补偿费过低，征地补偿安置是失地农民反映最强烈，并迫切要求解决的问题，部分地方农民有强烈的被剥削感觉。第二，补偿方式单一，现有的土地征用补偿大多是采用一次性货币发放的办法，数量十分有限，其他补偿措施力度更是没有什么效果。第三，失地农民再就业困难重重，土地被征用以后，失去土地的农民在社会上的竞争力十分有限。第四，征地工作透明度低。第五，土地补偿款监管及使用不当土地补偿款分配、使用和监管不到位，导致补偿金的发放渠道不畅、分配混乱，侵吞、贪污、挪用土地补偿款的现象时有发生。第六，失地农民的社会保障存在一定问题。

我们应该积极面对城镇化带来的问题，努力寻求解决问题的策略和路径。兰芳认为我国城镇化发展中存在的问题有：城镇化发展承载力不足，城镇化发展中城市体系不合理，城乡就业政策不统一，僵化的户籍与土地制度，滞后的社会保障政策，贫乏薄弱的农村教育。并针对相应的问题提出了一些建议：继续推进我国产业结构调整，完善城市体系，积极调整就业政策，加速户籍制度改革和土地制度调整，积极完善社会保障体系和大力改善农村教育质量等。

依慧等人认为我国城乡基本公共服务不均等的主要原因是我国的城乡二元经济结构。由此他们认为应从根本上化解我国的城乡二元经济结构，实现城乡一体化。江明融提出造成我国城乡公共服务不均等化的主要原因是长期实行城市偏向型公共产品供给制度，这造成农村公共产品供给短缺，供给成本分担不合理，公共产品收益分享不公平，供给决策机制不规范等问题，影响了农村经济社会的发展，导致城乡经济社会发展进一步失衡。因此，要实现城乡基本公共服务均等化仅靠农村的力量是不够的，应实行城乡统筹的公共服务供给制度，将城市的一部分财富转移到农村，以提高农村的公共服务水平。

城镇化过程中，农民子女们的教育问题也成为一个不容忽视的问题。于泽元认为在城镇化背景下，我国各地纷纷展开农村学校布局调整。然而这种布局调整主要是以学校撤并为主要方式，这种单一的方式带来了一系列的隐患：损害了部分农村、农民及其子女的利益；引发了社会冲突；学校撤并造成农村义务教育普及率下降；农村寄宿制学校在安全、卫生、管理等方面凸显出众多问题，影响着学生的身心健康。由此引出了在农村推进小班化教育的措施。

第三章

城镇化基本理论概述

第一节 城市和城镇

一、城市的定义、形成和发展

（一）城市的定义

城市也称城市聚落，是以非农业产业和非农业人口集聚形成的较大居民点。人口较稠密的地区称为城市，一般包括了住宅区、工业区和商业区并且具备行政管辖功能。城市的行政管辖功能可能涉及较其本身更广泛的区域，其中有居民区、街道、医院、学校、公共绿地、写字楼、商业卖场、广场、公园等公共设施。

按照社会学的传统，城市被定义为具有某些特征的、在地理上有界的社会组织形式。人口相对比较多，密集居住；城市具有市场功能，并且有部分制定规章的权力；城市显示了一种相互作用的方式。

在其中，个人并非是作为一个完整的人而为人所知，这就意味着至少一些相互作用是在并不真正相识的人中间发生的；城市要求有一种超越家庭或家族之上的“社会联系”，更多的是合理的法律。

（二）城市的形成

城市的出现，是人类走向成熟和文明的标志，也是人类群居生活的高级形式。城市的起源从根本上来说，有因“城”而“市”和因“市”而“城”两种类型，因“城”而“市”就是城市的形成先有城后有市，市是在城的基础上发展起来的，这种类型的城市多见于战略要地和边疆城市，如天津起源于天津卫。而因“市”而“城”则是由于市的发展而形成的城市，即是先有市场后有城市的形成，这类城市比较多见，是人类经济发展到一定阶段的产物，本质上是人类的交易中心和聚集中心。城市的形成，无论多么复杂，都不外乎这两种形式。

早期，人类居无定所，随遇而栖，三五成群，渔猎而食。但是，在对付个体庞大的凶猛的动物时，三五个人的力量显得单薄，只有联合其他群体，才能获得胜利。随着群体力量的强大，收获也就丰富起来，抓获的猎物不便携带，找地方贮藏起来，久而久之便在一个地方定居下来。大凡人类选择定居的地方，都是些水草丰美、动物繁盛的处所。定居下来的先民，为了抵御野兽的侵扰，便在驻地周围扎上篱笆，形成了早期的村落。随着人口的繁盛，村落规模也不断地扩大，猎杀一只动物，整个村落的人倾巢出动显得有些多了，且不便分配，于是，村落内部便分化出若干个群体，各自为战，猎物在群体内分配。由于群体的划分是随意进行的，那些老弱病残的群体常常抓获不到动物，只好依附在力量强壮的群体周围，获得一些食物。而收获丰盈的群体，不仅消费不完猎物，还可以把多余的猎物拿来，与其他群体换取自己没有的东西，于是，早期的“城市”便形成了。《世本·作篇》记载：颛顼时“祝融作市”。颜师古注曰：“古未有市，若朝聚井汲，便将货物于井边货卖，曰市井。”这便是“市井”的来历。与此同时，在另一些地方，村落之间常常为了一只猎物发生械斗。于是，各村落为了防备其他村落的侵袭，便在篱笆的基础上筑起城墙。《吴越春秋》一书有这样的记载：“筑城以卫君，造郭以卫民。”城以墙为界，有内城、外城的区别。内城叫城，外城叫郭。内城里住着皇帝高官，外城里住着平民百姓。这里所说的“君”，在早期应该是猎物和收获很丰富的群体，而“民”则是收获贫乏、难以养活自己、依附在收获丰盈的群体周围的群体。人类最早的城市其实具有“国”的意味，这恐怕是人类城市的形成及演变的大致过程。学术界关于城市的起源有三种说法：一是防御说，即建城郭的目的是为了不受外敌侵犯。二是集市说，认为随着社会生产发展，人们手里有了多余的农产品、畜产品，需要有个集市进行交换。进行交换的地方逐渐固定了就有了市，后来就建起了城。三是社会分工说，认为随着社会生产力不断发展，一个民族内部出现了一部分人专门从事手工业、商业，一部分专门从事农业。从事手工业、商业的人需要有个地方集中起来，进行生产、交换。所以，才有了城市的产生和发展。[1]

城市是人类文明的主要组成部分，也是伴随人类文明与进步发展起来的。农耕时代，人类开始定居；伴随工商业的发展，城市崛起和城市文明开始传播。其实在农耕时代，城市就出现了，但作用是军事防御和举行祭祀仪式，并不具有生产功能，只是个消费中心。那时城市的规模很小，每个城市和它控制的农村，构成一个小单位，相对封闭，自给自足。学者们普遍认为，真正意义上的城市是工商业发展的产物。如 13 世纪的地中海沿岸、米兰、威尼斯、巴黎等，都是重要的商业和贸易中心；其中威尼斯在繁盛时期，人口超过 20 万。

（三）城市的发展

在农业经济时代，生产力水平低下，城市发展非常缓慢，重要的城市均为具有政治统治作用的都城、州府等。18 世纪后，工业化进程促进了生产力水平的提高——加快了城市的发展。城市产生与发展的基本动力是社会生产力的发展。

城市的概念本身就包含了两方面的含义：“城”为行政地域的概念，即人口的集聚地；“市”为商业的概念，即商品交换的场所。而最原始的“城市”（实际应为我们现在的“城镇”）就是因商品交换集聚人群后而形成的。而城市的出现，也同商业的变革有着直接的渊源关系。最初城市中的工业集聚，也是为了使商品交换变得更为容易

---

[1] [EB/OL]. [2016-01-01]. http://www.docin.com/p-1248670861.html.

（可就地加工、就地销售）而形成的。在城市中直接加工销售相对于将已加工好的商品拿到城市中来交换而言，则正是一种随着工业城市的出现而产生的一种商业变革。城市包括城市规模、城市功能、城市布局和城市交通，而这几方面所发生的变化，都必然地会对城市的商业活动带来影响，促使其发生相应的变革。城市经济学对城市作了不同能级的分类，如小城市、中等城市、大城市、国际化大都市、世界城市等，对城市能级分类的一个标准是人口的规模，中国根据市区非农业人口的数量把城市分为四等：人口少于 20 万的为小城市，20 万~50万人口的为中等城市，50 万人口以上的为大城市，其中又把人口达 100 万以上的大城市称为特大型城市。2014 年 10 月 29 日，国务院印发《关于调整城市规模划分标准的通知》（国发〔2014〕51 号），对原有城市规模划分标准进行了调整，明确了新的城市规模划分标准。以城区常住人口为统计口径，将城市划分为五类七档。

按城市综合经济实力和世界城市发展的历史来看，城市分为集市型、功能型、综合型、城市群等类别，这些类别也是城市发展的各个阶段。任何城市都必须经过集市型阶段。

集市型城市：属于周边农民或手工业者商品交换的集聚地，商业主要由交易市场、商店和旅馆、饭店等配套服务设施所构成。处于集市型阶段的城市在中国主要有集镇。

功能型城市：通过自然资源的开发和优势产业的集中，开始发展其特有的工业产业，从而使城市具有特定的功能。城市不仅是商品的交换地，同时也是商品的生产地。但城市因产业分工而形成的功能单调，对其他地区和城市经济交流的依赖增强，商业开始由封闭型的城内交易为主转为开放性的城际交易为主，批发贸易业有了很大的发展。这类型城市主要有工业重镇、旅游城市等。

综合型城市：一些地理位置优越和产业优势明显的城市经济功能趋于综合型，金融、贸易、服务、文化、娱乐等功能得到发展，城市的集聚力日益增强，从而使城市的经济能级大大提高，成为区域性、全国性甚至国际性的经济中心和贸易中心（“大都市”）。商业由单纯的商品交易向综合服务发展，商业活动也扩展延伸为促进商品流通和满足交易需求的一切活动。这类城市在中国比较典型的有直辖市、省会城市。

城市群（或都市圈）：城市的经济功能已不再是在一个孤立的城市体现，而是由以一个中心城市为核心，同与其保持着密切经济联系的一系列中小城市共同组成的城市群来体现了。如美国大西洋沿岸的波士华城市带，日本的东京、大阪、名古屋三大城市圈，英国的伦敦－利物浦城市带等。上海所在的长江三角洲地区实际上也正在形成一个经济关系密切的长江三角洲城市群，其整体的经济功能已在日益凸现。

二、城镇的定义、功能和发展模式

（一）城镇的定义

1. 城镇

城镇的定义是城市和集镇。集镇是介于乡村与城市之间的过渡型居民点，以城镇而著名的地方有瑞典、挪威、英国、奥地利等欧洲国家。其以非农业人口为主，具有一定规模工商业的居民点。中国规定，县及县以上机关所在地，或常住人口在2 000人以上，10 万人以下，其中非农业人口占50%以上的居民点，都是城镇。

城镇是一种新型的正从乡村的社区变成多种产业并存的向着现代化城市社区转变中的过渡性社区。[1] 广义的城镇包括了 20 万人口以下的小城市、国家批准的建制镇、尚未设镇建制的乡政府所在地的集镇（乡集镇）和纯属集市贸易的集镇。狭义的小城镇包括县城以下建制镇和集镇。它基本上已脱离了乡村社区的性质，但还没有完成城市化的过程。城镇的分类依照行政建制分类：分为地方驻地、县城、县以下建制镇、集镇。依照形成原因，可将城镇分为：经济发达的城镇，交通发达的城镇，自然资源利用型的城镇。依照职能特征可将城镇分为：工矿城镇，以交通运输功能为主的城镇，旅游城镇，卫星城镇。

2. 城镇体系

城镇体系具体来说指的是一个系统，包含一个中心城市以及一系

---

[1] 费孝通. 小城镇大问题［EB/OL］.（2013-04-02）［2016-01-01］. http://www.360doc.com/content/13/0402/17/7664736_275552603.shtml.

列的附属小城镇，这个系统自成一体，具备多元智能，是在一个区域内形成的具有一定规模的整体。

这个概念可以归纳为以下几层含义：

（1）首先需要明确的是：城镇体系第一个大的特点是区域化，每一个城镇体系都是有一定区域范围的，因此城镇体系实际上是指区域的城镇体系。

（2）城镇体系的核心是中心城市。中心城市的作用在于协同各个小型城镇形成完整的系统，因此如果中心城市没有相当的规模，城镇体系也不可能形成。

（3）城镇体系是一个整体，是由一定数量的城镇组成的，是具备不同规模和功能的城镇结合的有机体，因此每个城镇都具备各自的特色，换句话来说，城镇系统正是各个不同功能城镇的有机整体。

（4）城市系统的本质特征联系，不同城镇之间的大小、功能、位置都不同，他们通过纵向和横向的连接，构成一个有机的整体。如果只有各个不同功能的城镇独立存在而不相互联系，城市之间缺乏联系，那么这样的城市只是一个散布的城市聚集区，而非系统。

（二）城镇的功能

（1）城镇是农村剩余劳动力的“水库”和“节流门”。目前我国农村剩余劳动力大约有 2 亿，而我国国内居住人口达到 50 万的城市超过 70 座，因此很难安排这样一个巨大的剩余劳动力。小城镇的发展，小城镇富农投资和经营，发展第二和第三产业，增加就业空间，就成了劳动力的关键。

（2）城镇是城市和农村协调发展的平衡木，没有城镇的进步，就不会出现城市和农村的共同发展，城市和城镇的交集就在于城镇，因此城镇具备关键的联系作用。它将先进的思维概念、信息技术、管理经验从城市蔓延到农村，成为数亿农民的媒介，正因为城镇，广大农民才能接触城市文明，这样既加强了城市和农村地区之间的联系，也避免了大城市在扩张过程中导致农村发展下降的“陷阱”。所以，城市发展建设是实现中国特色城市化的必经之路。

（3）城镇是城市化的“推进剂”。它可以促进乡镇工业的发展，加快农村工业化的进程。

(4) 城镇建设和物质文明、精神文明密切相关，相互促进。城镇化建设有利于改善居民的精神文明，改善农村工业化和城市化的质量。在城市建设中有一定程度的文化教育、科技、卫生、信息服务，可以促进农村文化、科技、卫生等方面的规范化和常规化，可以有效将城市文化传播到农村中，让农民形成新的生活方式，使之成为一个有价值的资源，促进农村经济和社会发展。

(5) 城镇具有市场功能，可以促进所有制结构的战略改变。城镇建设的重点就是市场的形成，市场活跃会刺激经济组织从事个人、组织、合资、股份合作形式的经济活动，从而促进非公有制经济的发展，实现所有制结构的战略性转变。

(6) 城镇的示范辐射，使农村逐步向城市化过渡，从而缩小了城乡差别，农村第二、第三产业比例会越来越大，各种集体经济组织也将应运而生。

(7) 城镇具有拉带效果，可以加速农业的产业化。城镇的发展，将继续依托“龙头企业”，这些企业依靠本地资源并不断回馈本地资源，推动发展主导产业的规模，同时也有更多的农民参与到活动的中介机构活动中，从而加快农业产业化的发展步伐，农民既增产又增收，可以保证农业生产的可持续发展。

(8) 城镇的诱惑作用，可以大量吸纳资金、技术、人才。城镇是城市的尾巴，也是农村的头颅，它具有城市和农村两种功能，是工业产品流向农村和农副产品流向城市的连接。这种独特的诱惑，会使有经验的投资者产生兴趣,。之后，将先进的技术和各种各样的人才带到城镇中。他们将成为新的城市最宝贵的财富。

(9) 城市的载体作用，城镇能促进乡镇企业的发展。城镇是乡镇企业发展的载体，包含了一个巨大的经济潜力，通过城镇这一支点，乡镇企业基于农村这肥沃的土壤，能够蓬勃发展。不断的创新技术、资本、人才，城镇将显示强大的生命力。

(三) 城镇的发展模式

(1) 城郊卫星型：毗邻大中型城市，接受大中型城市技术、工业、经济和社会方面的辐射，承担部分中心城市的功能和作用。发挥城市的优势，充分利用三种类型的产业同步发展的优势，促进城市建设和管理水平的提升，实现发展的优势。

（2）工业主导型：第二产业优势明显，形成了工业集聚规模效应，实施专业化发展道路。有些城镇实现了一镇一品。村镇企业集群与新型工业化相结合，在我国许多地方已有成功案例。

（3）商贸带动型：利用传统和新兴批发的优势、管理技术和市场优势，促进市场和吸引辐射。专业化批发市场和地区商业中心，打造服务业、农业共同发展的现代化城镇。在开发过程中这样的城镇必须非常注意培养交通优势，优化环境卫生和生活环境。

（4）交通枢纽型：位于国家和省级交通要道所在地，交通区位优势明显。有效利用交通便利、交通流量大、信息传播速度快、流动人口多的特点，积极发展第二和第三产业，促进经济循环，用运输方式振兴城镇。

（5）工矿依托型：具有丰富的矿产资源，依托矿产发展工业，为大中型企业协作配套生产。

（6）旅游服务型：具有丰富的生态资源，大力发展旅游产业。

（7）区域中心型：取决于良好的政治位置、资源、地理位置和交通位置、定位技术，利用这种区位优势，形成城市中心。

（8）边界发展型：利用省界或者国界的优势发展城镇化，这样做的优点在于有效发挥交通的优势，形成边界贸易。

（9）移民建镇型：整体移民建镇、重大项目移民、迁村并点集中居住。

（10）历史文化名镇：拥有悠久的人文历史和文化古迹。历史文化名镇是需要重点保护的城镇，在开发过程中需要尤为重视，因为在开发过程中尽管有些时候需要拆修，但是仍要以保护为先，尽量保持历史文化名镇的良好文化和地理环境，因此，这就需要在两个方面进行探究，地理上需要保护，文化上更需要传承。

第二节　城市化和城镇化

城镇化与城市化伴随着我国经济发展的深入，如何进行城镇化和城市化建设，以及如何处理之间的关系，及进一步的研究这个过程中出现的社会问题等，越来越成为人们关注的热点。首先要对其进行概念界定，只有在搞清什么是城镇化、什么是城市化之后，才有进一步研究的可能。同时，对其概念的界定有助于认识它们相互之间的区别，防止在我国社会主义新农村建设和现代化建设中出现各种“左”或者右的错误。

由于对城市和城镇概念的混淆，出现了“城市化”和“城镇化”两种译法，其实在英文中都是一个词（urbanization）。在日本和我国台湾地区又译成“都市化”，由于在我国大陆一般把都市理解为大城市，所以大陆不采用都市化的说法。中国城市与区域规划学界和地理学界于 1982 年在南京召开的“中国城镇化道路问题学术讨论会”上，建议以“城市化”替代“城镇化”，以避免误解。2001 年公布的《中华人民共和国国民经济和社会发展第十个五年计划纲要》中首次提出：“要不失时机地实施城镇化战略”。但现在使用“城市化”的说法仍相当普遍，在短期内还难以统一。关键是不能把“城市化”片面理解为主要发展大中城市；也不能把“城镇化”片面理解为只发展小城镇。

一、城镇化与城市化概念的区别及意义

我们所处的时代是一个全球化的时代。而对于一个农业人口仍占全国总人口数 75% 以上的发展中国家来说，我国要在这个全球化的背景下进行现代化建设，农村现代化建设是最主要的组成部分，农村的现代化实际上就是要进行城市化。这样，一系列的“工程”就错综复杂地交织在一起，因此需要我们首先从理论上做一个梳理，而其中最关键的是城镇化和城市化的区别问题，正如前文所言，这个区别应该放在全球化和现代化的背景下进行区分，具体到我国就是放在社会主义新农村的背景下来比较。

（一）城镇化与城市化概念

城市化和城镇化是两个截然不同的概念，在城市化过程中，一直存在着两种战略思路：一是城镇化战略，二是城市化战略。两种战略

的区别在于基础不同、目标不同、实施路径与内部机制不同。选择何种发展战略必须与国情相结合。城市化的终极目标是实现现代化，实现社会生产力、综合国力和人民生活水平的大幅度提高，达到世界先进水平。

1. 关于城市化

城市化一词源于英文 urbanization，其词头 urban 意为都市的、市镇的；其词尾 ization 表示行为的过程，意为“……化”。城市化一词的出现，至今已有 100 多年历史。然而由于城市化研究的多学科性和城市化过程本身的复杂性，对城市化内涵的界定，一直是仁者见仁、智者见智。

不同学科对城市化的理解有所不同。经济学家通常从经济与城市（镇）的关系出发，强调城市化是从乡村经济向城市经济的转化；地理学家则强调城乡经济和人文关系的变化，认为城市（镇）是地域上各种活动的中枢，城市化是由于社会生产力的发展而引起的农业人口向城市人口、农村居民点形式向城市居民点形式转化的全过程；社会学家以社群网（即人与人之间的关系网）的密度、深度和广度作为研究城市（镇）的对象，强调社会生活方式的主体从乡村向城市（镇）转化。

城市化实质上是一个以人为中心、受众多因素影响的、极其复杂多变的系统转化过程，包括硬件结构和软件结构两大系统的更替和提升，是从传统社会向现代文明社会全面转型和变迁过程。城市化不仅是农业人口转化为非农业人口，并向城市（镇）集中的聚集过程，而且是城市（镇）在空间数量上的增多，区域规模上的扩大，职能和设施上的完善和城市（镇）的经济关系、居民的生活方式以及人类的社会文明广泛向农村渗透的过程。城市化过程既是越来越多的农民从土地上解放出来的过程，也是广大农村居民物质生活和精神生活得到极大提高，逐步实现城乡协调发展，最终实现消除城乡差别和工农差别的过程。

2. 关于城镇化

“城镇化”一词出现要晚于“城市化”，这是中国学者创造的一个新词汇。1991 年，辜胜阻在《非农化与城镇化研究》中使用并拓展了“城镇化”的概念，在后来的研究中，他力推中国的城镇化概念，并获得一批颇有见解、影响较广的研究成果。与城市化的概念一样，“城镇化”概念也是一片百家争鸣的景象，至今尚无统一。不过，就数量看，对城镇化“概念”的论述要少于“城市化”。据粗略估计，在2012年之前，关于城镇化的概念，至少在20种以上。具有代表性并符合我国现实的观点是：城镇化是指农村人口转化为城镇人口的过程。反映城镇化水平高低的一个重要指标为城镇化率，即一个地区常住于城镇的人口占该地区总人口的比例。城镇化是人口持续向城镇集聚的过程，是世界各国工业化进程中必然经历的历史阶段。当前，世界城镇化水平已超过50%，有一半以上的人口居住在城市。

城镇化是一个历史范畴，同时，它也是一个发展中的概念。中国共产党第十五届四中全会通过的《关于制定国民经济和社会发展第十个五年计划的建议》正式采用了“城镇化”一词。这是近50年来中国首次在最高官方文件中使用“城镇化”。

城镇化作为一种社会历史现象，既是物质文明进步的体现，也是精神文明前进的动力。城镇化作为一种历史过程，不仅是一个城镇数量与规模扩大的过程，同时也是一种城镇结构和功能转变的过程。这一历史过程包括四个方面：第一，城镇化是农村人口和劳动力向城镇转移的过程；第二，城镇化是第二、第三产业向城镇聚集发展的过程；第三，城镇化是地域性质和景观转化的过程；第四，城镇化包括城市文明、城市意识在内的城市生活方式的扩散和传播过程。总体概括表现为两个方面：一方面表现人的地理位置的转移和职业的改变以及由此引起的生产方式与生活方式的演变；另一方面表现为城镇人口和城市数量的增加、城镇规模的扩大以及城镇经济社会、现代化和集约化程度的提高。

城镇化的核心是人口就业结构、经济产业结构的转化过程和城乡空间社区结构的变迁过程。城镇化的本质特征主要体现在三个方面：一是农村人口在空间上的转换；二是非农产业向城镇聚集；三是农业劳动力向非农业劳动力转移。对城镇化的特征，可以从不同的角度进行分析，这对进一步理解其本质特征是有益无害的。

（二）城镇化与城市化概念的区别

城市化与城镇化有所区别，分别代表城市化的两个不同阶段：农村城镇化和城镇城市化（城镇自身的发展和素质的提高）。以城镇化替代城市化，实际上是把城市化的两个不同发展阶段混为一体。

农村城镇化作为整个城市化过程的重要侧面，是城市化体系中的重要组成部分，主要是指以乡镇企业和小城镇为依托，实现农村人口由第一产业向第二、第三产业的职业转换过程，居住地由农村区域向城镇区域（主要为农村小城镇）迁移的空间聚集过程，表现在农民生活水平的提高、生活质量的改善和整体科技文化素质的增强。

从实践角度看，农村城市化和农村城镇化是两个既有联系又有区别的概念。两者的相同点是指人口从分散到集中，农村人口到城镇人口，农村地域到城镇地域，农业活动到非农业活动，农村价值观念到城镇价值观念，农村生活方式到城镇生活方式的多层面、宽领域、纵深化的综合转换过程。虽然这两个概念都是指农民的职业转换和居住地的空间转移过程，是农村产业结构变动与重组、农村人口素质不断提高、城乡生产要素双向流动的过程，但两者的侧重点不同。“农村城市化”的侧重点主要是以农村人口向大、中城市转移的“城市化”过程，即以现有城市吸纳农村人口，农村人口向现有大中城市的转移积聚，现有城市不断扩大的过程，而“农村城镇化”则主要是指农村人口区域内的小城镇转移和积聚的“镇化”过程。

（三）城镇化战略与城市化战略的区别

城镇化战略是指通过建立乡镇企业推动小城镇的发展，并推动农村工业化、促进城市化进程。城镇化的逻辑是：带动当地乡镇企业的崛起，进而带动农村工业化、追求降低生产成本和交易成本，乡镇企业逐步聚集在消费集中的地区，促进小城市和城镇的发展，提升城市功能和规模来吸引大量集中在城镇中的非农产业。

城市化战略是指通过改善现有的城市扩张，功能和大量的新城市的崛起，充分发挥聚集效应，规模报酬和扩散效应，吸引大量的农民从农业中脱离出来，远离农村，进入城市，实现农民市场主体——居民，推动城市化的进程，促进整个国家现代化的发展。

具体而言，城镇化战略与城市化战略的区别体现在以下方面。

1. 基础不同

城乡分割，城乡差别巨大，城市对农村的辐射力不足。城市化战略实施的基础是：交通运输、通讯等基础设施建设得到较大程度的发展；经济发展水平较高，工业化已经起步，并进入中期阶段；三个产业结构中，工业比重最高，第三产业比重其次，农业比重最低；城市作为经济发展中心、市场中心、信息中心、人员集聚中心的功能已经逐步显现出来。

2. 目标不同

城镇化战略与城市化战略的最终目标虽然都是提高城市化水平，但在具体目标方面存在差异。城镇化有一个重要的特点就是不能引起大规模的人口流动，这样造成的损失和变动将会阻碍经济的发展，因此，城镇化倡导的是逐步向城镇集中，这就是说，逐步进行城乡之间的转移，而不是一次性移民，这样能够很快地提高城市化水平。简单来说，城镇化重视的是就地原则，不予外迁。城市化则是一种被动的吸引，需要农民自己因为城市的吸引力而潜入城市中，这样能够使大批的农民进入城市，使得农民成为城市文明的重要组成部分，这样一来，城市化的目标简单来说就是城市通过提高吸引力和优惠政策的实施，以吸引农民进城。实现整个国家的现代化。

3. 实施路径与内部机制不同

城镇化战略的根本动力是工业化，关键是乡镇企业，中间环节则是小城镇，简单来说就是乡镇企业因为工业化的推动而不断扩大，这样就使得城市规模不断扩张，而使得更大规模的农村群体进入城市之中。所以城市化的实施路径实际上最关键的是城市产业专业，在产业转移的过程中城市功能不断完善，这就使得城市规模更大，形成大规模的城市群和城市带，这样就会产生企业的集聚效应以及扩散效应，这也可以分为两个阶段，首先是城市的集聚效应，这种效应之下，大量的产业迁入城市中，这就使得大量的人口进入城市，当城市规模达到一定的程度，城市就开始发挥扩散效应，大量的产业从市中心分散到城郊地区，这样城市空间得到一定程度的解放，就会引发大量的农民进城，从而形成新的城市带，所以，在这整个过程中，产业的转移是发挥最大作用的，不管是集聚效应还是分散效应，都是得益于城市的产业转移的。

4. 实施成本不同

从短期上来看，城镇化相比较于城市化来说成本更低，城镇化有效的解决了农民的根本问题，那就是就业，这样一来，就妥善解决了大规模农民进城可能带来的社会变动，这样也能够进一步促进城乡共同发展，改善农业结构，增加农民的现代化意识，增强农民的经济观念，但是在城市化战略里就需要投入非常多的资金，包括扩大城市住房面积和交通道路建设，也包括基础设施的增加，这样尽管在某种程度上满足了之后进城农民的需要，但是付出的代价也是城镇化所不及的，但是这里是从短期来看的，从长期成本上看，城镇化建设是要比城市化成本更大的。

从以上各种分析中能够看得出，城镇化和城市化是具有显著差别的两种策略，他们各有各的优势和不足，各自适应不同阶段的城市化发展，城镇化建设战略中形成的城镇是一个过渡，它能够具备一些具体的专项智能，但却不能替代中心城市的地位，不能够带来一些城市才能带来的极化作用和聚焦作用等，作用和规模也比不了城市，与此同时，城镇的形成也要取决于城市的功能，因为城镇作为城市的一个附庸，需要考虑到中心城市的需要和地理交通套件等，因此，城镇化战略适应于城市化的起始阶段，城市化战略适应于城市化的高级阶段。当城镇化达到一定程度后，即城市化进入加速阶段后，必须及时转变城镇化战略为城市化战略。

二、“新型城镇化”的内涵

1. 新型城镇化的本质是用科学发展观来统领城镇化建设

所谓新型的城镇化，就是最近几年提倡的，以人为本的发展理念，这种城镇化以新型工业化作为推动力量，同时重视全面发展，不断促使城市走向现代化、集聚化和生态化等，这样能够全面提升城镇化的水平，形成新型的城镇，使得城镇建设能够更加高效而功能完善，最重要的是，新型城市化更新在其理念上。过去人们思考城市化，总是会认为城市规模的扩大就是城镇化的进步表现，但是事实上，城镇化进程加快最重要的是城镇功能的变化快于城镇规模的扩大，仔细思考就可以明白，一个城市的服务和文化越是发达的城镇，就越是趋近于城市，这样就说明现代的城镇化建设重视的是城镇的宜居性，也就述说，改善文化是重点。而另一方面，城镇化的核心在于，要想尽办法将农民妥善地转移到城镇中，而不是以为的建高楼大厦，农民进入城镇了，才能形成内需，才能形成新的规模效益。

2. 新型城镇化的要求是不断提升城镇化建设的质量内涵

与我们传统的思维不同的是新兴的城镇更加重视内在和城市建设质量，这也就是说大力推动城市建设从数量上的剧增变化到内涵的扩展上，长期以来，我们总是在一切地方粗放式的运用城市资源，而如今，城镇化必须走上节约和绿色的道路，这也就要求城市必须重视环保，力求打造集约型城市，与此同时，我们过去都是依靠大型城市中心进行活动，而忽视了城市群和城市带的作用，以后则需要不断建立起来大量的城市群和城市带，形成大中小城市之间的联系和交流，更重要的是，当前贫富差距过大，同样城乡差距和城市之间的差异也很大，需要不断地提升城市的实力，形成规模化的大城市，带动小城市的发展，所以解决这个问题的关键就在于加速新型城镇化进程。说到差异，不得不论述形成这种差异的原因，首先是因为我国地大物博，各个地方的城市地理文化都不尽相同，这就使得经济基础差异较大，所以造成了城镇化发展非常不平衡。再者，如今我国县域城镇化率非常低，县级城市发展滞后是影响城镇化建设的重要原因。因此，加快城镇化进程，就必须推进低级城镇的发展，落实新型城镇化建设的各项重要方针政策和部署，首先需要有一个大型城市作为依托，而之后需要形成几个大中型城市的链接带，而在这之后，需要有大量的城镇依托发展，这就需要更进一步的提升城市的辐射能力，加强区域中心城市的建设。在城镇化建设中有一个特别重要的概念“3+5”就需要重视起来。

3. 新型城镇化的体现是经济社会发展的和谐与协调

新型城镇化的建设有助于经济充分突破瓶颈的限制，如今我国的城镇化建设从早期的只重视或者更加重视经济效益转移到了重视社会经济的可持续上来，这就使得新型的城镇化建设更加重视经济社会的协调发展。另外，应该从原来城镇化过度依赖工业化转变到农业现代化、工业集约化和现代服务业中来，形成新的多利支撑结构。再者，加速新型城镇化，必须要加强城镇的基础设施建设，这就需要投入大量的资金兴建土木，加快城市的综合承载能力和城市空间。要把农业人口落户城市看成是新的城镇化的目标，逐步放宽户籍限制，让各个区域之间的联系更加密切，让城乡之间的转变变得不再困难，这样有助于新型城镇化的建设，是我们在建设新型城镇的时候需要特别重视的。更重要的是，不仅要让农民落户到城市中，还需要让农民逐步适应城镇生活，真正能够融入到城镇之中，这就需要加快研究原有耕地和宅基地的补偿政策，使得农民能有相当一部分的资金在城镇中重新落户和发展，当然对目前大部分的进城务工的农民工来说，应该改善他们的就业水平和居住环境，同时让医疗保健失业更加关注农民的生活，妥善解决子女的就学问题。我们还应该积极探索建立公共租赁住房制度和进城务工人员住房保障制度。

4. 新型城镇化的特征是统筹和规划城乡一体化

新型城镇化的含义还包括一种理念的转变，原来的城市发展特色在于偏重城市的发展，而现在的新型城镇化的建设更加重视城乡一体化的发展，也就是说要把城镇化建设从从前的重城轻乡、城乡分治转变到城乡一体化上来，从改革制度上来讲，之前的目标过于狭隘，从前，城镇化建设的目标多是独立的，但是现在的新型城镇化建设则大力突破过去的单项原则，大力推动户籍、保障和就业等各类综合服务。城市更是城镇化建设的一大关键，要让城市更加支持城镇化和农村的发展。与此同时，加快城乡规划和产业布局，加快基础设施的建设和生态环境的改善，增加公共服务和组织建设等。要促进城乡的综合发展，统筹城乡发展水平，还需要提升新农村建设的总体水平。需要重视的是，城乡的一体化并不是降低城市的生活标准，更不是要消灭城市，而是要通过这种新型城镇的建设，让农民更好地在城市中生活，减少人与人之间的差距，让城乡人民能够享受平等的生活待遇。

第三节　城镇化的影响因素

党的十八大报告提出，促进工业化、信息化、城镇化、农业现代化同步发展，要求“必须以改善需求结构、优化产业结构、促进区域协调发展、推进城镇化为重点，着力解决制约经济持续健康发展的重大结构性问题”，推进经济结构战略性调整。着眼长远，注重质量，全面加快城镇化步伐，已经成为经济结构战略性调整的关键环节之一，这也是全面建成小康社会的重要基础。城镇化是一项复杂的、长期的系统工程，它的发展受多种因素制约，既有生产力方面的，又有生产关系和意识形态方面的；既有微观的、又有宏观的。而要加快城镇化进程，首先要清楚城镇化的影响因素，从而为各级政府推进城镇化提供决策依据。

1. 经济增长

我们在评判一个国家的城市化总体进程以及城市化水平的时候，最主要的依据就是城市的经济增长情况。来自北京大学的周一星教授曾指出：一个国家的城镇化水平受到多种因素的影响，其中影响最大的就是这个国家的经济发展水平。周一星教授对157个国家从1997年以来的经济发展情况进行了分析，发现人均国民生产总值和国家经济增长情况是呈现出相应的对数曲线的。

来自于美国的经济学家西蒙·库兹涅茨，通过对全球范围内五百多个国家的劳动生产部门以及国家的国民生产总值展开深入的调查研究，得出了人均国民生产总值与非农产业的劳动力增长有以下关系：人均国民生产总值在50~70美元、150~300美元、300~500美元、500~1 000美元这四个不同的区间内，每当国民生产总值有一个百分点的提升的时候，相应的非农业劳动力的份额分别有0.82%、0.76%、0.76%和0.59%的增额。

那么，经济增长是如何推动人口城镇化进程的呢？经济增长使劳动者有了更多的收入。改革开放以后，全国经济有了很大的发展，进而推动了社会进步，人民的日常生活水平正在逐渐地提高，相应的，人民生活中对服务业和制造业的需求正在逐渐扩大，而对农产品的需求却在逐渐下降。这表现出消费者的需求正在逐渐变化，同时，这也使得产出和投入结构发生了变化，表现在原先的第一产业逐渐向第二、第三产业转移。在现代城市中，主要聚集着第三产业以及现代工业，随着我国经济建设的高速发展，我国城镇居民的生活水平逐渐提高，进而加快了我国城镇化推进的速度。通过分析可知，人民的平均收入也能从侧面反映出我国经济发展水平。

结合我国经济发展的实际情况，国民经济发展速度可以直观反映出我国城镇化的速度。

改革开放之前，我国的经济水平低，而且经济发展缓慢，城镇化进展停滞不前，连城镇居民的就业问题都解决不了，当时的经济情况不容乐观。为了加快经济建设，中央政府决定实行了“调整、巩固、充实、提高”的经济政策，要求各地政府大量精减城市人口。1963年，国家为了进一步精简城市人口数量，推出了《国务院关于精简职工安置办法的若干规定》。改革开放之后，我国的经济形势才开始逐渐有所好转，我国经济发展速度实现质的飞跃，进一步推进了我国的城镇化进程，同时我国农村逐渐开始走向城市化。大量的农业人口开始向非农业人口转移，人员流动很大，大量农村剩余劳动力离开了之前生产效率低的劳动岗位，进而转向劳动效率更高的劳动岗位，这种转变可以为此后每年的经济增长贡献2~3个百分点。随着我国经济情况的好转，人民的生活水平有了很大的提高，同时也提供了更多的工作岗位，两者相互影响，共同发展。

根据现在经济形势来看，我国已经处于工业化的中期，2002年，我国城镇化覆盖率已经达到了39.1%，结合国际上的惯例来看，我国已经进入了城镇化快速发展的阶段，预计在2030年之前，全国人民生产总值将翻两番，把我国建设成全面富裕的小康社会，展望未来三十年的发展，我国还是有很大发展动力的。

2. 农业生产水平

农业是人民赖以生存的基础产业，是城镇化基础的内在条件。其他非农业产业也是在农业的基础上建立的。农业发展推力以及工业发展引力两者共同推动了我国城镇化进程。从全球角度来看，全球任意一个国家，无论现在处于何种经济情况，国家的经济发展都离不开农业基础，究其原因，无非是城镇规模的不断扩大将受到粮食剩余程度以及粮食商品率的制约。

很多国家在推进城市化进程中，只重视工业以及第三产业的发展，却忽略了农业的发展，反而减缓了这个国家的城市化进程。像法国的农业发展，从19世纪30年代到60年代，法国的小麦产量几乎是停滞不前的。同样老牌的工业国家英国，从18世纪40年代开始，小麦的年产量开始下滑，这种情况一直持续到19世纪60年代才逐渐好转。尤其是拉丁美洲一些国家，他们在进行经济建设时忽略了农业建设，当地的农业产量停滞不前，甚至出现了下滑的现象。20世纪初，拉美国家曾成为世界上最大的农牧产品供应地，但第二次世界大战后至20世纪70年代中期，拉美各国主要考虑工业的进口替代，忽视了农业的同步发展，大量农村人口涌向大城市。从20世纪30年代开始，拉丁美洲国家把国家财政资金的大多数都投入了工业化建设以及城镇化进程，相应的，农业就没有充足的资金来发展，农业发展滞后，制约了城镇的发展。

城镇化发展受到农业发展的限制，国家的农业生产水平低下，城镇化进程和当地农业化的发展水平不协调。但是随着现代农业的发展，农业科技水平有了很大的提高，主要表现为农用机械现代化。这不仅提高了农业生产的工作效率，同时解放了大量的农村生产力，提高了农产品的商品率，加快了城镇化进程，从而为城市劳动资源的增长提供了后备资源。美国在农业现代化方面一直处于领先地位。美国从1910年开始的十年里，全国农业生产开始从半机械化向机械化转变，同时就在这个期间，大量的农业的人口开始向城镇转移。

结合我国现在的实际国情来看，我国还是存在劳动力过剩的现象，2001年我国从事第一产业的劳动力高达3.65亿人，如果我们使用分摊耕地的方法来对劳动力分批进行测算，大约有1.77亿的人从事种植业。另外还有我国的牧、林、渔还有1 800万的劳动力，但就目前的国情来看，我国农业部门只需要1.96亿人，所以在农业部门还有着大量的剩余劳动力，总人数已经达到了1.69亿人，其中农业剩余劳动力占农业总劳动力的46.3%。如果我们制定相应的政策，将这些农村的剩余劳动力转移到城镇中，那么将会进一步地提高我国的城镇化进程，充分利用剩余的农村劳动力。

从农业生产供给能力看，近几年我国农业综合生产能力明显提高。粮食生产登上新台阶，肉、蛋、蔬菜等产量大幅度增加，2002年粮食产量超过4.571亿吨，油料2 900万吨，棉花492万吨，肉类6 590万吨，水产品4 513万吨。可以看出，我国农产品的供求处于一种相对平衡的状态，之前农产品供不应求的状态经过长时间发展以后，农产品供求关系已经相对平衡，甚至某些农产品已经出现了供大于求的现象，我国农业生产迎来了全新的发展阶段，这进一步推动了我国的城镇化进程。

虽然农业生产并不会因为城镇化的速度加快而受到影响，但是加快推动城镇化，会促进农村劳动力转移，提高农业的生产效率，进一步扩大农业的生产规模，加快我国农业向现代农业的进步，为农村城镇协调发展奠定基础。安希伋教授也认为："在中国具体条件下，如果城镇化进程稍快一点，反而会减轻粮食的压力"。

长远来看，随着城乡人口结构变化，城市人口占主导地位以后，人口增长率将大大下降，从而对土地的压力大大减轻。随着我国城镇化进程的推进，我国的农村劳动力逐渐开始向城市转移，农村人口逐渐减少。农户的农业生产规模逐渐扩大，农业的生产效率有了很大提高，同时提高了农民的生活水平，进一步提高了农业生产效率。总之，农业劳动生产率、商品率是农村城镇化的前提条件。结合我国现在农业水平来看，城镇化推进如此迅速也有农业生产效率提高和农产品商品率高的原因，这些都加快了城镇化转型，同时也降低了农业部门的压力。我们通过长久的分析来看，农产品的商品率、城镇化这两者相互影响相互促进，共同发展。

3. *产业发展与布局*

在推动城镇化建设过程中，还需要一定的产业来提供后备支持，如果城镇化建设中没有一定的产业支持，城镇化建设就会缺少核心动力。在湖北、浙江等地的调研中，我们看到了两个方面的典型。有一些城市在产业结构和城镇发展的两方面协调很好，城镇化的建设充满活力；但是同样的，还有很多城镇在建设过程中只是一味地加强城镇建设，铺设道路，构建楼房。由于城市的经济能力差，城市在建设过程中缺乏相关产业的有力支持，城市发展的过程中缺乏后劲，整体城市建设并没有像之前构想的那么美好，反而衰败下来。在我国开始实行改革开放政以后，乡镇企业如雨后春笋一样蓬勃发展，这同样也加快了我国城镇化进程。但是我国的城镇经济水平有限，经济能力不足同样也制约着乡镇企业的发展。

乡镇企业分散布局与其产权制度有关，改革开放初期乡镇企业不可避免地采取了集体经营的形式，乡镇集体对乡镇企业财产享有所有权。大多数的乡镇以及行政村在发展的时候，都不希望自身的资源被别人利用。虽然乡镇也希望在自己的行政区发展乡镇企业，带动经济发展，但是他们不希望自身的资源被跨社区的企业所利用，所以乡镇企业格局一直都是分散化的，不能统一管理。分散化的特点使得企业在发展的时候没有生成相应的第三产业市场。和发达国家相比，我国第三产业在国民生产总值中所占的比例是远远不够的，甚至还达不到一些发展中国家的水平，这阻碍了我国城镇化的进程，限制了我国城镇化推进速度。

4. 城镇建设

城镇建设需要大量的生产投入以及大量外来投资，基础性设施的投入以及生产性的投入分别由当地政府以及相应的企业负责。政府在城镇化建设中一直扮演着投资者的角色，这其实阻碍了城镇化的进程，2002 年我国在城镇建设中投入的总资金达到了3 119亿元，占国民生产总值的 3. 04%，占 2002 年社会总投资的 7. 22%，但是和同期联合国给出的城镇化建设指标相比，还存有较大差距。而且，目前我国的城镇人均水平也同样达不到世界的平均水平，只占世界平均水平的 25%。全国 666 个城市中，有一半的城市仍处于缺水状态。60% 的污水没有经过净化处理就直接排放到自然中，严重影响了我国的城镇水资源可持续利用；我国的燃气供应不均衡，无论供应区域还是供应结构都存在很多问题。天然气仅占供气总量的 30%；全国城市人均拥有公共绿地 5. 33 平方米，人均公共绿地面积远低于发达国家水平。

小城镇基础设施投入不足与财政管理体制有较大关系。从 20 世纪 90 年代开始，全国各地镇政府都已开始建立自己的财政所，来管理所在城市的镇干部、卫生所医护人员、中小学的教员，以及大量不在编制的雇佣人员的工资、医疗、差旅、福利等日常开支。这类财政支出是刚性的，但财政收入却无固定来源和固定数量，特别是财税改革以后，实行分税制，较稳定和较好的税源都由地（市）级以上的相关部门收上去了。经过最近几年的改革，我国的地市级以上城市的财政收入还是比较可观的，但是一些县级以下的政府收入还是不容乐观的。这是因为财政收入到了县级政府就已经被分配得所剩无几了，而到了镇级政府更是少得可怜，所以还是有一些镇级政府存在财政困难的现象。

5. 收入差别与体制障碍

通常来说，同样的劳动力从商业活动中所得到的经济效益是高于从农业劳动中得到的经济效益的。从我国经济发展的早中期来看，城镇居民的收入是远远地高于农村居民的。所以大量的农村劳动力为了提高收入，改善自己的生活水平开始逐渐向城镇涌入。刘易斯二元结构发展模式承认了工资方面的差异是导致农业剩余劳动力转移的主导因素。刘易斯通过大量的调查研究发现，在城市中工业部门的劳动生产效率是远远高于农村的劳动生产效率的，在城市工业部门中工作的工资比在农村务农的收入要高。因为两个部门之间存在着很大的收入差距，所以大量的农村剩余劳动力开始向城镇转移，推动了城镇化的发展。著名发展经济学家托达罗对农村人口的流动作了进一步的研究，他指出，导致人口流动的原因不是现实的城乡差距，而是预期收入差距。

农民通过比较城乡之间的成本收益比，决定了对城镇的看法及态度。因为两者之间的成本收益并不是对称的，收入是预期的，而且具有不确定性，但是投入却是现实的以及确定性的，这很大程度上增加了市场的风险预期。所以，农民在从农村开始向城镇迁移的时候犹豫不定，在农民开始决定离开农村，进入城市之前，农民事先会经过非常充分的计划，而且还会受到一个相对比较严格的审查。他们之所以会迁进城市，是因为他们觉得城市的生活水平高于农村。如果在他们迁进城市之前还在考虑收入、医疗、养老等问题，甚至低估了他们的未来收益，或者是高估了未来市场的风险，会增加农民对城市生活的顾虑，这些都是城镇化的阻力。

从新中国成立开始，我国居民社会保障一直没能够普及完善，尤其是农村的社会保障制度更是缺乏相应管理，仍然存在很多问题。多数农民的生活在很大程度上要依靠土地保障和家庭自我保障；城镇的社会保障体系虽已基本建立，但保障对象主要是城镇职工，农民工的社会保障基本上被排除在外。这样一来，那些有迁进城镇意向的农民因为社会保障和城镇未来生活等问题，增加了对城镇生活的顾虑，所以很难更好地融进城市生活，阻碍了我国的城镇化进程。

另外阻碍我国城镇化进程的还有现行的户籍制度，近几年来，为了加快我国的城镇化进程，我国出台了很多政策，淡化了之前户籍制度所导致的巨大城乡差异，这样一来免去了很多迁进城市农民的后顾之忧。但是现在还有一个问题就是就学制度，孩子在上学的时候，学籍户口是入学的第一条件，这进一步突出了户籍的重要性；另外，户籍制度在就业中也扮演着重要的角色。为了消除现存的户籍制度对我国城镇化建设带来的消极影响，相关部门还是有很长一段路要走的。

6. 政策不配套也制约城镇化

（1）土地政策。我国在十五届三中全会报告中明确了承包土地30年使用权不变。现在来看，农村第二轮土地承包已经接近尾声了，很多农民在此之前就把自己分得的土地承包给别人，而自己从事另外的职业。在转户中要他们完全放弃类似保险机制的承包权及其收益，农民还是难以接受。随着城镇化建设的开展，城镇郊区的村落土地逐渐得到开发，由于土地赔偿对于农民来说是一份非常可观的经济收入，这就让很多的"城市人"开始托关系想要变成"农村人"。所以农民在成为市民之前要考虑土地收益问题。部分城市已经逐渐地摸索出一条将土地的四大权利（收益权、经营权、所有权、承包权）分离的方法，但尚未经法律允许。

（2）农民在农村可以分到一定面积的宅基地。相比之下，城市居民只能去购买商品房来居住，这对于部分想迁入城市的农民是一个很大的经济负担。尤其是在一些大中城市，农民获得户口的条件是必须购买住房，而城市的房价又高，农民的积累有限，因此这种以货币构筑的新门槛对普通的农民而言是无法逾越的。

（3）金融政策。从现实来看，城镇发展步伐较快的地区，往往是工业化水平较高的地区，而工业较发达的地区，往往又是私营经济的中小企业蓬勃发展的地区。因为我国现在的金融政策原因，大多数中小企业是很难获得国家和政府在金融方面的支持的，大多数都是一步一个脚印慢慢积累出来的，而且企业随着规模的逐渐扩大，需要大量的资金来扩大规模，但是这些中小企业民间融资效率低、成本高、风险大，所以现在民间的中小企业对金融部门提供资金支持的呼声也越来越高。

7. 观念和认识障碍

长久以来，大多数人在观念中还是将城乡对立来看，城乡分治对人们的城乡差距观念影响很大。现在不仅仅是城镇居民甚至是城镇官员都没有意识到农村城镇化对我国经济建设的重大意义，没有从较高的观念上认识到农村城镇化是历史的必然趋势，对我国经济建设有着重大实际意义。有一部分官员对农民涌入城市有很多顾虑：一是担心大量的农民涌入城市，会造成这个城市的交通拥挤、住房紧张、社会治安环境差等问题；二是担心农民进入城市还有可能挤占城市职工的就业岗位，加大城镇的就业压力。同时，很大一部分城市居民对外来民工还是持有抵触态度的，尽管涌入城市的农民工是一群非常廉价的劳动力，他们干的都是城市人不愿意做的累活、脏活、险活。

8. 体制机制不健全，阻碍了城镇化健康发展

目前我国实行的行政管理制度、社会保障制度、户籍管理制度、财税制度等，已经在一定程度上改善了城乡利益失衡现象，但是仍不健全，并且进一步制约了我国的城镇化进程，最主要的包括以下四方面：

（1）城乡二元户籍制度阻碍农业转移人口市民化。

我国现在实行的二元户籍制度阻碍了农民向市民转化进程，进入城市务工的农民工很难获得城市户口。2010 年到 2012 年我国平均有 835 万人口成功实现农转非，三年的总人数达到了2 505万人。但是还有另外一组数据表示，我国在 2012 年农民工的总人数已经达到了 26 000万人，其中外出的农民工总数超过 16 000 万人，但是这些农民工中的绝大多数都不能像当地的居民一样在当地落户，更不能和他们同样地享受城镇医疗、教育、文化等服务。与城乡二元户籍制度相关的是财政体制安排，特别是农民工市民化的成本分摊机制，这其中没有中央政府和地方政府，输出政府以及输入政府两者之间的分摊设计。在这其中最为突出的就是如何将农民工在原居住地的住宅基地指标转化为工作城市的住宅指标、农民工的各类社会保险如何在输出地与输入地之间良好衔接等问题。

（2）农村土地制度改革滞后削弱农民进城落户的能力。

现在我国实行的土地政策中，进城务工的农民很难通过交易原居住地土地来获得市民化的成本。一是政府完全掌握了建设用地，城镇建设用地和农村建设用地不能随意相互转化，同时，农村集体建设用地和国家土地相比，在价格、权利方面都很难相等，这其实是变相剥夺农民参与城镇化建设的权利，损害了农民的根本利益。二是严禁农村宅基地的流转，在农村闲置的农房只能内部交易，不能倒卖农村闲置房屋，来当做进城安家落户的资金支持。三是在征用农民土地时，很低的土地征收款进一步降低了农民迁进城市的居住能力。四是很多农村地区土地金融发展不足，根据我国现有的法律法规，在担保时不

能使用耕地、林地、宅基地等集体资产，所以当农民尝试进城务工时很难得到金融担保支持。虽然有一些地区开始尝试使用抵押的政策，但是也没有太多实质性的进展，所以我国土地金融方面依旧处于落后停滞阶段。目前这种情形已有了改变，根据《国务院关于开展农村承包土地的经营权和农民住房财产权抵押贷款试点的指导意见》（国发〔2015〕45号）和《全国人大常委会关于授权国务院在北京市大兴区等232个试点县（市、区）、天津市蓟县等59个试点县（市、区）行政区域分别暂时调整实施有关法律规定的决定》精神，《农民住房财产权抵押贷款试点暂行办法》于2016年3月15日公布施行，第2条明确规定："本办法所称农村承包土地的经营权抵押贷款，是指以承包土地的经营权作抵押、由银行业金融机构（以下称贷款人）向符合条件的承包方农户或农业经营主体发放的、在约定期限内还本付息的贷款。"

（3）多层级垂直管理的城镇行政体制影响城镇化健康发展。

现在我国的城市建设行政体系一共分成五个等级，分别是省级、副省级、地级、县级、镇级。通过这种行政分级，可以将更多的资源集中在大城市，因为这种等级制度的财政收入是从低一级向高一级集中，但是资源的分配却是从高一级向低一级分配。中心城市因为获得了大量社会资源，所以在发展的过程中充满活力，加快了城市发展以及城市扩展；相反，一些中小城市因为所分配到的资源满足不了自身发展，没有足够的资源来完成本该有的城市责任，最终导致城市发展缓慢，功能不完善，不能向市民提供完善公共服务，正常发展受到比较大的制约。例如东莞市的虎门镇，虎门镇原住居民本来只有十万，但是虎门镇现有人口却高达一百万，其中有超过九十万的外来人口，但是虎门镇却只是一个镇级的行政级别，所有的财政能力以及公共服务财力都是按照之前的十万原住居民来进行分配，另外九十万外来人口在理论上被排除在外。

（4）跨区域城市群协调机制缺乏，不利于大中小城市和小城镇协调发展。

我国现在实行的城镇制度，很多城市为了自身发展，和邻近一些没有隶属关系的城市存在一定的竞争关系，部分政府只是在自己行政区域范围网内去封闭建设自己的经济结构，实行经济上自我发展、自我封闭的政策，严重阻碍了两个城市之间的横向合作，并且开始限制主要生产要素横向流动，阻碍建设公平自由市场经济的进程，更制约了城市群的发展壮大。以长株潭城市群为例，虽然在之前也成立了相关的“长株潭政府部门专题联席会议制度”“长株潭党政领导联席会议制度”以及“长株潭一体化办公室”，但是在实际生产建设中没有效力，不能将之前的规划完全落实下来，不能发挥它应有的作用。

第四章

世界城市化发展历程分析

第一节　国外城市化的发展历程

一、工业革命以前的城市发展历程

工业革命以前，欧美等国家城市的发展主要分为三个时期：希腊、罗马时期；中世纪时期；文艺复兴以后时期。

1. 希腊、罗马时期

西方的城市发展始于希腊。在公元前600年，仅希腊半岛及其附近岛屿上的城镇就有500多个。后来随着希腊人向外扩展，地中海沿岸地区也陆续兴起城市。那时城市不大，很少超过5 000人。可是，到公元前5世纪时，雅典城的人口可能已达到30万人。

希腊城市内有卫城和人民会场。这是两个明显不同的功能区。卫城即城中城，其中有庙宇、仓库和权力中心。同时，它也是防守的最后据点。因此，卫城可以说是有权阶层的住地。人民会场与其相反，它是公民们活动的地区。是群众集会、议事、社会交流、审判等活动场所，也是民众活动中心，希腊民主生活的枢纽。后来，商业活动增强，市场作用占主要地位。

早期希腊城内，尽管有讲究的公共建筑，但是街道狭窄弯曲，道路泥泞，垃圾遍地。平民住房也十分简陋。这反映当时的城市建设缺乏规划。可是，以后在地中海周围希腊殖民地中建起的城市有明显的变化。例如，意大利半岛上当时的希腊城市，街道呈棋盘式，平直而宽敞，街区也相对均一。

随着罗马帝国的兴起和对地中海周围地区的控制，中心城市转向了罗马。罗马城内的格局与功能分区受希腊的影响，街道成方格状，直角相交，在两条大街的交汇处通常是广场的所在地。但是罗马人把希腊的卫城与人民会场结合在一起。这里不仅有宗教活动的庙宇，行政办公的公共建筑、仓库，还有为公众服务的图书馆、学校以及繁荣的市场。

后来由于建筑技术的发展，广场附近豪华的王宫，郊外别致的别墅等高级住宅相继出现，内有干净的卫生设备与舒适的取暖设备。城市的给排水系统有很大发展。可是，城市中一般平民不论是住房条件还是周围环境条件都十分恶劣。

罗马在选择城市地址时特别注意交通位置，不单是城市本身的出入条件，还注意其彼此的相互联系。尽管罗马帝国崩溃后城市也衰落了，但像巴黎、伦敦、维也纳等，仍然是在其旧址上发展起来的城市。

2. 中世纪时期

在公元 4 世纪时，罗马帝国衰落。最后，终于在蛮族进攻下垮台。除去与拜占庭有贸易往来的少数城市外，其他城市随着帝国垮台而消失。这些城市先前繁荣的景象不再存在，人口也大幅度下降。过去那种成千上万人的城市，衰落成为仅有几百人、靠农业维持生活的聚落，罗马城的人口从上百万降到四万。

公元 10~15 世纪，欧洲的城市又重新缓慢发展。这些城市大多数是在封建主城堡的周围发展起来的，也有一些是在交通枢纽、罗马营寨城基础上发展起来的，还有一些新城，范围已远远超过罗马统治时期的地域。

中世纪欧洲是封建领主制，由于各封建主之间常有战争，封建主都建有坚固的城堡。在其外围常住着手工业者。初期，这些手工业者只是为封建主消费服务，后来发展成为该地区的商品交换的中心，商业市区在城堡外围发展起来。这样发展起来的城市由城堡与市区两种不同功能区组成。市区住着手工业者和商人，城堡中住着贵族和领主。前者是经济中心，后者是政治枢纽。

开始时，市民们不仅向封建主交税，而且政治上受其管辖。随着手工业者和商人的行会组织的发展，其势力逐步强大，为保护自身利益与封建贵族进行了斗争，并取得一定的自主权，甚至成为完全独立的自治单位。随着经济发展、商业繁荣、自主权的获得，市民在自己的组织的领导下，沿市区周围修筑城墙，这标志着市民已有独立的组织机构。

但是，那时的城市大多数不是很大，而且街道狭窄而曲折；与现代相比，房屋也显得矮小与简陋。现在仍有不少城市中完整地保留着当时的建筑与街区，使我们可以欣赏到当时的景观与许多艺术上有价值的各种建筑遗产。

由于与封建领主经济的对立，中世纪城市形成自治的城市，可以说是“自由城市”。有的发展为城市国家，如威尼斯、佛罗伦萨，它们都是以一个城市为主，周围辖有一定数量的农村，成为政治和经济上的地域中心。也有的成为城市联盟，如汉萨同盟既是商业性又是政治性同盟，兴盛时有 100 多个城市参加。它建有组织机构与武装，有宣战、媾和权。这些对欧洲的政治、经济和文化的发展有很大的影响。

3. 文艺复兴以后时期

文艺复兴开始后，欧洲的城市在形式上和功能上发生很大变化。当时，市民阶级已上升为中产阶级，它与君权相结合向封建势力进攻，使欧洲从分裂的封建社会转变成统一的民族国家。新兴的资产阶级在反对封建与宗教神学，为争取个人在现实世界中的发展而追求希腊和罗马的古典文化。因而，在文艺复兴浪潮的影响下，城市建筑与中世纪相比有很大区别。

这时，许多城市成为各级政府的中心，由政府官吏实行管理；在经济上，自由贸易的商业网络不断扩大，城市的工商业更加繁荣，国内外贸易由于交通发展日益便利；新的军事技术与城市规划的新思想的出现，都对城市的发展起着重要作用。

城市成为行政的中心，在首都它为了体现君主的权威，以及把首都作为国家和民族的象征，故在建筑与布局上都有新的追求。因此，豪华的王宫、开阔的广场、宏伟的公共建筑、整齐的林荫大道、精致的府邸和花园，加上雕像、喷泉、草地使城市面貌焕然一新，与中世纪拥挤、脏乱的景象形成鲜明反差。这种现象在作为首都的巴黎、伦敦等城市的变化非常明显。首都以外的城市，市府厅成为该城市的中心。商业的繁荣不仅表现在城市中商业区的扩大，高大的行会大楼的出现与银行建筑物的耸立，在公共建筑方面，如博物馆、图书馆、大学也成为重要建筑。虽然城市人口的增加与马车的使用，便利了市内交通，促使城市范围的扩大，但是为了军事防御的需要，仍需建筑城墙，而且城外要留有宽阔的地带，以防炮火袭击。这也是限制城市发展、并造成城市拥挤的原因。

文艺复兴使城市面貌和人文形态都发生了很大变化，但没能在根本上解决城市化发展上的诸多问题。工业革命前期；因生产力水平不高，可提供城市居民需要的农副产品数量有限，所以城市发展受到限制；城市数目少、规模不大，城市人口比重小，主要分布在灌溉发达、利于农业生产或便于向周围征收农产品的地带；早期城市主要为行政、宗教、军事或手工业中心。这个阶段延续的时间最长，城市人口增长缓慢，直到1800年，世界城镇人口仅占总人口的3%。

工业革命之前，建立在传统农业基础上的传统手工业和商业难以支撑较大规模的城镇人口，因此，在这个漫长的人类发展历史时期，人类的城市化进程十分缓慢。

二、工业革命与第二次世界大战之间的城市化进程

18世纪中叶开始，迎来了城市发展史上一个崭新的时期。在工业革命的浪潮中，城市发展之快、变化之巨，超过了以往任何时期。工业化带动城市化，是近代城市化的一个重要特点。欧美国家城市数

目激增，城市规模快速增长，英国在 1900 年城镇人口比重达到 75%，成为世界上第一个城市化国家。近代世界城市化的又一特点是亚非国家城市化的兴起，出现了一元的封建城市体系向封建城市与近代城市并存的二元结构转化。世界城市体系的出现是近代城市化的第三个特点。1950 年，世界城市化水平上升到 29.2%。

工业革命期间机器生产和工厂制度的兴起，推动了原有城市的扩大和新工业城市的兴起。在英国，工业革命过程中，形成了许多新的工业中心。原来经济落后、人烟稀少的西北地区成为棉纺织业和煤铁工业中心，新的城市如曼彻斯特、伯明翰、利物浦、格拉斯哥、纽卡斯尔等迅速发展起来。与此同时，人口也迅速增长。1750 年全国人口约 700 万人，到 1870 年猛增到2 750万人，其中城市人口占 1/2。在美国，19 世纪初，工业革命率先在棉纺织业开始，马萨诸塞、康涅狄格、新罕布什尔、纽约等地都先后建立了一批新型纺纱厂。1815 年，马萨诸塞有 57 家工厂，康涅狄格有 14 家工厂。19 世纪 20～40 年代，北部进入了工厂制盛行时期，纺织厂数目不断增加，1831 年为 801 个，1840 年增加到1 240个。纺织工业的技术革命推动了其他一系列轻工业部门的变革。轻工业的机械化，又推动着重工业技术革命。蒸汽机的使用主要集中于城市，并把工厂乡村转变为工厂城市，使工业城市不断增加，并推动原有城市规模进一步的扩大。

随着工厂制盛行，农村人口涌向城市，转变为工业劳动力，使城市人口与城市数量迅猛增长。工业革命带来的机械化解放了大量劳动力，使农村劳动力出现大量剩余，这些人涌入城市，为城市注入了新鲜的血液。工业化的英国领导了世界城市化的浪潮。正如 1832 年一家英国报纸用既满意又警觉的口吻宣称：“大不列颠的制造业体制，以及由之而来的大型城镇令人难以置信迅速增长，这在世界历史上是没有先例的。”1800 年，大约 1/5 的英国人口居住在城镇，城镇规模大约一万人。而接下来的一个世纪，庞大的乡村社会被城市化了，全国有 1/3 的人口在城里工作和生活。到 1900 年，工业化的国家有至少 50% 的人口生活在超过2 000人的城镇中。而美国 1790 年拥有8 000人以上的大城市只有五个，其人口不到 13 万人。1820 年城市人口占总人口的比重为 7.2%。到 1870 年城市数目则增至 663 个，城市人口占总人口的比重上升到 25%。城市数目和城市人口的年平均增长率分别为 4. 9% 和 5. 5%。城市与城市人口的迅速增加，促使美国的城市化出现了第一次高潮。下面两组数据从一定程度上佐证了工业化所带来的城市数目和城市人口的增长：在 1831～1841 年，伦敦的人口增加了 13 万，曼彻斯特的人口增加了 7 万；巴黎在 1841～1846 年人口增加了 12 万人。维也纳在 1827～1847 年人口增加了 12. 5 万人，柏林在 1815～1845 年人口增加了 18 万人。1815 年，全欧仅 2% 的人居住在 10 万人以上的城市里。1910 年则提高到 15%。同时，全欧有六个人口过百万的大都市，55 个人口过 25 万的城市，180 个人口过十万的城市。1880 年美国城市人口占全国总人口的 28. 2%，1900 年则上升到 39. 6%。

城市化的程度与城市中的交通运输情况有着紧密的联系。城市中的交通运输业的迅速发展会进一步加强城市与城市、城市与城乡等的经济联系，使城市经济快速地发展起来，加速城市化进程。以美国为例，19 世纪 30 年代以后，美国出现了修筑铁路的高潮。1860 年美国铁路长度猛增到30 626英里，长度已超过了英国居世界首位。同时，美国也大修运河。19 世纪二三十年代，伊利运河、费城运河等几十条运河都先后竣工。到 1840 年美国运河长度已达 3 300 英里，形成了东西南北畅通的运河网。水路和陆路运输的便利，使货运时间和费用大大下降，加强了城市之间和城乡之间的经济联系，并使处于交通枢纽地位的城市和城镇能够迅速成长，这大大加速了城市化进程。

城市公共交通的发展，在给人们带来便利的同时，也吸引了不少人来城市定居。有轨马车最早在 19 世纪 30 年代的纽约出现，随着工业革命的发展，特别是电的使用，19 世纪 80 年代纽约出现了有轨电车。1863 年在伦敦开通的第一条地下线路使用的是蒸汽机车，随着 19 世纪 70 年代电力机车的出现，该系统经历了大规模改进，而其他城市很快也有了自己的类似地下网络。这些公共交通方面的改善为居民的出行提供了便利，使城市人口和规模不断扩大，也加速了城市化进程。

两次工业革命的进行，推动了工业化进程，使人类基本上完成了由农业社会向工业社会、由乡村社会向城市社会的转变。同时，工业化也对城市化产生了一些消极影响。工厂“成排的烟囱日夜不停地将滚滚浓烟吐向天空”，“工厂沿河而建。大烟囱冒出的浓烟笼罩市区，工厂废弃物对河流构成严重污染”。谢菲尔德烟灰弥漫，人们不停地“把尘埃吸入体内”。这些现象带来的后果是：城市污染严重，生活环境非常恶劣，传染病（如天花、霍乱等）肆虐流行，大量城市人口流失，给城市化带来了许多阻碍。

总之，工业化大大促进了城市化，对城市化起了重要推动作用。工业革命既是一场科技的革命，也是一场城市的革命。一部工业革命史，就是一段城市化不断发展的历史。

三、第二次世界大战后的城市化进程

第二次世界大战后，城市化开始形成世界规模。从 20 世纪 50 年代到 70 年代初期，资本主义国家经济增长较快，殖民地半殖民地国家取得政治独立以后，经济上也有一定发展，这一切大大加快了世界城市化的进程。发展中国家已经构成当今世界城市化的主体。

1. 战后以来城市化的背景

第二次世界大战中，欧亚大陆许多城市受到战火的严重破坏。第二次世界大战后一段时间，城市都面临着恢复重建，许多城市都制定了重建及发展的城市规划。至 20 世纪 50 年代中期，世界范围内经过了经济恢复，进入新的发展时期。经济的恢复，工业的发展，也带来了城市化进程的加快，城市人口规模不断扩大，至 20 世纪 90 年代，世界城市人口已达到总人口的 50%。

城市集中发展虽然创造了较高的经济效益，提高了物质、文化生活质量，但同时也带来了一些城市问题，如大气及水质恶化、热岛效应、人口拥挤等。所以城市集中发展的同时，也出现城市分散发展的理论和实践，如在郊区建造卫星城。城市的对外交通发展也有很大变化，航空、汽车取代了火车及轮船的运程，国际经济的全球化使海上货运有很大发展，船体的大型化、集装箱化使城市及大型工业靠海发展致使港口城市的结构布局发生变化。

第二次世界大战以后，在一些发达国家，由于城市中心居住环境恶化，也由于汽车交通的发达，出现了郊迁的现象（包括住宅及一些工业企业），原来的城市中心地区出现衰退现象。各国经济发展的不平衡，在城市的发展上也出现较大差异，发达国家已高度城市化，城市的空间扩展已逐渐为城市内部的更新发行所代替。第二、第三产业在城市中的集中，产业门类的增加与分工协作，使城市具有强大的聚集效益，使城市的规模不断扩张。

2. 战后城市化进程

根据发达国家一些城市人口增长的周期变动，一些学者提出了城市化进程的空间周期理论，即由城市化、郊区城市化、逆城市化、再城市化四个连续的变质阶段构成大都市区的生命周期。

20 世纪 50 年代后，由于特大城市人口激增，市区地价不断上涨，加上生活水平改善，人们追求低密度的独立住宅，汽车的广泛使用，交通网络设施的现代化等原因，郊区城市化进程加速。以至于“二战”后，若干发达国家从乡村到城市的人口迁移逐渐退居次要地位，一个全新的规模庞大的城乡人口流动的逆过程开始出现。在美国几乎 4 000 万人因变换工作及其他原因，每年至少搬家一次，而人口的主要流向是城市中上阶层人口移居市郊或外围地带，这就是所谓郊区城市化。以住宅郊区化为先导，引发了市区各类职能部门纷纷郊区化的连锁反应。首先迁往郊区的是商业服务部门。商业服务部门是为城市居民提供服务的，人口的向外迁移，势必使商业服务部门随之外迁。加上 20 世纪 50 年代以来零售商业的现代化，超级市场、巨型市场、购物中心纷纷出现，它们占地面积大，兴建在地价便宜的郊区更适宜。在商业服务部门之后外迁的是事务部门。各类事务机构历来是西方国家特大城市中心区的一个重要职能部门。由于事务部门需要同各方面的人打交道，使事务部门的向心性比商业部门还要强烈。但自 20 世纪 70 年代后，由于城市中心地价太高，上涨速度太快，迫使某些事务部门向郊区搬迁。另外，现代电子通讯技术的发展，已经部分地取代了事务机关面对面直接接洽的业务，使事务部门有可能脱离闹市区，进入郊区。在商业服务部门外迁的同时，工厂也向郊区迁移。现代工业越来越多地采用流水线作业，使占地面积增加，从而导致生产成本中的土地成本上升，加上环境保护的压力，迫使工厂向郊区迁移。20 世纪 70 年代以来，一些大都市区人口外迁出现了新的动向，不仅中心市区人口继续外迁，郊区人口也向外迁移，出现了人口负增长。这就是说，整个大都市区出现了人口负增长，人们迁向离城市更远的农村和小城镇，国外学者将这一过程称之为逆城市化。逆城市化首先出现在英国。面对经济结构老化，人口减少，美国东北部一些城市在20世纪80年代积极调整产业结构，发展高科技产业和第三产业，积极开发市中心衰落区，以吸引年轻的专业人员回城居住，加上国内外移民的影响，1980~1984年纽约、波士顿、费城、芝加哥等7个城市在市域内实现人口增长，出现了所谓再城市化的现象，与此类似，英国大伦敦的人口在连续30多年下降后，于1985年起开始微弱增长，也出现了再城市化现象。

第二节　主要发达国家和地区的城市化及其启示

一、欧美等发达国家和地区的城市化进程及启示

（一）美国城市化发展历史及启示

1. 美国城市化历史

城市化的历史并不等同于城市发展的历史。城市出现于早期社会，是商品生产和交换的产物。美国城市发展始于1609年的欧洲移民，由于地缘因素以及自然优势，早期城市主要是港口城市，集中于美国东海岸，如纽约（1625年）、波士顿（1630年）、查尔斯顿（1680年）、费城（1682年）。城市化则是近代工业化的产物，工业化促使城市手工作坊转变为工厂，城市由原来的商品集散地转变为工业生产集中地，非农人口逐渐向城市集中并最终超过农业人口，这是初步的城市化。若把城市人口占总人口比例10%以上看作城市化的开始，把城市人口占总人口比例50%以上看作初步城市化的完成，那么美国城市化的历史可分为三个阶段，每个阶段都具有鲜明的特征。

（1）城市化酝酿时期（1690~1830年）。

这一时期美国的城市数量、规模以及城市内部产业结构、就业结构的状况对后期的城市化进程有重要影响，其特征表现在以下几个方面。

第一，城市数量少，城市人口增长不稳定。1690 年，人口超过 2 500人的城市只有 4 座，其中波士顿拥有人口7 000人，是当时最大的城市。在 1690~1820 年这一百多年里，美国的城市数量从 4 座增加到 61 座，但城市人口的比例由 1690 年的 8. 3%降到 5. 1%，后又升至 1820 年的 7. 2%（见表 4-1）。1690~1790 年这一百年是美国历史上农村人口增长超过城市人口增长的时期。

表 4-1　美国城市化历史进程（1690~1990 年）

年份	2500 人以上的城市数目	总人口（单位：百万人）	城市人口比例（%）
1690	4	0. 21	8. 3
1790	24	3. 9	5. 1
1820	61	9. 6	7. 2
1860	392	31. 4	19. 8
1880	939	50. 2	28. 2
1920	2 722	105. 7	51. 2
1940	3 464	131. 7	56. 5
1960	4 996	178. 5	63. 1
1960 *	18 088	178. 5	64. 7
1990 **	19 289	248. 7	61. 6

*　表示 1960 年人口普查定义的新地区。

**　表示 1990 年人口普查定义的新地区。

数据来源：1690 年数据来自 Bridenbaugh（1938）以及美国历史统计。其他数据来自 1960 年《人口普查》第一卷，人口特征，美国概要 1-14-15 以及 1992 年的统计概要。

第二，农业占国民经济的主导地位，但城市中从事商业、制造业以及其他服务业的人口比例较高。1974 年，普赖斯研究波士顿、费城和纽约三大城市的结果表明，当时平均 23% 的人口受雇于商业，24% 的人口受雇于制造业，50% 的人口从事服务业，4% 的人口在政府部门工作。可见，尽管当时港口城市以商业中心闻名（主要与欧洲国家特别是英国进行贸易），但工业和服务部门仍是吸纳劳动力的主要部门。

第三，以传统的交通运输方式为主。19 世纪初，美国的城市主要分布于东海岸，由于城市人口流量较小，城市半径一般不超过一到二英里，畜力、风力、帆船是主要的动力和运输手段。美国独立初期，基于天然河流、人工运河以及铁路的现代运输方式开始出现。

总体来说，尽管本时期城市化还未开始，但殖民地时期美国东海岸城市的迅速发展为后期城市化奠定了基础。这些城市大多拥有优良的港口以及富饶的腹地，同时靠近适于航行的河流（如波士顿），这是不仅成为内陆大宗农产品出口到欧洲的中转站，而且更为重要的是，由于信息的外溢效应，这里成了商人的聚集地，商人按时聚集于这些城市中的咖啡馆和交易所，讨论欧洲和东印度的市场状况，为工业化和城市化奠定了基础。

（2）城市化开始、加速及初步完成时期（1830~1920 年）。

这一时期是美国工业化的关键时期，尤其是内战后，美国城市化进程加速发展。以南北战争为界，这一时期可分为内战前（1830~1865 年）和内战后（1865~1920 年）两阶段。

内战前（1830~1865 年）美国城市化的显著特征是：

第一，工业化决定城市化，即先有了工业，有了相关产业和制造商在空间上的集聚才有了城市和产业带的发展，而城市化又反过来推动了相关产业的发展。在美国工业化早期，城市集中于工业化开始的地方，即美国东北部。城市人口比例由 1820 年的 7% 上升到 1860 年的 20%，且在 1820~1860 年，城市人口以每十年平均 57% 的速度增长，城市规模相应增大。1820 年，10 万人以上的城市仅有 1 座，而到 1860 年，增加到 9 座。

第二，交通运输技术的改进以及西进运动，带动了西部城市的发展，尤其是中西部和五大湖区。西部贵重金属的发现和开采，使旧金山湾地区和科罗拉多州北部派克峰一带出现了很多矿业城镇。

第三，工业化、城市化带动区域经济的分化。美国早期的工业化导致美国区域经济的首次分化。工业化之前，国内市场所需的工业品由城市里的工匠生产，而 19 世纪上半期的工业化，使得制造业从工匠的作坊转移到非机械化或机械化的大工厂，这带来劳动生产率以及全要素生产率的巨大增长。随着制造业向东北部的集中，区域经济的分化出现。1840 年，新英格兰和中大西洋地区的非农产业就业，份额分别为 38% 和 32%，而其他地区，这一份额为 10% 以及 18%。

内战后（1865~1920 年）美国工业化、城市化加速且基本同步进行。19 世纪末，美国基本完成工业化。1920 年，美国基本实现城市化，这一阶段美国城市化呈现如下特征：

第一，制造业带形成，城市化加速。在此期间，美国的工业经济成熟，顺利由农业社会转变为工业社会。根据韦斯（1974 年）的研究，此阶段近 50%的劳动力从事制造业，50%的劳动力从事服务业，从事农业的比例很小。由于工业化向西部转移，在五大湖周围的东北部和中西部地区形成了制造业带。城市化速度在这一阶段也最为迅速，城市人口比例由 1860 年的 19. 8%上升至 1920 年的 51. 2%，标志着城市化基本完成。

第二，农奴制度废除，南部城市化启动。农奴制度的废除使南部传统农业区开始了工业化和城市化进程。内战以后，南方黑人奴隶获得自由，人口开始流动，经济日渐活跃。南部工业化启动以后，便遵循北方城市化的道路继续发展。尽管美国南北两地千差万别，但共同之处在于它们都是美国立国时的老区，农业人口相对集中。由此可见，城市化的本质就是实现工业化，以先进的工业社会代替落后的农业社会。

第三，交通革命促使城市化地域范围进一步扩大。铁路网的完善，尤其是横贯东西大铁路的修建，加强了东西部之间的经济联系，人流、物流、资金流开始自东向西流动，促使工业化和城市化向西推进。

第四，城市内部空间向多中心结构发展。第一次世界大战爆发时，美国的城市结构已经定型：高楼大厦分布在市中心，而市区中心又根据功能划分为金融、零售、法律以及其他产业相对集中的区域，居住区向外发展，城市呈多中心发展态势。由于东西以及南北联系加强，工业化以及城市化的区域不均衡状况开始得到改善。

第五，以集中型城市化为主，郊区化开始出现。由于原材料的可获得性，运输费用、交易成本、规模经济等原因，大量的人口和产业活动还是集中在市中心，并且通过不断的竞争和兼并，产业的集中度越来越高。

（3）城市化的新阶段——郊区化时期（1920 年至今）。

1920 年以后，美国城市化进入郊区化发展阶段。不同于欧洲的郊区化，美国的郊区化是从城市核心向外自然扩展，其推动力是商业利益和消费偏好，即城市管辖范围随着微观个体包括各类企业、居民户、政府区位向郊区转移而自然地向郊区延伸。另外，美国政府在此期间的洲际公路计划以及住房补贴政策也有力地推动了郊区化进程。郊区化促进了美国区域经济发展趋同，缩小了城乡差别，也造成了老城中心的衰落。但 20 世纪 90 年代以来，市中心的经济状况有所恢复。以第二次世界大战为界，这一时期可分为两阶段，即郊区化开始阶段（1920~1945 年）和郊区化加速阶段（1945 年至今）。

郊区化开始阶段（1920~1945 年）的特点可用密度梯度公式 Dx＝D0e−bx代表，表示距城市中心距离变化与产业或人口密度变化的关系。事实表明，与城市中心距离每增加一单位，产业或人口密度曲线以固定的百分比下降。公式中参数 b 表示密度曲线的斜率。图 4−1 是 Edmin Mills 用上述密度公式去拟合历史数据，得出的 1910~1963 年各个时期的密度曲线斜率的变化趋势，可见密度梯度曲线在 1920~1945 年是逐渐趋于平坦的，即在这一时期，人口以及制造业的区位在市中心附近的集中态势已经发生改变，距离中心比较远的区位越来越受到人口和产业的青睐，出现郊区化趋势。从图 4−1 还可以看出，人口郊区化时间比较早，至少在 1880 年就开始了，而制造业就业的郊区化速度，在 1920~1948 年比较慢，随后加快。总体来看，这一阶段人口以及产业郊区化趋势并不很明显。

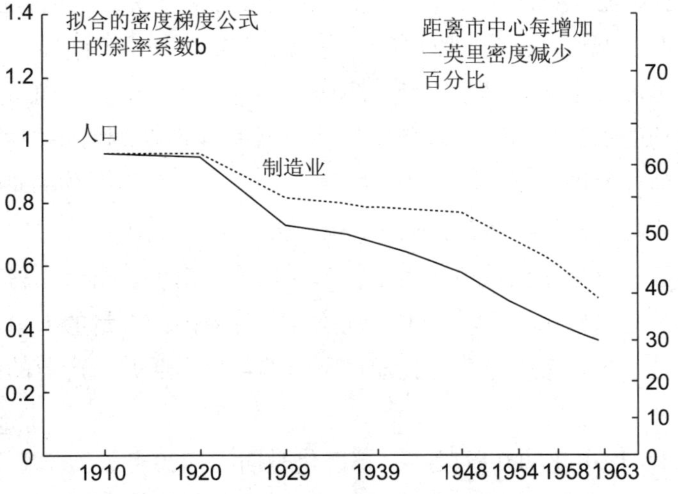

图 4−1　美国六大都市区城市密度梯度的斜度参数（1910~1963 年）

数据来源：Edgar M · Hoover，An Introduction to Regional Economics. Alfred A · knopf，1984. Third Edition.

相比较而言，1945 年以后美国的郊区化更值得探讨。第二次世界大战后，美国大都市区的郊区化加速，有研究认为，这是由于市中心日益凸显的劣势所致，如地价上涨、交通拥挤、生活质量下降等。这种观点认为郊区化的实质是逆城市化，强调市区与郊区的分离与对立。但笔者认为，郊区化是由于美国经济发展到一定阶段，随着产业结构、交通运输技术、通讯技术、人均收入水平的提高，在郊区优势日益凸显的条件下，城市经济活动在空间上重新分布的必然结果，郊区化的实质是城市功能在地域上的横向延伸或大都市区化，其强调市区与郊区的联系与合作，符合美国郊区化发展现状。这一时期城市化的特征表现为以下几个方面。

第一，城市人口密度下降明显（如表 4-2 所示）。平均人口密度由 1950 年的6 536 人/平方英里，减少到 1990 年的3 783 人/平方英里。

表 4-2 美国城市人口密度（1940~1990 年）

年份	城市数量	平均人口	平均面积	平均人口密度
1940	412	128 051	19. 2	6 742
1950	481	128 811	19. 5	6 536
1960	673	112 400	22. 8	5 340
1970	835	104 785	28. 5	4 673
1980	944	977 756	32. 8	3 998
1990	1 068	98 108	34. 9	3 783

第二，从人口和就业岗位的比例变化看（见表 4-3），1950~1990 年，城区人口比例以及就业岗位比例一直下降，而郊区人口以及就业比例却持续上升，这反映了人口郊区化以及产业郊区化的趋势。❶

❶ 顾朝林. 经济全球化与中国城市发展［M］. 北京：商务印书馆，1999：201.

表 4-3 美国城区、郊区人口、就业岗位比例变化（1950~1990 年）

年份	城区		郊区	
	人口（%）	就业岗位（%）	人口（%）	就业岗位（%）
1950	57	70	43	30
1960	49	63	51	37
1970	43	55	57	45
1980	40	50	60	50
1990	37	45	63	55

第三，从都市区的数量以及人口分布变化看（见表 4-4），1940 年，美国有 138 个都市区，占美国人口的 51%。但在 1990 年，美国都市区的数量上升到 335 个，人口份额升至 77.5%。可见郊区化加速导致都市区数量以及规模不断扩大，郊区化过程与都市区化过程是一致的❶。

表 4-4 美国都市区数量和人口（1940~1990 年）

年份	都市区数量	美国总人口（百万）	都市区人口（百万）	占总人口比例（%）
1940	138	131.7	67.1	51.0
1960	222	178.5	116.6	65.3
1990	335	248.7	192.9	77.5

这一阶段美国郊区化加速的原因是多方面的：

一是汽车的普及，促进了人口的郊区化。郊区化初期，迁往郊区的人口仅限于富人和部分中产阶级，他们的工作地点仍然在城市，因此与中心城市保持着较高的通勤率，此时的郊区只有居住功能，没有就业和商业功能。第二次世界大战后，由于州际高速公路建设以及私人汽车的普及，人们的活动空间迅速扩大，美国人口大规模郊区化成为可能。据统计，早在 1930 年，美国就已拥有汽车2 700万辆，达到

❶ Sukko Kim & Robert A，Margo. Historical Perspective on U. S. Geography. Handbook of Regional and Urban Economics，2003，volume 4，August.

每千人拥有211辆汽车；第二次世界大战后，汽车量逐年上升，由1960年的6 200万辆上升到1990年的15 700万辆，每千人拥有的汽车量增至631辆。自汽车普及后，城市的地域范围不断扩展至郊区，郊区逐渐成为就业和商业发展的次级中心。

二是交通运输技术改善，促进工业区位向郊区转移。20世纪20年代以前，制造业的市内商品运输主要依赖马车，而区际大部分原材料和产品运输依靠铁路。第二次世界大战后，由于公路质量的提高，特别是州际公路网的全面发展，使得卡车的运输成本相对于马车以及火车的运输成本大大降低，而且公路运输使得工业区位选择范围大为扩展。

三是联邦政府实施了有利于郊区化的政策。比较显著的是州际高速公路计划和住房贷款政策。在此政策作用下，环城公路周边的廉价农地成为建设郊区住宅、商场、工业园和停车场的理想地段，促使城市中心的人口和产业向郊区转移。美国政府采取的低首付、固定利率的长期抵押贷款政策和相关的配套政策，对第二次世界大战后第一批郊区住宅的建设起到了至关重要的作用，美国著名的郊区住宅模式——莱维敦❶就是那时诞生的。此外，这一时期的税收政策也使得购买郊区住宅更加容易，联邦政府允许房屋所有人从他们的税收收入中扣除全部利息支付财产税，由于联邦所得税的累进性质，这意味着高收入家庭购买郊区住宅更加容易。20世纪50年代，美国又提出了在郊区建设小城市的建议。60年代以后，美国又实行示范城市试验计划，实现分散型城市化。这些城市政策实际上都有力地推动了郊区化进程。

郊区化的加速缩小了城郊差别，促进了大都市区的形成，也造成了中心城市不同程度的衰落。不过值得关注的是，郊区化缓解了中心城市人口密集、交通拥挤、住房紧张、环境污染等问题，改善了城市生活质量。更为重要的是，中心城市在人口和产业外迁，经历“产

---

❶ 莱维敦适应了美国在第二次世界大战后初期对住房的迫切需求，迅速崛起。它强调家庭和社区的生活质量，并能在户型和规模上进行适当调整，深受美国社会主流的白人中产阶级的青睐，因而长盛不衰。它在郊区化进程中起到了示范作用，为众多社区效仿，成为郊区化的理想模式。但它追求居民成分的同质化，具有明显的保守性质，在某种程度上折射出美国居住区分离等社会问题的深层次原因。

业空洞化”[1] 的阵痛后，实现了功能的转变，完成了工业经济向服务性经济的转换和升级。中心城市的居住、生产职能逐步削弱，而其流通、信息等服务性功能趋于强化，成为信息交换和经济决策中心。中心城市功能的转变使其逐渐摆脱了衰落困境，走上了复兴之路。

2. 美国城市化发展对我国城镇化的启示

美国的城市化具有非常鲜明的美国特征，而且在整个城市化发展道路上，美国还有清晰的发展思路，美国的城市化建设也表现出和世界上大多数国家的城市化建设一样的 S 形曲线，这是美国和其他国家的共性，我国在城镇化建设的过程中也会遇到同样的问题。通过美国的城镇化建设，我们能够得出清晰的城镇化认识。

(1) 产业结构的动态调整为城市化提供持久动力。

美国经济中心从东部向西部、南部依次推进，区域经济由不均衡走向相对均衡。不断升级的产业结构为美国城市化提供了持久动力，一个产业带衰落了，另一个产业带随之兴起。棉纺织业、钢铁业、汽车业、飞机制造业、高新技术产业、信息产业相继成为城市化发展的动力。

对美国城市化的理论分析和实证考察表明，城市化必须建立在工业化的基础之上。正是因为有了工业化，才有了城市的发展，工业化发展到一定程度之后，就会形成对城市化的推动力，这样就使得城市发展异常迅速；当工业化趋于成熟，服务业的发展又悄然兴起，第三产业的发展对城市化的推动就将要代替工业化，成为城市化发展的主要推动力，这不仅从美国等西方国家的城市化中能够看出，从我国现有的城市化经验中也同样能够总结得出。在工业化的最初阶段，工业发展所带来的企业的集聚效应催生了城市化的进程，对城市化具有带头和引导的作用，随着工业化的发展从初级阶段发展到中级阶段，产

[1] 对产业空洞化，理论界有很多种解释。一种解释称所谓“产业空洞化”是指，伴随对外直接投资和产业转移的持续进展，越来越多的企业将主要生产和经营基地从国内转移到国外，仅在国内留下一个“空壳”，以致国内投资不断萎缩，就业机会大幅减少，失业问题日益严重。这种情况主要发生在发达国家，如日本。另一种解释是指，一国在工业化过程中，违背产业发展的客观规律，盲目实现跨越式发展，国民经济过度服务化或超工业化，从而使资本等生产要素的投入与流动日趋不合理，造成经济结构的严重失衡，使制造业逐渐丧失国际竞争力，同时也使国内物质生产的地位和作用减弱，并导致物质生产下降，形成危机。这种情况主要发生在发展中国家，如中国。国际上更为通用的产业空洞化是指，因经营资源规模的转移而发生的行业性或地区空白现象。

业结构的转变所带来的升级作用就超过了工业化的集聚效应，非农产业比重上升也就成了城市化的关键特征，而这种比重的上升也更多是因为服务业，也就是第三产业的增长而带动的。

我国现阶段的城市产业结构非常不合理，主要表现：三类产业的比例固化，缺乏该有的弹性；第二产业明显占比过高，而一三产业则相对弱势。我国城市主导产业的萎缩往往会导致城市的衰落，从而影响城市化的发展进程。在这种二元经济结构之下，城市产业承担着为劳动力提供就业岗位的任务，而只考虑产业升级将会不利于城镇化的建设，因此，城市产业需要因地制宜，更具体来说，城镇化建设需要重视城市和企业的实际需要，也就是在城镇化进程中要考虑到剩余劳动力的分配等，考虑到农村人口的就业和住房安排，只有这样，城市产业结构才能趋于合理，城市化建设才能够良好发展。

（2）充分发挥大都市区的作用。

在美国，城市化过程还有一个重要的特点，就是大都市区的重点建设，包括纽约、五大湖和洛杉矶三个都市带的建设奠定了美国城市化的基础，这三个经济带的 GDP 占到了美国总 GDP 的 70% 以上。从根本上讲，是经济带的划分带动了经济的发展，经济的发展不断辐射周边地区，带动了更多地方的发展，这是美国多年来都不变的都市区经济政策。对于我国来说，实行经济区政策也是非常有吸引力的一个选择。改革开放以来，我国不断推进建设京津冀、长三角、珠三角等区域的经济发展，加快这几个经济区域的城市化建设，充分发挥了这几个区域的龙头作用，这样，京津冀地区就可以充分利用首都和渤海湾优势，形成集聚效应，并不断辐射东北地区和山西、陕西、山东等地区；长三角地带带动了江苏、浙江、上海以及安徽、湖北等长江沿线省份经济的发展；珠三角经济带具备毗邻港澳的优势，更是带动了广东、湖南等省份的经济发展。目前来说，经济分区是非常适合国内经济形势的，同时进行得也算顺利，但是不足之处在于，虽然我国的区域经济有所发展，但是还不能在城市间形成分工合作、竞争有序的综合体系，各大经济区的经济潜力还有待开发。在 2002 年，我国的三个城市群 GDP 只占全国 GDP 的 38%，所以，我国应该更进一步发挥经济区的作用，更大程度地发挥城市集聚的效用，借鉴美国的城市化经验，使得政府在行政跨区和规划方面发挥更多的协调和引导作用，这样也能够让我国的几大都市区形成更大的合力，带动更多的城市经济发展。

(3) 采取积极有效的政策刺激郊区的发展。

美国在城市化进程中非常重视郊区化，美国政府更是制定了专门政策鼓励郊区化发展，换句话说，美国政府大力采用市场机制优化城市空间，并且不断形成新的经济增长驱动力。正是在这种郊区化的影响之下，美国的城市多数表现为多中心，形成了大都市区。虽然在这一转变过程之中，中心城市势必出现一定程度的衰落和倒退，但是从整体上看，美国政府发挥了有力的推动力，使得中心城市在郊区化之下实现复兴。我国在城市化建设过程中要吸取经验教训，不断总结自身发展经验，将郊区化作为一项重要决策规划到城市化建设进程中。由于我国现阶段的郊区化仍旧处于萌芽状态，因此在未来发展中，需要更进一步学习美国的都市区建设经验。同时，在郊区化发展的同时，要提高中心城市的现代化功能，发挥其区域经济发展中心的作用。

(4) 在城市化进程中，要合理解决老工业城市的衰退问题。

第二次世界大战后，美国产业结构出现新的变化，服务业的比重日益增加，而传统制造业的附加值越来越低，目前，我国东北老工业城市的衰退比较明显，东北老工业城市的振兴可以借鉴匹兹堡、克利夫兰等美国老工业城市的复兴经验，如培植自身优势产业，推动合理的工业布局，运用高新技术手段改造和调整产业结构，寻找新的经济增长点等。

(5) 城市产业发展。

产业发展促进了城市的发展，从前文研究中可以看出，只有产业发展到了一定程度，才能够促进城市向更加成熟发展，才能够吸引更多的劳动力，让劳动力在城市中不断集聚并且创造价值，这样就能够进一步扩大城市规模，促进城市化进程。总之，美国在工业化的道路上，摸索出了一条产业升级和更新的良性对策，就是产业升级换代和配套服务业发展，美国的第三产业在工业化尚处于初始阶段时候就已经同步增长了，这样就有大量农村劳动力流入到城市中，并大大扩充了第三产业的人员缺乏，而工业化发展到今天，美国的第三产业更是以比第二产业更快的速度增长着，由此可以看出，中国要想走上强国道路，尽快完成城镇化进程，就必须顺应社会发展规律，适应城市化的发展需要，在结合本国具体国情的基础上，吸取美国等已经更好实现城市化的国家的经验教训，走上新型的工业化之路，并且不断发展出更多的服务型经济和服务型城市。而且，从本国资源来看，我国目前的资源和能源已经处于危险的边缘，不适合工业的快速发展，必须要尽快转型，将经济发展重心放到服务业上，加快服务型城市的建设，服务业和制造业的关系是互相推动和带动的关系，服务业的发展水平越高，制造业的水平也就越高，美国和日本等发达国家的城市化道路已经充分证明了这个观点，我国上海是制造业发展水平比较高的城市，与此同时又具备很完备的教育、科技、金融、商贸资源，这些现代型产业支撑起了上海的发展，同时也推动了制造业的进步。同时，日新月异的现代服务业也加快了产品技术改造和升级，并催生出更多知识经济的新兴产业。提高区域竞争力。中国特色的城市化道路必须与科技含量高、经济效益好、资源消耗低、环境污染少的新型工业化道路相适应，发展现代服务业，形成服务型经济、服务型社会与服务型城市。

（6）城市土地利用。

美国的国土面积和中国相差无几，但是由于美国人口比中国要少的多，这就使得美国的人均土地面积几乎是中国的四倍，而美国本土的耕地面积也很大，这就使得美国人均耕地面积也比中国要大。这样一来，美国在城市化进程中所需要的土地资源就大量增加，特别在美国的中西部地区，采取了低密度空间蔓延的方式，城市建筑业普遍没有中国这样高，所以美国的城市面积大、人口数量少，而城市建筑密度很低。

中国的城市化道路不同于美国，中国尽管领土面积很大，但是耕地面积却很少，而同时人口又是世界第一，这就使得中国城市化道路必须形成自身特色，扎根于中国自己的经济和社会发展之中，走可持续的城市发展道路。我国的资源量少，因此必须探索出来一条不同于美国的高效利用的城市化道路，使得土地开发更加符合中国国情。当然，尽管国情不同，耕地面积少，但是在很多地方，中国还是可以借鉴美国的，包括城市的开发策略从沿海到内陆等。

（二）英国近代城市化的特点及启示

1. 英国城市化特点

在1760~1881年的一百多年的时间里，英国完成了城市化的历程，成为世界上第一个实现城市化的国家，其总体发展是比较成功的，为我国目前城市化的发展提供了不少有益的启示，如城市化道路的选择应采取的模式，在人口流动问题、户籍制度方面应通过深化改革适应城市化发展的要求等。[1]

工业革命是英国城市化进程的“启动器”，使英国成为最早进行真正城市化的国家。在工业革命前，英国农业人口占总人口的80%以上，而工业革命后，其农业人口仅占总人口的25%。英国城市化的特点主要表现为以下几方面。

（1）农业技术的改进和农产品商品化程度的提高，为英国城市化提供了基本物质保障。在工业革命的推动下，19世纪英国农业劳动生产率在欧洲占首位。农业生产技术的改进和农产品产量的提高，满足了日益增加的城市人口的生活需要。农业劳动力在农村人口中所占的比例，从1520年的80%下降到1801年的50%。而农业生产率却提高了60%~100%。农业现代化水平的提高和大农场的建立，使英国能以较少的农业人口养活日益增多的城市人口，从而为城市化的顺利进行奠定了必要的物质基础。

（2）工业革命推动小城镇迅速发展为大城市。英国的棉纺织部门最先采用了机器进行生产，不仅使其生产规模不断扩大，还促使城镇范围不断拓展，并迅速发展为大都市。如格拉斯哥在18世纪末还是一个小城镇，但到1831年已经是20多万人的大工业都市了。与此同时，工厂迅速发展，从1777年建立的第一个工厂算起，到1835年全国已有棉纺织厂1 262家。工厂的广泛建立，不仅使生产规模进一步扩大，而且有力地推动了英国城市化的进程。如曼彻斯特的居民从1801年的7.5万增加到1871年的35.1万，成为英国近代城市化的典型。

（3）工业革命改变了英国的产业结构，推动了城市体系的形成。

---

[1] 钱乘旦．英国史论文集［M］．北京：三联出版社，1982.

工业革命前英国以农业为主；工业革命后，第二、第三产业的比重迅速增加。据著名的发展经济学家西斯蒙·库茨涅茨的统计，在1801年,农业、工业和服务业占国民生产总值的比重分别是32%、23%和45%，而到1841年则变为22%、34%和44%。越来越多劳动力的从第一产业转移出来，到城市从事第二、第三产业，这样城市就逐渐具备了充足的能源、必要的生产资料、产品销售市场和基础的服务设施等。这些生产要素的集中所产生的聚集效应又极大地推动了英国的城市化进程。❶

（4）交通运输业革命推动英国的城市化进程进入新的阶段。工业革命带动了以运河、汽船、公路和铁路为主要标志的“运输革命”。在铁路建设方面，英国国会仅1836年就批准建设了25条新铁路，总里程1 600多公里，而到1855年其铁路总里程就已达12 960公里，内陆铁路运输网逐步形成。在运河的开凿方面，自从1761年开凿了从沃斯利到曼彻斯特的第一条运河以后，到1842年，英国已修建了3 960公里的人工运河，曼彻斯特、伯明翰成了著名的运河枢纽；保尔·芒图评价说：“在几乎不到30年的时间，整个大不列颠的地面上都开出了四通八达的航路”。交通运输业的发达极大地加强了英国城乡之间的经济联系，使处于这些交通枢纽的地区迅速成为集商贸、工业和服务业为一体的城市或城镇。❷

（5）工业革命促进了大量农村人口向城市转移。首先，工业革命使英国的人口再生产发生根本变革，由于医疗事业的发展和人民生活的改善，人口迅猛增加，为城市的进一步发展提供了主体和劳动力。在1750~1850年的100年，英国的人口从750万猛增到2 100万。人口的增加为英国城市化提供了源源不断的劳动力供给。其次，工业革命前，英国是一个典型的农业社会，农村是社会的基础和经济的重心；但在工业革命后，社会经济生活重心向城市进行转移，同时城市的新生活方式、新思想观念也在向农村渗透。生活在广大农村的农民逐渐离开了祖祖辈辈赖以生存的土地，大量涌入城市，为加快城市化进程补充了源源不断的新鲜血液。随着大批的农村人口流入城市，城市人口迅速增加。伯明翰的人口从1801年的73 000人增加到1844年

❶ 王章辉，孙娴．工业社会的勃兴［M］．北京：人民出版社，1995.

❷ 齐世荣．精粹世界史——推动历史进程的工业革命［M］．北京：中国青年出版社，1999.

的20万人，到1848年，伦敦一地人口就达250万。

从全国范围来看，到19世纪50年代，英国的城市化已经基本实现，1851年英国的城市化率为51%。1861年英国的城市化率为62.3%。此后在1921年，英国的城市化率已为77.2%，在1998年激增到89%，而此时世界的平均城市化水平仅为46%。

2. 对我国城镇化发展的启示

英国近代城市化所走的道路基本上是成功的。经验多于教训，联系目前我国城市化的实际，可得出许多有益的启示。

（1）应当继续加快我国城市化前进的速度。

英国近代城市化的前进速度非常之快，它对于推动英国工业化向纵深发展乃至整个社会经济的全面发展所起的积极作用是非常巨大和明显的。当然，在英国城市化的过程中也出现了许多问题，但这些问题大部分随着城市化的发展而逐渐得到解决或缓解，是属于前进道路上的问题，是很正常的。相反，僵化和保守则没有出路。

而我们在过去一段时间内，在发展工业的同时忽视了城市的发展，实行乡村化战略，搞“山、散、洞”，其教训是惨重的，一些拉美国家则与我们不同，他们在实现工业化的同时，实行全方位的城市开放制度。取得了很大程度的成功。尽管人们惊呼拉美某些国家（如墨西哥）出现了所谓“过度城市化”，但人们同时却不得不承认，拉美已成为亚非拉发展中地区的“发达地区”。

（2）应当走以发展大中城市为主导的城市化道路。

英国近代工业化的发展历程，表现为大中城市急剧发展，而小城市的发展速度则相对缓慢，以伦敦为首的十个大城市的发展速度一直远远超出其他中小城市，在1851年英国基本实现城市化时，其十大城市的人口占全国总人口的23%，这些大中城市在各自的领域内有巨大的辐射力，全面带动着城市周围地区经济的发展，这种城市的方式可称为“集中型城市化”。

城市化的方式还有另外一种：“分散型城市化”，即大力发展小城镇，以乡村工业化带动乡村城市化，再通过小城镇集聚实现城市化，曾被称为“适合中国国情的具有中国特色的城市化道路。”，但是，随着小城镇的不断发展，这条道路的缺点暴露得越来越多：其一，小城镇布局分散，大量占用耕地，加剧了我国耕地缺乏状况的恶化。其二，小城镇规模小，难以形成规模经济，效益低下。其三，小城镇污染严重，且难以集中治理。以上表明，分散型的城市化道路是艰难狭窄的，即使在发展小城镇较为成功的地区，也是大部分借助了大城市的优势，如长江三角洲、珠江三角洲形成的一些经济比较发达的小城市群。

当然，优先发展大中城市并不意味着排斥小城市的发展。相反，通过大力发展大中城市带动小城市的发展，从而推动城市化进程，这应该成为我国城市化道路的最佳选择。

（3）应当加快我国目前现行的户籍管理制度的改革，减少人口自由流动的障碍。

任何国家的城市的发展过程，无一例外地经历了人口流动迁移的过程。在英国近代城市化的进程中，人口迁移的数量是相当大的。据统计，1851 年时，英格兰和苏格兰 71 个最大的城市有人 111 660 万人，其中有 300 万是外来移民，在这个人口迁移的过程中，英国于 1795 年颁布了《贫民迁移法》，取消了不合时宜的《定居法》，对于保证人口自由流动、促进城市化顺利进行起了重要作用。

近几年来，面对势头越迅猛的“民工潮”，现行的户籍制度无法招架。对其进行改革已势在必行。据统计，农村剩余劳动力已达到或超过 2 亿人，将如此巨额的剩余劳动力固着在有限的土地上显然是不可能的，必须放松人口自由流动的限制，同时，逐步取消城市户籍拥有的特权，逐步建立与城市经济相适应的身份管理制度。

（4）加快农业、交通运输业等其他基础产业的建设，为城市化的进一步发展打好基础。

英国近代城市化的发展是比较成功的。这与英国发达的农业和先进的交通运输业是分不开的。城市化之前的英国，享有“欧洲的粮仓”之誉；在交通运输业中，如铁路、运河、海运等交通条件都非常发达，这保证了整个社会经济发展的血脉通畅，是城市化及社会经济全面发展不可或缺的条件。

世界经济发展史证明“几乎没有哪个国家不是首先或同时发展它们的农业来保持经济的持续增长”，[1] 我国作为一个农业大国，目前来看农业的发展水平并不高，农业生产力发展落后迟滞了城市化的

[1] 李其荣. 世界城市史话［M］. 武汉：湖北人民出版社，1997.

进程。造成这种结果主要是由于我国大量的是小农经济，小范围的经营无法形成规模经济，大量的剩余人口又使机械化的发展缺乏动力。对此，应当在生产责任制的基础上进行农业的产业结构调整，允许土地兼并以形成规模经济。

在发展交通运输业上，我国幅员辽阔，地理差别大，这是一个很不利的因素，成为困扰经济发展和城市人口的重要因素。在今后，应当加快我国交通运输业的发展，加大投资，尤其是对西北、川藏地区的投资。唯其如此，才能全面激活全国经济发展的有利因素，保证经济发展的持续稳定和城市化进程的顺利前进。

（三）法国城市化进程的特点及对我国发展的启示

在现代社会中，城市的形成不是依靠农业的发展，更多是要靠工业的发展，也就是说，工业化进程的加快使得城市化进程得到飞速发展，工业化的进程也就可以堪称是城市化发展的缩影和引导者，二者结伴而行。而工业化之所以能够孕育城市化，无非是因为工业化能够带来大量的劳动力需求，同时有较高的报酬，在人类进入现代社会之后，手工业等制造业和工业发展加速，而产业结构的逐渐完善也是城市化进程所必需的条件，因为产业结构的转变和升级就带来了各种设施和商品、服务，使得城市生活更加多元。而众所周知，英国和法国是工业化的鼻祖，十七、十八世纪，在英国出现了第一次工业革命，这就使得英国从传统的农、牧、渔国家发展成为了工业国家。英国和法国作为欧洲两个老牌大国，工业化都是先于其他国家的，所以本节特意选择了法国作为案例，探讨法国的城市化建设以及法国城市化能够给中国带来的启示。

1. 法国城市化进程特点

法国大革命之后，拿破仑大力扶植国内的工商业发展，并且在1803年颁布了有名的《拿破仑法典》，作为一部权威性的法典，它有效指挥了国内的工业兴起。在这部法典的影响下，法国成为欧洲大陆的霸主，并且带动了国内的城市化建设，为法国工业的兴起提供了条件。据统计，在18世纪初，法国的农村人口占到了国民总人口的90%以上，自给自足的小农经济和手工业生产并不能够让法国经济实现腾飞，相反，正是因为法国家庭手工业和小生产者的数量占到了人口中的绝大部分，才使得法国的经济持续落后。因此，到了拿破仑时代，工业革命才真正解放了生产力，要知道，在法国，农业革命一直到18世纪中期才出现，在那之前，法国人民种植农作物的农业技术都是很落后的，农业生产率的提升和现代化设备的运用促使法国更快地接受工业革命的到来。

法国的城市化进程相比较于英国来说更加缓慢，因为法国没有英国那样的地理位置和气候条件，长期采用家庭加工的方法，这是一种委托性的加工方法，由制造商将制作任务和原材料委托到地方上，再由地方上分配到每家每户进行加工，在很长的一段历史时期里，法国的城市都没有英国的城市那样具备很高的吸引力，而法国也因为其地理和气候的因素，除了种植一些农作物，还兼有水果业和养蚕业等，这类生产部门在法国的农业中占据有举足轻重的地位。这样看来，法国所拥有的这些农业类型都需要劳动力的精耕细作，因此大多数的劳动力都被锁在了田地里，小农经济一直在法国占据主导地位，农民们的土地情结很重，就如同中国传统的重农思想一样，法国人民在很长的历史时期里也是重视农业发展而轻视其他的，因此，相比较于英国来说，法国就没有这样大的转移推力，这就使得农民转移到城市之中在法国经历了漫长的一个过程。

总的来说，通过法国的城市化建设，我们可以总结出来城镇化建设的本质，城镇化建设的目的毕竟不是消灭农村，更不是要让农业从产业发展中消失，而是要强调城市和农村的统筹发展，让城市和农村的发展更加同步，将城市和农村的发展结合在一起，形成对经济发展的重要合力。在中国，有漫长的封建时期，尽管也有城市和农村的概念，但那只是以城市规模，而不是以城市职能划分，在现代概念中，城市更多是指向一种产业的差异，农村主要是务农，兼有其他产业；而城市是没有农业这一说法的，城市是工业和服务业的发展载体，而农村则是农业发展的基本阵地，因此，如何将城市和农村的优势结合起来，如何形成城乡的一体化，才是各国城市化的根本目的，我国的城镇化建设也是如此。

2. 对我国城镇化发展的启示

（1）农业是城市化进程的启动器。

农村经济的发展为城市的产生和发展提供必要的经济基础和前提

条件。这一点是怎样表现出来的？首先需要清楚的是，农业是人类社会最早衍生出来的，从人类茹毛饮血时期，就开始了农业种植活动，而工业革命时期，英国的手工业和制造业发展也都是得力于英国的海外贸易和农业发展，农业发展为工人们提供了粮食，为城市化的建设提供了大量的工业原料。城市人口不经营农业，商品粮却都是来自于农村，所以，机器大工业的生产从某种程度说是农业的"子孙"，农产品出口也同样重要，主要表现在农产品出口所带来的经济效益所换取的外汇，大大提升了城市的经济实力，推动了城市化的发展。从这些方面看来，农业不愧是城市化的启动器，启动两个字生动表达了农业和城市化的密切关系，没有农业发展，就不会有城市化进程。

（2）工业是城市化进程的驱动器。

在工业化过程中，通过规模经济效应和产业聚集效应吸引人口、资本等生产要素向城市集聚，从而使城市的规模不断扩大、数量逐渐增加。可以说，工业化是城市化的"驱动器"，而城市化是工业化的"引力器"。二者的关系密不可分，主要表现在，在生产要素比较利益差别的驱动下，大量的劳动力、资金等要素都涌入了比较利益高的地区，逐渐形成了工业企业聚集区，构成了城市化的开端。

（3）第三产业是城市化进程的加速器。

那么第三产业的发展在城市化建设中又如何观察呢？首先可以清楚的是，第三产业属于享受性的生活产业，人们富足了，才会购买和享受服务；人们富裕了，因收入增加所带来的丰富多彩的生活消费也多了起来，在衣食住行上追求高质量的生活，享受更高端的服务。这样就推动了包括娱乐、餐饮、旅游等第三产业的飞速发展，同时也增加了就业机会，毕竟，有需要服务的人就有提供服务的人，这样就能够给城市带来更多的劳动力空间，也就是说，第三产业同样是城市化的源动力。例如，在北京王府井大街上，比较大型的、人流量比较大的地方都是服务业；在南京的步行街上，有大量的国外高端企业入驻，所谓名牌首饰和手包，都是服务业的一种体现。总而言之，服务业水平也是衡量一个城市发展水平的重要标准。

（4）制度变迁是城市化进程的助推器。

新制度经济学认为，现实的人在由现实的制度所赋予的制度约束中从事社会经济活动，经济增长的关键在于制度因素，土地、资本、劳动力等要素，在有了制度时才得以发挥其功能。城市化从根本上讲是随着经济的发展而不断催生的，它对于经济结构的转变和升级都有很强的敏感性，作为一种社会现象，城市化当然也与一个国家的社会制度相关联，所以，如果没有高效率的制度，就很难形成高效率的城市化建设，换句话说，没有制度推进的城市化建设是不成熟的，因为那样会阻碍社会要素的流动，影响城市化进程中相伴而来的产业升级的需要，也严重阻碍了城市中的产业集聚和规模效应。从而影响城市化的进程，最终也会影响城市的扩散作用，在上面说到的许多要素都难以完成，所以就严重影响了城市化的正常推进。总而言之，制度是城市化的重要保证。

城市化建设是一个漫长的过程，通过对各国城市化建设的总结，我们能够发现一条规律，那就是三个产业都与城市化建设有密切关联，都是不能忽视掉的重要部分。首先，第一产业，也就是农业的发达与否，影响着城市化的开端，也影响着其他产业的诞生和发展，也就是说，农业生产是城市化的前提。而存在了基础和前提，又是何种引力使得城市化得以发展呢，那就是第三产业的产生，因为第三产业兴起，社会所需要的服务也就多了起来，这样就使得原有居住空间不能够满足人们的需要，简单来说，第三产业是城市化发展的引力，也就是起到了一种牵引的作用。而第二产业则是城市化发展的动力，如果没有工业提供大量的工业产品，城市化就成了空谈，而作为城市化发展的重要动力，第二产业也受到第一产业的影响，更影响了第三产业的发展，这也就是说，三者都催生了城市化，而各自之间又有着共存的关系。

所以，明白了这一些，我们在之后城镇化的推进过程中，就需要不断学习英国、法国等发达国家城市化建设的有利经验教训，不紧要规避其他国家在城市化进程中所犯的错误，还需要突出优势部分，形成中国特色的城市建设道路。当然，这些都有一个重要前提的，那就是必须要符合经济社会的发展状况，更简单来讲就是要符合国情，本着具体问题具体分析和实事求是的原则，按照城市应有的发展规律不断推动城市的发展，而不能出现有悖城市发展规律的行为。这就要求城市化建设既不能发展过于快速，也不能过于之后，总而言之，要想将城市化发展得更和谐和安全，就必须妥善处理好每一个环节。

二、亚洲主要国家和地区的城市化进程及启示

（一）日本城市化发展历程及启示

1. 日本城市化历史进程

日本的城市化进程，大致可分为四个阶段：

（1）城市化起步阶段。1868 年明治天皇迁都东京，日本开始学习西方现代化的政治、经济和社会改革，开始了所谓的产业革命。这阶段日本人口大量涌入城市中寻找工作。1890 年的日本城市人口 320 万，仅占全国总人口的 7.8%；产业革命的后期，1920～1930 年，城市人口增加了 849 万人，城市人口达到了1 544万人，占全国总人数的 24%。

（2）进入城市化中期阶段。20 世纪 30 年代，日本政府加大了对新兴产业的扶持力度，少数财团逐渐控制了整个国家的工业生产，形成了相关领域的寡头垄断。这个时期的日本城市人口继续增加。1940 年全国城市人口的比重达到 35%。只是第二次世界大战时期，由于战争的缘故，大量居民躲避轰炸而迁居农村，城市化的步伐减缓下来，1950 年日本的城市化率仅上升到 37%。

（3）飞速发展阶段。1950 年朝鲜战争的爆发，使日本的经济获得了转机。在“军需经济”的刺激下，日本经济得到了恢复和发展，随后进入经济增长的黄金时期。伴随着经济的快速增长，迁居到城市地区的移民也大量增加。在移民高峰时期的 1960～1964 年，有超过 300 万人迁向三大都市——东京、大阪、名古屋。1965～1975 年，三大都市的人口增加了1 500万人，居住人口占全国总人口的 44.9%。到 1975 年，约有 76%的日本人居住在城市中。

（4）城市化的后期阶段。20 世纪 70 年代，由于美元汇率制度的变更，再加上 1973 年和 1979 年的两次石油危机的影响，日本经济增长速度减缓。一方面，为了减低生产成本，日本的企业开始迁离大都市，搬到农村，或者将工厂迁到亚洲、北美一些国家和地区，城市人

口增长变得十分缓慢；另一方面，因为人口的大量增加，“城市病”❶现象日渐突出，因而又出现人口从大都市向外迁移的“逆城市化”❷现象。这时期的日本城市人口逐渐饱和，城市化进展不大。1996 年日本的城市化水平为 78% 左右。

2. 农村土地制度发展历程

日本是发达国家中人口密度最高的国家之一，城市用地大多从农地转换而来。在人均国土资源极为有限的条件下，日本在较短时间内达到了与美国相当的工业化、城市化水平，同时付出了较小的用地代价。我国从 1996 年开始进入工业化、城市化快速发展时期，进一步加速了产业结构的调整。其中，如何协调工业化、城市化与农村土地制度（以下简称“农地制度”）的关系问题已经成为解决我国新“三农”问题的关键。

概括来说，日本工业化、城市化与农地制度的演进，基本上经历了四个历史阶段，在不同的历史阶段存在不同的特点。

（1）第一阶段：1868~1920 年。

从 1868 年明治维新开始，日本开始了工业化的第一发展阶段。这一阶段日本工业化的发展主要是通过农业支持来实现的，表现为征收高额农业税汲取农业剩余扶持工业发展。第一次世界大战后，日本经济快速成长，工业产出首次超过农业。从明治维新到 1920 年，日本开始从农业国向工业国转变，同时工业化的发展促进了城市化。经过近 30 年的工业发展，人口逐渐向城市集中，城市人口从 1889 年占总人口的 10% 上升到 1920 年的 18%，农村人口占 82%。1920~1930 年，大约有半数的工人在第二和第三产业工作，1/4 的日本人居住在城市。

为支持工业化的快速发展，日本政府制定多种政策措施促进农业变革：第一，废除德川幕府时期所颁布的一系列禁令，改革旧的领主土地所有制关系，为农业发展创造良好的环境；第二，制定和大力推

---

❶ 城市病是指由于城市人口、工业、交通运输过度集中而造成的种种弊病。它给生活在城市的人们带来了烦恼和不便，也对城市的运行产生了一些影响，所以被人们形象地称为“城市病”。

❷ 逆城市化即由于交通拥挤、犯罪增长、污染严重等城市问题的压力日渐增大，城市人口开始向郊区乃至农村流动，在那里形成一个绿色的逆城市化生态环境。市区出现“空心化”，人口呈现负增长，以人口集中为主要特征的城市化由此发生逆转。进入 21 世纪，在城市化的同时，我国的一些中心城市，“逆城市化”的趋势也开始愈加明显，越来越多的城里人开始向往着去郊区生活、居住。

广“劝农政策”，推进农业技术改良，兴修农田水利，促进农业生产的发展；第三，重视农业经营，推广农业教育。

这些政策措施的实施，本质上是由于工业化的发展要求农地制度进行相应变革，其效果首先是扩大了耕地面积。具体表现为：一是耕地开发。1868~1896 年是日本耕地面积扩张期，这一时期耕地面积通过开发出现了飞跃式的增长，年均增长 2 万~3 万町步（1 町步约合 0.99 公顷），期末耕地总面积增加至少 500 万公顷。二是耕地整顿。1897~1920 年是作物转化和集约农业发展时期。三是第一次町村合并。在城市化进程中，2013 年的市制、町村制是 1889 年 4 月 1 日在日本最初推出的。第一次町村合并只保留了原有町村总数的 20% 左右，为耕地的有效整理和集约利用创造了条件。

从工业化推动农业生产增长来看，从 19 世纪末到 20 世纪 20 年代，农业总产值增长率完全依赖于较高的生产效率增长率。生产效率的增长率在 1890 年是 1.4%，到 1900 年达到 2%，最重要的原因是工业化的发展推动了以品种改良为中心的技术进步。

在这一历史阶段，一方面，农业为工业化、城市化的发展带来了大量的剩余劳动力和剩余农产品，促进了工业化、城市化的发展；另一方面，耕地开发、耕地整顿及町村合并为工业化、城市化的发展提供了大量的土地。但从根本上来说，日本的农地制度仍然延续明治维新时期的土地制度，即以地主土地所有制和土地租佃制为主的封建土地制度，虽然这种土地制度大大影响了日本农业的发展，但在一定程度上适应当时的工业化、城市化的发展要求。

（2）第二阶段：1920~1950 年。

从 1920 年开始日本的工业逐渐具备了自我积累的发展能力，工业化进入了第二发展阶段。工业化的发展进一步带动了城市化的发展，表现为工业劳动力向城市的大量集中。1937 年后劳动力加速向重工业城市集中，逐渐形成了著名的四大工业带——京滨、中京、阪神和北九州工业带。1940 年人口城市化率已达 37.9%，但受战争影响，日本城市化率一直到 20 世纪 50 年代依旧停留在 38%。

这一阶段，工业化、城市化对农地制度的影响进一步扩大，特别是地主土地所有制和土地租佃制为主的封建制度，已经成为工业化、城市化发展的障碍，大大影响了农业的发展，引起社会的不稳定。为此，日本政府进行了自下而上的改革，其中包括：第一，减轻农业税，为农业发展减轻负担。第二，农地改革，特别是第二次世界大战后，日本进行了大规模的农地改革，政府收买地主的土地并将这些土地卖给农民。这废除了封建的农地制度，创设自耕农，改善租佃关系。第三，提供农业信贷资金。第四，促进农业协同组合的发展。

工业化、城市化对农地制度的影响，还体现在农业增长率上。20 世纪20 年代，由于生产效率增长缓慢，农业总产值增长率大幅度下降，农业之外的劳动力需求减少，其结果是农业劳动力外流停滞，城市化步伐放缓。同时，这一时期技术进步出现停滞现象，其原因在于：一是日本向西欧学习的农业技术因为不符合本国实际而无法促进农业的发展，于是开始转向新技术的开发与研究，这一段时滞使日本农业发展进入停滞阶段；二是朝鲜、我国台湾地区廉价米的大量进口，打击了农民的生产积极性。

总体上看，这一阶段日本工业化、城市化的代价较小，并且由于继续耕地整顿和町村合并使耕地面积进一步扩大。同时，受工业化的影响，城市化进程大大加快。1920 年以前大城市仅仅吸收新增人口的三成，而此后的 15 年吸收七成以上，城市化率在 1886～1920 年从 10%增加到 18%，而 1920～1938 年从 18%增加到 38%，增加了 20 个百分点。到 1940 年，城市增加至 168 座，人口占总人口的 37. 7%，20 年间增加了一倍，农村人口占 62. 3%。

这一时期，工业化快速发展推动了日本正式进入城市化发展阶段，并为第二次世界大战后进入快速城市化发展阶段奠定了基础，而传统的封建土地制度已经不能满足工业化、城市化的发展要求。因此，日本政府对农地制度进行了自上而下的改革，从根本上改革了封建地主土地所有制和租佃制度，实行现代资本主义土地私有制，推动了工业化和城市化，体现了制度安排与变迁在城市化过程中的核心地位。但是技术革新的时滞性在一定程度上影响了农业的发展，削弱了农地制度变革对农业发展的推动作用。

（3）第三阶段：1950～1977 年。

从 20 世纪 50 年代始日本进入了工业化发展的第三阶段，工业化基本完成。特别是 1950 年朝鲜战争爆发以后，日本进入战后经济高速增长和快速城市化阶段，城市化率从 1950 年的 37%上升到 1977 年的76%，年均增长1.5个百分点。1956~1973年是日本工业发展的黄金时期，其间工业生产增长8.6倍，平均每年增长13.6%。并且，以此形成了三大城市圈，使日本成为城市和郊区人口占多数的国家。1955年城市人口比例升至56.1%，农业人口下降至41%，在1963~1973年，农村平均每年向农外部门提供80万个劳动力，将近60%的劳动力在第二和第三产业工作。1960~1970年的城市化水平以年均2.51%的速度增长，是整个国家增长速度的两倍多。到1970年，72.1%的日本人口居住在城市中。

在这一时期，城市化进入快速发展阶段。对农地制度提出了新的要求。一方面，城市化快速发展需要大量的耕地以满足城市经济的发展要求，但由于日本的人均土地面积极少，还要满足其农业生产的要求，因此为了缓解用地紧张局面，日本通过山区技术改造和开发以及围海造田等途径来增加耕地和工业用地。

另一方面，工业化的完成也标志着日本开始进入工业反哺农业阶段，使农民共享工业化、城市化成果。主要措施是颁布《农业基本法》[1]，力图把农民生活标准提高到非农业工人水平，为解决农业问题提供突破点，并以《农业基本法》的制定为标志开始实施工业化第三发展阶段的农业保护措施，如价格保护、提供补贴、限制进口、调整农产品结构等。

在这一阶段，工业化、城市化发展对农业增长起到很大的推动作用，农业有了快速发展。与第二次世界大战前相比，1956~1970年农业总产值增长率大幅度提高。其主要原因在于投入资本增长率的迅速增加。1956~1970年投入资本增长率平均为8.4%，远远高于战前平均的1%。从人均资本来看，1956~1970年的资本劳动比率平均为11.9%，是战前平均值1.2%的十倍，体现出战后农业实行机械化和技术进步的结果。但是，城市化进入快速发展阶段，也对农业产生了深刻的影响，导致了农业总产值增长率在20世纪70年代大大跌落。20世纪60年代农业总产值增长率超过了2%，在70年代大幅下降

---

[1] 1961年，《农业基本法》作为日本历史上第一个具有宏观指导意义的农业政策“母法”，出现在历史舞台上。在该法实施的近40年间，它一直是国家制定农业政策的基本方针，指引着日本农业政策的发展。在其实施期间日本的农业完成了向现代化农业的转变，并取得了很大的成绩。直至1999年《粮食·农业·农村基本法》的颁布，《农业基本法》才退出了历史舞台。

为-0.1%。这主要是由于生产效率低下，在某种程度上可由减少大米耕种面积的政策造成耕地利用率下降来解释。进入城市化快速发展阶段，工业和服务业的发展需要大量的土地，农地转用现象变得越来越严重，1955 年占用耕地5 000公顷，到 1973 年达到68 000公顷。耕地利用率在 1960~1970 年由 133.9%下降到 109%，种植面积的下降比耕地面积的下降更快，由 1960 年的 81.29 万公顷减少到 1970 年的 58.1 万公顷。

（4）第四阶段：1977 年至今。

20 世纪 70 年代，日本的经济增长速度放慢，进入后工业化时代，第二产业的产值在国民生产总值中的比重逐年下降，而第三产业逐渐成为国民经济的重要组成部分。从 70 年代开始，服务于第三产业的工人数量大幅增加，农村人口从4 819万人减少到 2005 年的1 750万人，仅 1990~2005 年就减少了1 046万人。到 2004 年第三产业的产值占总产值的 71.8%，吸纳的劳动力占总就业人数的 66.9%。

随着日本社会进入后工业化时代，城市化也出现了新的特点。主要表现在：第一，城市化水平继续提高。城市人口比重 2005 年超过86%。就业率于 1985 年超过了 60%，1995 年达到 64.7%。但是随着日本经济的衰退，就业率也逐年下降，到 2005 年下降至 57.6%。第二,进入分散型的城市阶段。表现为中小城镇的崛起和大城市向周边扩张的所谓“逆城市化”。第三，东京的一极膨胀与再城市化。原因是：一方面“传统”产业继续分散布局甚至向国外转移，导致劳动力和人口流动发生变化；另一方面新兴产业在大城市中心地区集聚，导致再城市化的发生。

这一阶段是进入后工业化时代和城市化饱和阶段，日本政府通过制定大量政策、法规以及采取有关措施来促进农业的发展，实现耕地的规模化经营。但是由于日本经济整体发展缓慢，特别是地价高涨，导致了日本 20 世纪 90 年代的金融危机，并使耕地利用率进一步下降，从 1983 年的 104.8%下降到 2003 年的 94%，耕地面积从 20 世纪 70 年代的 581 万公顷下降到 80 年代的 560 万公顷。从 1970~2003 年，日本耕地面积减少了 107 万公顷。

因此，在这一历史阶段，工业化、城市化与农地制度的协调与否已经不再是日本经济发展的主要问题，而且工业化、城市化已经不是日本经济发展的主要动力。

3. 对我国城镇化发展的启示

从对日本工业化、城市化与农地制度关系演进的历史分析可以看出，日本工业化、城市化与农地制度在整个历史过程中由于保持了比较良好的互动关系，不仅城市化、工业化的发展推动了农地制度的变迁，促进了农业生产的发展，反过来，农地制度变迁和农业生产的发展也推动了城市化、工业化的发展。自20世纪80年代以来，日本运用市场经济手段和现代管理观念与方法，加快城市建设与发展，实施大交通、大环保、大旅游、新都心战略，构筑面向21世纪现代化、国际化大都市的局面，其经验做法对我国城市现代化建设特别是研究21世纪城市建设的标准、发展的机制问题具有借鉴作用。

（1）精心规划，实施新都心战略，拉动经济与社会发展。

第二次世界大战后日本经济高速发展，城市迅速膨胀，人口向东京等大城市集中，加上工业化的影响，出现环境恶劣、人口过密、交通拥挤、效率降低等“城市病”。为解决这些矛盾，东京将企业和居民向周围区域迁移扩散，形成了首都都市圈，这个都市圈由东京都、神奈川县、千叶县构成，面积为13 138平方公里，占日本总面积的3.5%，共有3 188万人，占日本总人口的1/4。除原有的中央区、千代田区作为“都心”外，东京又陆续规划建设了新宿、池袋、涩谷等7个“副都心”。与京都、名古屋及东京老市中心不同，新都心打破日本传统的城市规划设计风格，克服“城市病”的影响，引进国际化、现代化的理念和规划手法，初步展现出21世纪现代化城市的框架。

位于东京港的临海副都心经过20年的不断建设，目前已填海造地442公顷，城市建设目标是配备最先进的城市基础设施，建成工作与生活相均衡的21世纪的新型城市，并注重生活质量的提高及人与环境的共存，与世界的交流及对未来的贡献。计划至2020年形成4.2万人居住、7万人在此工作的充满魅力的繁华新市区。目前临海副都心已初具规模和特色。一是通过建设舒适而优质的住宅区，形成清水与绿树相连的优美的城市景观，推进与环境共存的城市建设，形成舒适而悠闲的生活型、生态化城市。临海副都心已建成8个大型公园和三个广场，所有设施都充分体现了旅游服务的功能。二是不断完善副都心的商务功能及其他功能，建成了大型国际会展中心，集中信息、通信、多媒体等新的国际城市型产业和研究功能，形成知识信息开发基地，面向世界，建成充满活力、交流频繁、未来型信息的模范城市，创造繁华市区和新型文化。三是以建设防灾模范城市为目标，以安全、安心为重点，积极防备地震等自然灾害，使广泛的防灾体系与城市建设相结合。在临海副都心的土地利用结构中，公共设施占53%，其中道路占26%，公园、绿地占21%，人行道占6%；业务、商业用地占12%；居住、商业、业务综合用地占11%；住宅用地占5%；国际会展中心、新交通基地等占地15%；防灾据点用地占4%。

日本千叶县的海滨幕张新都心自1973～1980年共填海造地522公顷，后历经十几年的建设，形成日本最大的新都心，成为一座业务研究地区、城市中心地区、住宅地区、文化教育地区、公园绿地地区等相互调和，以“职、住、学、游”为特色的复合型城市。海滨幕张新都心的规划者面向21世纪，提出了国际交流城市、产业创新城市和文化创造城市三大城市发展目标，将幕张建成首都圈经济、社会、文化等各方面国际化发展的据点，推进世界上人、物、情报信息的交流。在培养未来型、先导性产业、集聚高科技的研究机能，以及形成舒适的商业贸易地区的同时，发展成为不断创新产业的据点。通过聚集人才，发展成为创造新“幕张文化”的据点。幕张新都心按照建设未来型国际业务城市的构想，以幕张国际博览会场为核心，形成面向世界发布情报信息的主舞台，每年有650万国内外人士前来参加国际展览、国际会议和各种商贸、体育、文化活动。在业务研究地区的智能大厦吸引了许多具有国际业务机能、总公司机能、尖端产业研究机能的企业（如NTT、JUSCO、富士通、住友、佳能、日本IBM、精工电子等）。在商业中心地区，舒适的宾馆及多样化的商业设施，为人们提供种类齐全的商业、业务、服务、购物、文化、娱乐信息交流等功能，创造出热情而又亲切的气氛。在面临东京湾、碧水绿荫环绕的住宅区，装饰典雅的楼群底层配有各式各样的商业设施和停车场，充满个性化的居住空间和街景设计，体现出安居乐业、人与环境融为一体的特色。在文化教育区，除3所大学、4所高中外，还有海外职业研修协会等6所教育研修机构和世界最大的亚洲经济研究所。幕张海滨公园由街心缓缓延至海滨，成为都市生活中的绿洲乐园，为人们创造了绿色与海交织的休闲空间。

(2) 构筑大交通格局，加快基础设施建设，城市功能不断增强。

以地铁、新干线、高速公路、港口、机场、桥涵、地下公用通道为主的日本城市交通基础设施建设，大大提高了城市内部、城市与城市，城市与国际间的运转效率，方便了工作与生活，促进了生产力的提高。东京、大阪、京都等 9 个城市有地铁运行，是城市最可靠、便宜和环保型的交通手段。以东京为例，拥有 16 条地铁线，将首都圈编织成密集的交通网络。日本新干线自 1964 年开始运营。1997 年 12 月，日本第一条横跨东京湾的高速公路正式通车，这是 20 世纪日本最后一项“超级工程”，它历时 8 年，耗资 1.44 万亿日元，全长 15 公里（其中海底隧道 9 公里，海上双层斜拉大桥 4 公里），既缩短了首都高速公路 1/3 的交通距离，又形成美丽雄伟的城市景观。神户的明石海峡大桥（全长3 910米）及相关公路经过 10 年的建设，将本州与四国连为一体。在东京湾、神户港等，港口码头和大小桥梁星罗棋布，港口作为城市发展和国际化的龙头产业以及桥梁连接城市的作用十分突出。

在东京临海副都心，历时 7 年、耗资3 500亿日元建成总长度 16 公里的“共同沟”，这是世界上规模最大、充分利用地下空间将各种基础设施融为一体的建设项目。“共同沟”是一条距地下 10 米、宽 19.2 米、高 5.2 米的地下管道井，把上水管、中水管、下水管、煤气管、电力缆、通信电缆、通信光缆、空调冷热管、垃圾收集管等九种城市基础设施管道科学、合理地分布其中，有效利用了地下空间，美化了城市环境，避免了乱拉线、乱挖路现象，方便了管道检修，使城市功能更加完善。空调冷热管分别提供 7~15℃和 50~80℃的水，使制冷，制热实现了区域化；垃圾收集管采取吸尘式，以每小时 90~100 公里的速度将各种垃圾通过管道送到垃圾处理厂。为了防止地震对“共同沟”的破坏，采用了先进和管道变形调节技术和橡胶防震系统。对新的城市规划区域来说，“共同沟”已成为现代都市基础设施建设的理想模式。

(3) 强化环保意识，保护生态环境，实现城市可持续发展。

日本的环境保护曾经走过一段弯路，战后工业化进程加快引起的公害，曾发生震惊世界的水俣病❶、疼痛病和哮喘病，东京的天空曾一度烟雾弥漫。直到20世纪70年代，日本政府才开始实施严格的环境保护制度。在大气污染治理方面，通过搬迁关闭污染企业，增加政府和地方公共团体对公害治理和环保的投资，加快排放烟尘的技术革新，全力开发低公害的汽车等措施，如今的东京已是晴空万里，空气质量良好。在垃圾处理方面，据统计，日本国民每人每年扔掉3吨垃圾。一直填埋家庭垃圾和产业废弃物的沿海地区，几乎没有余地继续接受垃圾。为实现垃圾资源化、无害化、减量化处理，日本采取分类处理和焚烧的方法。东京港区清扫工场就是一个现代化的大型垃圾焚烧处理厂，其外表像一个大型莲花雕塑，日处理能力600吨，员工只有72人，总投资445亿元（折人民币31亿元），3只焚烧炉对可燃垃圾进行800~1 200℃高温燃烧处理，产生的余热用于发电，每月收入2 000万日元；采用先进的脱氮、洗尘和污水处理技术，将垃圾处理产生的公害降至最低限度。根据1997年8月修订的废弃物处理法实施令及实施细则，日本加大对焚烧设备的更新改造，到2002年二噁英的排放标准由降至0.1mg/m^3。东京地区的垃圾分可燃、不可燃和大件垃圾三大类，并将其中的资源垃圾回收再利用；可燃垃圾送焚烧厂处理；不可燃垃圾大部分用于东京港湾填海造地，一部分进行高温燃烧，大件垃圾先进行粉碎，再分可燃、不可燃处理。负责垃圾处理的东京清扫局每年处理垃圾400多万吨，年预算支出2 800亿日元（折人民币196亿元），占东京都财政总支出的4%，人均垃圾处理费用为3.5万日元，每吨垃圾处理费用高达6万日元。垃圾收集处理实行收支两条线，收入主要靠公司垃圾处理收费和焚烧发电收入（6亿日元/年），64%的费用由政府预算负担。在绿化方面，日本森林面积占国土面积的70%，所有的高山峻岭几乎全覆盖着茂密的绿荫，即使在繁华的大都市，街道、公园、广场、山头到处充满绿色。国民的绿化意识强，每年都举行大规模的植树绿化活动，社会各界踊跃参与。日本正在针对全球环境问题，积极研究制定对策，开拓可持续发展的道路。同时，制定国际条约，防止跨越国境的废弃物污染，特别是发

---

❶ 水俣病是指人或其他动物食用了含有有机水银污染的鱼贝类，使有机水银侵入脑神经细胞而引起的一种综合性疾病，是世界上最典型的公害病之一。“水俣病”于1953年首先在日本九州熊本县水俣镇发生，当时由于病因不明，故称为水俣病。

达国家向发展中国家转移有害废弃物。

（4）运用市场机制，实现多元化投资，促进土地和城市基础设施开发建设。

在市场经济发达的日本，由于采取小政府、大社会、大市场的做法，总务费（即行政管理费）仅占财政支出的10%左右，大部分支出用于民生、教育、土木、卫生、公债等方面。用于城市建设的土木费占财政支出的比例：大都市为30.6%，中都市为24.9%，小都市为20.6%，町村为15%，均居各项财政支出之首。除财政预算及投资外，日本在城市建设方面充分发挥社会各方和地方自治的积极性，重视市场机制对城市建设与运营的推动作用，实现投资多元化，调动了各方面的积极性。幕张新都心的开发是千叶县企业厅以地生财、以地招商的典型模式。千叶县企业作为县政府土地开发的机构，通过填海造地、整平土地，对新都心各功能区域组织编制总体规划和详细规划，然后按规划要求向企业招商，收回土地开发和城市基础设施及环境建设资金。在这一开发过程中，政府没有投入任何资金，而是靠预收土地转让定金启动，不断滚动使用，形成更为自由、效率更高、规划更新的土地开发机制。日本还积极推进国有基础设施企业民营化。日本国有铁道（简称国铁）民营化前员工曾高达36万人，每年政府补贴6 000亿日元，累计亏损达1万亿日元，债务高达25.5兆日元。1987年国铁实行民营化后，营业收支很快转变为盈余，1986年亏损13 611亿日元，到1997年税前利润达1 982亿日元，员工缩减到18.2万人，向国家纳税超过1 600亿日元。其主要做法是改制上市、削减员工、提高服务质量，努力增大运输量，并积极向饭店、房地产等其他领域发展。日本电信电话会社于1985年进行民营化改革，通过开放电信市场，更多的企业参与竞争，大大降低了成本费用；通过合理化经营，员工由31万人降至20万人。通过股票上市，出售国有股，为国库带来10兆日元以上的收入，为基础设施建设提供了资金来源。

4. 借鉴日本经验，构筑中国21世纪现代化城市新格局

一是制定长期、科学、有效的城市规划，保证城市建设与运行的持续性。东京临海副都心、千叶县海滨幕张新都心的开发与建设，都是在借鉴国际先进技术的基础上，精心编制长期的城市规划，计划实施时间为20年以上，而且不论政府如何更迭，始终按规划办事。相

比之下，我国有些城市总体规划和控制性详规少则5年，多则10年，缺乏长期性、系统性、前瞻性，总是跟在别人后面跑。导致规划的约束力不强，对规划随意调整。因此，必须立足新世纪现代化、国际化的要求，认真科学地研究制定城市规划，特别是做好新市中心或副中心的规划。既要保护中国特色的城市历史风貌，又要规划建设与国际接轨的新区，形成城市新的增长点。

二是实施交通、环保优先战略，加快基础设施建设步伐。日本的经验表明，没有现代化的大交通体系和环境保护体系，就没有现代化的城市建设。从1998年以来，我国政府为拉动内需，扩大了固定资产投资，对加快城市基础设施建设是一次难得的历史机遇。在加快公路建设的同时，应将重点放在城市道路、桥梁、港口、城市内部、城市之间的快速轨道交通项目，构筑四通八达的城市大交通网络。在环保方面，应加强与国际的技术合作，引进先进环保技术，增加环保投入，实施“蓝天、碧水、绿树、净地”等工程，搞好垃圾分类处理和资源利用，实现城市可持续发展。

三是按照现代化、国际化、市场化的标准，精心组织城市开发建设。日本神户市反思大地震前过分追求城市机能的纯化和经济性，在重建工作中注意各种机能的协调，提出安心（住宅、学校、医疗、休闲等设施）、活力（城市创造性和经济活力）、魅力（有别于其他城市的吸引力和特色）、协动（政府、市民、企业共同努力）的城市复兴目标，并处理好自然界与人类共生的环境关系，使城市容量得到适当控制。从日本和一些发达国家的情况看，一个现代化国际城市的硬件建设的基本标准主要包括：以国际大型会展中心为核心的国际会议、贸易、科技、信息、文化交流场所及配套服务设施；以面向国际市场的智能大厦组合为标志的国际性、区域性大企业资本运作中心和商务中心；以环境舒适的住宅楼群和生活配套设施组成的居住区；以高等学校和科研机构组成的教育与高科技创业园区；以先导性、都市型产业与城市相融合的产业区；以快速轨道交通为主的城市交通体系；以生态化公园、绿化、水体、广场、道路、体育场馆等组成遍布城市的休闲空间；以地下综合管网和环保设备等组成城市基础设施供给体系；以当地特色博物馆、纪念馆、历史文化遗迹组成文化区；并将旅游开发与以上功能紧密结合，贯穿其中。还必须营造政策、市场、人才等软环境，与国际接轨，吸引海内外人士来访交流甚至常住。

另外，尽管日本在城市现代化建设方面取得不少经验，但也有不尽如人意的地方。如城市老区布局杂乱无章，居住密度大、道路窄、缺乏统一规划，改造难度大、进度慢。市中心建筑工业风格重，缺乏自然生态化设计。有些基础设施投资大、成本高，如垃圾焚烧厂，在发展中国家一般承受不起。受泡沫经济的影响，一些大城市特别是相邻城市出现竞相上马同类项目（如机场、国际会展中心）的重复建设现象，造成一定的资源浪费。这些都是我国城市建设应该引起重视和防范的问题。

（二）韩国城市化发展历程及启示

韩国是中国的近邻，第二次世界大战以后，经济得到了飞速的发展，城市也取得了令人刮目的发展，对于韩国城市化进程的研究也取得了令人刮目的成就，如高贤锡的《关于韩国城市化特性研究》、孙颖泽的《面向全球一体化的韩国空间政策》以及赵利济等的《韩国经济腾飞的政策剖析》等，这些论著对韩国的城市化发展从政策等角度进行了卓有成效的研究。

1. 城市化进程

韩国的城市化进程可以分为四个阶段：

第一阶段：城市化史前阶段（1876~1947 年）。1876 年，日本强加的《江华条约》[1] 打开了朝鲜王朝的大门。1945 年独立后，又被苏联和美国一分为二，美国占领军接管了韩国。即使在这样的社会下，还是催长了一些城市。这些城市被当作是获得出口产品的中转站，而不是促进国内商品经济发展的市场。据统计，韩国 1944 年的城市化率仅为 13.0%，而美国在 1940 年，城市化率已经为 56%。所以，当时的韩国还是典型的农业经济社会，还谈不上城市化。

---

[1] 《江华条约》（朝鲜语：강화도조약）本名《日朝修好条规》，又称《丙子修好条约》，是日本与朝鲜于 1876 年 2 月 26 日（农历丙子年二月二日）在朝鲜西海岸的江华岛签订的不平等条约。该条约的签订标志朝鲜打开了国门，并进入半殖民地半封建社会，为 34 年后彻底沦为日本的殖民地做了铺垫。

第二阶段：城市化起步阶段（1948～1960年）。李承晚[1]政府时期，城市人口有了大幅度的增长，其主要原因是：韩国光复后一批归国人员住入城市；战争引起了大规模的人口移动，使得大批难民及农民从北方朝鲜或农村涌入城市；而政府依赖美援进口了大量的美国粮食，这使农业经济遭到破产，大批的农民弃地入城。尽管政府采取了一些限制措施，但是韩国城市人口依然增长很快。

第三阶段：城市化加速发展时期（1961～1987年）。这时期又分为两个阶段：第一阶段为朴正熙政府时期（1961～1979年）。这是一个韩国经济政策由发展轻工业向发展重工业转变的时期，重工业的发展为韩国的城市化进程做出了重大的贡献。第二阶段（1980～1987年）是全斗焕政府时期。这一时期，韩国的通货膨胀得到有效控制，企业素质大大改善，出口产品竞争能力大大增强，也被称为韩国经济的第二次“起飞”时期。经济的发展，促进了韩国城市化程度的提高。据统计截至1985年，韩国的城市化水平已达到了77.3%。

第四阶段：城市化平稳发展时期（1988年至今）。在经历了30多年的威权统治后，1987年，韩国实现了向民主国家的转轨。工业得到了飞速的发展，1991年，韩国农业在GNP中的比重只占8%，从过去的农业占统治地位的“70%”年代（国土的70%为山地，国民的70%是农民）过渡到非农业部门产值占GNP的90%以上的工业化国家时代。到1990年，韩国城市化率已达82.7%，进入了高度城市化时代。

城市化的快速发展，需要一定的外部条件和内在因素的推动。从宏观角度讲，韩国城市化是在市场和政府的共同作用下飞速发展的。经济规律首先对城市化起作用，基础设施则影响了城市的体系结构，政府的政策则既作用于经济发展，又作用于城市化的进程。

（1）经济活动方式对城市化模式的决定性作用。

韩国城市化的飞速发展是和工业化进程及经济的高速增长相一致

[1] 李承晚（Syngman Rhee），号雩南，原名李承龙，1875年3月26日生，韩国首任、首届至第3届总统。1960年3月15日总统“选举”，妄图第四次连任总统，遭到韩国人民和在野党人士的坚决反对，马山市数千群众举行示威游行，接着反对李承晚独裁统治的大示威席卷韩国各地，愤怒的群众用绳索拖着李承晚的头像，游行示威，李承晚遂下令镇压。4月19日，被激怒了的首尔市民包围了国会和电台，烧毁李承晚的自由党总部，同军警展开了殊死的搏斗，李承晚终于在4月27日被迫下台。5月29日离开首尔去夏威夷。1965年7月19日逝世。

的，韩国用了30年左右的时间完成了城市化的高速发展。这种高效的经济增长方式，必然要求优化配置资源，实现要素按照市场规则自由流动。同时，这种经济增长方式也促使企业在生产布局、劳动力的就业结构等方面发生根本性的变化。高度集中的工业布局有利于发挥集聚效应，也要求生产要素向城市高度集中。韩国政府实行的外向型经济发展战略，决定了工业及人口向沿海港口城市集中。统计资料表明，1992年首尔人口达1 080万，约占全国总人口的四分之一；韩国第二大城市釜山人口385万人，大邱直辖市有224万人，仁川直辖市有196万人，大田直辖市有110万人，加上光州直辖市，韩国这6个主要城市人口总数约为2 200万人，约占全国总人口的一半以上。经济活动的集聚导致了城市化的快速发展，使得大量农村人口向城市集聚。1960~1980年，首尔人口从244.5万增加到836.4万。首尔的城市范围也不断扩张，1973年面积达到627平方千米，比1949年增加了2.3倍。

战后韩国经济的高速增长决定了城市化的高速发展。与欧美国家相比，韩国的经济增长是时间上“压缩型”的，即在相对短的时间内完成同样的工业化过程，这种时间上的压缩性直接导致了空间上的压缩性。为了在尽可能短的时间内获得尽可能快的经济增长，必然要以经济效益为首要原则来衡量经济活动的区位选择，而空间集中式的格局可以获得很高的规模效益，从而决定了城市发展空间的高度集中模式。另外，外向型的经济战略又决定了产业活动向沿海港口城市高度集聚。因而，韩国的城市发展均体现出既迅猛又集中的特点。

（2）发展中小城市基础设施的重要作用。

进入20世纪80年代，以首尔为中心的首都圈出现了人口分散。首都圈边缘地区迅速增长，吸纳了大量从饱和的中心城区分散出来的人口和经济活动。1990年，首尔市区人口净迁出9.1万人。为遏制首都人口过度集中，实现经济社会均衡发展，韩国早在70年代初即制定了“建设卫星城市，积极分散人口”的方针。当时制订了第一个国土综合开发计划（1972~1981年）：在首尔周边地区建设10座卫星城市，改善周边地区的城市基础设施。80年代初韩国又制订了第二个国土综合开发计划（1982~1991年），在继续推进卫星城计划的同时，进一步加强地方据点城市基础设施的建设，积极诱导人口逐渐向地方分散。仅 1993 年，首尔迁出人口就达到 79 万人。由此可见，无论在城市集聚还是分散时期，先进的基础设施都是推动城市化快速发展的重要力量。

（3）政府与政治制度对城市化模式的引导作用。

韩国虽然是市场经济型国家，但政府在经济活动中的作用始终左右着发展的时空结构，区域经济开发和规划很大程度上是受行政计划控制的。通过工业化用地（经济开发区）的设立和开发来推动人口等要素向某些区位快速集聚，这似乎是一种典型的“计划空间”结构。这是韩国工业化战略实施尤其是新兴工业城市迅速崛起的重要机制。

在韩国政治制度中，中央集权的特征比较明显，这也是城市高度集中发展的主要因素。作为这种制度的象征，国家的首都在全国经济、政治、文化生活中发挥着卓越的作用，在城市体系中居于突出的地位。这在一定程度上削弱了一般城市的竞争能力，从而制约着全国城市的体系结构。韩国几个主要的中心城市在整个城市化过程中始终处在规模结构以及功能结构上的突出地位，如韩国的六大城市占全国城市总人口的 59.7%（1990 年）。这种政治制度对城市发展的引导作用，还表现在因制度的若干差别而产生的城市体系的差别上。

2. 对我国城镇化发展的启示

韩国用了 40 多年的时间，从一个贫穷落后的农业社会发展成一个富裕先进的城市社会，取得了很大的成绩，但是也还存在着不少问题。韩国在城市化的过程中，既有经验，也有教训，我们认为至少有以下几个方面值得我们思考。

（1）加强城市规划，有步骤地发展新城市与中小城市。

韩国为了解决大城市的人口聚集问题而建设了不少应急型新城市。但这些应急型城市因为其超短期性且没有进行长远的规划，出现了一系列的问题。这些应急型城市因为建立在首都圈及京釜轴周边，大量就业机会涌向这些新城市，还有交通问题，这些新城市都有通向大城市的交通设施如高速公路和地铁，而中小城市却没有这样良好的基础设施，大量人口迁往新城市，妨碍了中小城市的发展，社会矛盾也因此激增。应急型城市也面临着居住环境日益恶化，城市开发过度引起“过密居住”，绿地空间及文化休闲空间不足等问题。

因此，以韩国为鉴，我国现在正在落实西部大开发等的城市发展战略，应该对我国中小城市的发展和新城市的建设做长远的规划，制定和完善各种政策及措施，使大城市周边的新城市与中小城市得到均衡发展。

（2）加紧完善老城区和中小城市基础设施。

在韩国高水平的交通、通信基础设施大多分布在大城市及其周边的新城市，韩国中小城市的基础设施则水准较低。大城市中心城区与新城市占据着大多数高水平的基础设施资源，使得大量的人口涌向这些城市，而老城区及中小城市得不到有利的发展。而我国大城市的老城区及中小城市的基础设施也存在着同样的问题，得不到有效的整治，严重地阻碍了它们的发展。我国应加紧完善老城区和中小城市的基础设施。

（3）适当加强政府政策引导和行政的干预。

如前所述，韩国是市场经济型国家，但政府在经济活动中的作用始终左右着发展的时空结构，区域经济开发和规划很大程度上是受行政计划控制的。改革开放以来，我国实行的是市场经济制度，这种经济制度使我国在这二十多年中取得了令人震惊的发展。但在城市化发展过程中，却也出现了不少城市问题，如交通堵塞、环境污染、住宅昂贵、各自为政等，形成大量的物资资源和人力资源的浪费。因此，在城市化进程中，在坚持有地方特色和市场经济的基础上，在城市规划方面、基础设计建设方面等，有必要提倡适当加强政府政策引导和行政干预，加强一盘棋的思想，以便更有效地推进有中国特色的社会主义城市化的发展。

（三）新加坡城市化发展历程及启示

尽管受资源约束，最大的约束是土地，因为这个国家的一切都要在641.4平方公里的土地内获得，通过良好的规划以及政府强有力的支持，新加坡的自然环境和生活品质在过去三十年内得到了飞速提高。它的自然环境高度城市化，但它仍是一个典型的热带花园城市。1989年人口危机委员会所作的一个调查显示，新加坡居民的生活质量已经达到世界最高水平。

我们追溯新加坡过去三十年的自然开发，特别是城市中心区实质开发的过程；作为一项关键性的要素和重要的政策方针，它对新加坡城市规划和再开发做出了巨大贡献。它的城市战略规划目标简而言之，就是使新加坡成为一个“怡人的热带城市”。

新加坡几乎是一个没有农村的国家，城市面积占总面积的绝大部分，新加坡人又注重城市建筑，境内道路两旁绿树成荫，街头到处是花圃、草坪，草茂花繁、整洁美丽，有“花园城市[1]”的美称。城市人口基本100%。

1. 城市化发展历程

现代新加坡的实质性城市开发分为四个阶段：

（1）20世纪50年代末到60年代初：令人窒息的拥挤时期。

第二次世界大战末，新加坡的城市问题已经到了难以解决的地步。过度拥挤、住房短缺以及不卫生的生活条件在城市中心区随处可见。市中心到处拥挤，满是贫民窟。四分之一的居民挤在岛上百分之一的地区里。常常是五十多个人挤在一个二三层楼的商铺房间内，或是住在临时搭设在肮脏的下水道的小屋里。失业频繁使成千上万人无家可归。传染病如肺结核四处蔓延。犯罪行为极其猖獗。这些就是英国人在开始成立规划委员会时看到的情况。1958年第一个总体规划诞生，提出了一个行动计划，强调要通过土地规划来实现合理的土地利用，这标志着全方位持续改造时代的到来。所有的城市土地逐步分区，划出了绿色地带和新城镇区域。1959年新当选的新加坡政府取代了英国政府，提高生活质量和解决拥挤问题成了政治议程上首需解决的问题。

（2）20世纪60年代到70年代国家的住房供给和现代城市的初步形成。

这一阶段新加坡城市发展有一个特征，公共住房计划迅速解决了城市的拥挤问题。计划的贯彻执行是由1960年依法成立的新加坡建屋发展局（HDB）来承担的。到1970年年底，建屋发展局共完成了120 669套公寓和店铺。新加坡的有效土地重新利用政策以及使新加

[1] 这一概念最早是在1820年由著名的空想社会主义者罗伯特·欧文（Robert Owen，1771-1858年）提出的。“花园城市”（也称园林城市）的理论最早是由英国建筑学家霍华德提出，1898年，霍华德发表了题为《明天的花园城市》专著。阐述了“花园城市”的理论，提出城市建设要科学规划，突出园林绿化。

坡人拥有自己住房的政策推动了建筑的快速进展。这就是著名的“居者有其屋计划”。

公共住房的成功使市中心很快清理了贫民窟和乞丐，重新铺设了新的马路、下水道以及其他一些有用的基础设施。城市复兴如火如荼般进行起来，到20世纪60年代中期，城市经济恢复工程也活跃地开展起来。这项工程开始于1967年，是由城市重建局（URA）负责的一项独特的土地出让程序，需要各私营单位和公众部门协作完成。规划政策对新加坡1965年8月从马来群岛分离做出了重新评估，满足了很多人对平等的追求以及使土地得到最佳利用的愿望。概念规划1971年得到了联合国开发计划署的援助，以指导其长期的城市开发。这项规划设计用于指导基础设施的开发，其针对的目标依次是促进经济增长、满足住房需求以及人们的基本社会需要。由于政府将新的城镇设置在城区之外，分散政策将市中心的居民人口和工业人口逐渐转移，取而代之的是店铺、办公楼、百货商场、宾馆以及高层豪华公寓的开发。市中心通过城市复兴逐渐成为一个国际金融、商业和旅游中心。

（3）20世纪80年代：品质和特色的增长。

新加坡20世纪80年代的中心转向了城市形象的塑造。更多的重点转向了生活质量，其中包括环境品质。重心在于利用自己与众不同的建筑风格成为一个有特色的热带城市。在这一阶段，城市经济恢复工程采用的土地出让程序必须在产品设计质量上竞争。一些开发者尽管在价格上不是最高，但如果有突出的设计，仍然可以取得土地。人们还力求保留一些有建筑特色的老街区。在翡翠山（住宅开发）和Tanjong Pagar（商业开发）的小规划试验的成功，终于使政府颁布了相关的法令，并且城市重建局也兼做了国家文化部门。

（4）20世纪90年代：21世纪初的新景象。

在20世纪80年代和90年代的交替时期，新加坡处在新一轮社会经济改革的浪尖。这些变革如下：

人口控制改革：实行人口控制计划使这些年人口增长速度已经下降。人口总数将在2030年达到340万的高峰。随着人口的增长，必须提供充足的工作岗位，并且要照顾日益年老的人们。人口政策已经转向通过各种发明和有选择的移民来鼓励人口增长。

经济结构和科学技术改革：政府希望经济增长的速度更加适度，到2030年每年的增长速度为2.5%~3%。商业、贸易和工业仍是经济重点，将有充足的土地留出来满足这些需求。基础设施将得到进一步开发。高科技和信息产业的促进也需要工业用地。传统的法定用地和大量预留的土地将会被重新规划。

经济发展和环境保护的平衡：人口增长和经济发展带来的土地竞争必须与环境保护相平衡。一些类型的工业不仅占用了大片的土地，还带来了空气，水和噪音污染。很多重要的公共设施（如焚化工厂、垃圾倾倒区、污水处理站）是土地的主要占用者。现行的规划策略是将这些地点尽量设置在一起或者与其他的污染区设置在一起，尽量在远离人群的地方或是远离海岸的小岛上选址。随着环境技术的改变，技术解决将被用于开发建设，以减少对开发区周围的限制。

财富的增长：在过去25年里，新加坡的人均国民生产总值从1 600新元增长到29 000新元，增长了12倍。[1] 此后很长时间内还会有进一步的增长。富裕使人们对环境改善和生活质量提出了更高的要求。新的城市发展战略必须适应人们对住宅、娱乐、交通、文化以及其他方面的需求。

新加坡在城市建设中坚持超前科学规划，注重建设公园和开放空间，实施大面积、全方位立体绿化，大力实施人性化建设，形成了独特风格。新加坡最吸引人的就是其良好的绿化环境，前总理李光耀在建设初期就引入“花园城市”理念。数十年来先后制定了道路绿化规划，提出了绿化净化种植行道树和建设生态平衡公园，强调实施特殊空间（灯柱、过街天桥、挡土墙等）垂直绿化，种植果树、引进色彩鲜艳香气浓郁的植物种类和加强遮阴树种植等先进理念并付诸实施。目前建有337个公园及生态观光带，每个镇区平均有一个10公顷公园，居民住宅区每隔500米建有一个1.5公顷公园，使得人们仿佛投身到大自然的怀抱。

历时4年，新加坡高起点编制了概念性发展规划、总体规划和控制性详规，为未来30~50年城市的空间布局、交通网络、产业发展提供了战略指导。随后每五年检讨一次，将全国分为5个大规划区和55个小规划区，形成了以中心区为主体的星座结构、组团发展的科

[1] 毛大庆. 新加坡城市规划纵览［J］. 环境保护，2006（11）.

学空间布局。[1]

完善的城市基础设施：新加坡政府以超人的气魄拿出国土面积的15%用于道路建设，从20世纪70年代起断然采取抑制私人交通、发展公共交通的明智之举，投入巨额资金，加快城市陆路交通网络的建设，引进先进技术改造交通指挥和通讯系统，目前已经构筑起以地铁和轻轨为主线、以公交车和出租车为辅助的高度发达的立体陆路交通网络。

所有这些变化使新加坡诞生了一项长期实质发展规划——概念规划，这项规划于1991年完成。修订后的规划憧憬了新加坡未来的生活：那时人口将达到或超过四百万，人们享受着更高品质的生活，住着宽大舒适的房屋，体会着工业、商业、娱乐、休闲和文化带来的良好的环境。概念规划的主要目标包括：①满足所有对环境和生活质量改善的需求。②暂缓同其他主要城市在经济增长上的竞争。③保证城市货物供应和经济开发的灵活性。④充分利用地理、历史、气候和文化资产优势，创造一个持久、美丽、独特的亚洲城市。

经济基础建设：规划师们开始采用一项分散的战略规划。将不必设在市中心的商业活动分散到四个区域中心，每个区域中心都有约150万平方米的面积，并且在各自辖区内都做到办公与住宅的平衡。这样就能减少上下班的时间并且减缓市中心的拥堵。市中心将发展成一个国际商业中心，一个四面环海，拥有宾馆、办公楼、商店和夜生活的新兴城市。到X年，市中心的商业区将有可能从700万平方米增加到1 500万平方米。很多现存的工业将会逐步升级。新的高附加值、高科技产业将入住环境优雅的“工业园区”。

交通网络：现在的高速公路、快速轨道系统和公共汽车也将逐步升级并扩展，以满足经济和人口增长的需要。快速轨道系统将通过轻轨延伸到新的城镇和居住区中心，获得一个整体有效的公路、轨道系统。

住宅：由于住房拥有者将可能从65万增长到135万，因此大量的土地要留出来满足住房的需求。这些都应该在比较好的地段，比如在海边、临近公园或娱乐区。从长远来看，私有房主的数量将从今天

[1] 赴新加坡“城市建设管理与住房保障”培训班学习总结报告：《学习新加坡　建设幸福城市》。

的 13% 增长到 30%。❶

绿色网络和水域：近几十年新加坡通过绿色工程已经塑造了自己“花园城市”的形象。它仍保持着每 1 000 人 0. 8 公顷绿地空间的标准。国家公园署正在开发更多样的公园和绿地。这些将把绿色带与海岸地区很好地连接起来。为人们漫步和骑车提供了绿色场所。一些现有的水域将被改造成为供人们娱乐休闲用的美丽水滨地带。某些海岸区还将被开发成码头。

社会和文化设施：学校和医疗卫生机构需要保留足够用地。仍需留出土地用于艺术表演、博物馆、艺廊和图书馆的建设。

环境控制办法为了平衡工业用地和生活休闲用地的需求，人们将产生污染的企业尽量设置在一起，以使它们的隔离带能相互叠加。这样能减少对周围区域的影响，也能减少进行其他开发时需消毒的区域。政府会鼓励位于临近居民区的污染工业重新部署。像“增加容积率”等诱人的鼓励计划能极大地促进工业用地向住宅开发转变。

2. 新加坡加快新型城镇化进程先进经验

新加坡城市发展经验的精髓在于规划科学、建设精致、管理严格。因此，我国在城镇化建设过程中借鉴新加坡经验显得尤为重要而紧迫。

（1）新加坡城市管理的特点。

①规划、建设和管理相分离。规划、建设和管理的分离是城市化进程中管理方面的重要原则，新加坡在这方面是很成功的。这个国家的城市规划、建设、管理，分别由不同的、相互独立的部门来承担。城市市区重建局负责整个城市的规划，为城市建设和管理的宏观框架打下基础；城市管理职能主要由镇议会行使，园林部门和卫生部也承担了部分城市管理职能。除了常规的部门之间的沟通，互相不干涉，各自的职权范围和职责清晰。

②法制化的城市管理。新加坡城市管理最大的特点就是完全法制化的管理，这也是它成功的最重要经验。什么是法治化？新加坡在城市管理过程中形成了一整套的城市管理体系，在这个体系中，法制建设被提到了首要位置。当然，仅仅有法可依是不够的，执法不严往往

❶ 新加坡的城市规划［EB/OL］.（2011-11-07）［2016-01-01］http://chinaup.info/2011/11/2828.html.

使得“法”成为白纸一张，所以新加坡城市管理还有一个重要的特点：执法力度大，法律、法规都能够得到有效执行。在新加坡，违反法律、法规的处罚力度很大，罚款数额非常高，这就使法律形成了一种经济威慑力，敦促人们放弃违法犯罪。例如，在国内很普遍的、难以根治的“乱扔垃圾”行为，在新加坡的处罚方式是：乱扔垃圾的初犯将会被罚款200元；再犯或者是多次乱扔垃圾的，将会被处以最高半天的劳役；而且，乱丢垃圾的人必须穿上特制的服装：衣服上写着“我是垃圾虫”，定期打扫公共卫生、清理公共厕所等，媒体上还会对其行为予以曝光。这样一来，新加坡城市建设就形成了多种监督管理层，另外，这里所说的监督人员并不仅仅指执法人员，而是每个人都是其他人的监督者，形成了全民稽查队伍，因此，在新加坡很少有不文明现象发生。

③重视宣传教育。新加坡还拥有广泛的素质教育。当地政府认为，对诸如乱扔垃圾之类的不文明行为，仅仅处罚治标不治本，要在根本上清除这种行为，减少对城市和环境的破坏，还需要在法治化的监督之下对行为人进行系统的教育，这和中国目前所提倡的素质教育非常相似。新加坡政府要求相关部门为国民提供各种形式的思想教育。所以，当地政府采取一切办法推动这种思想教育，促使人们从意识层面对城市加强保护，遵守规章制度，做守法、维护城市建设的良好市民。

④与城市管理相关单位及个人的有效沟通。新加坡有专门的城市管理机构：市镇理事会。其特点是：和居民以及城市管理者和承包商、政府等都有着密切的合作。简单来说，市镇理事会是城市管理的主要机构，也是维系各方力量的重要枢纽。市镇理事会定期进行会议，重点管理宣传和教育相关事宜，经常举办大型活动来了解居民的需求，并且不断通过活动进行城市保护宣传。总体来说，新加坡城市管理的这一机构发挥了主要作用。

（2）新加坡城市化发展的经验。

①城市化目标的科学性统一。新加坡地处世界地理位置的十字路口之一，作为一个没有腹地、缺乏自然资源的城市岛国，新加坡政府在独立之初就审时度势，以工业化促进城市化，提出向商业、运输、通讯、旅游为中心发展的目标。另外，在城市化进程中引入了“花

园城市”理论，以指导城市建设。花园城市不仅为新加坡人民提供了一个十分舒适的生活、工作环境，也吸引了世界各地众多游客前来观光、度假，推动了当地的经济发展，并使旅游业成长为新兴的支柱产业。

②城市化规划的原则性统一。规划是城市建设发展的龙头，是人们观念、理念、远见、创见、精神、素质、能力、水平等各方面的综合表现，同时也是经济、政治、文化、科学、艺术等各领域的集中亮相。从实践来看，新加坡城市化规划体现了三条原则：一是前瞻性，即把规划放在较高的位置；二是时序性，即突出规划在不同时间的不同重点；三是特色性，即努力打造城市的整体风格和形象优势。

③城市化发展的整体性统一。同其他国家一样，新加坡同样明白，发展不能够只依靠一种资源或者产业优势，全是第一产业的纯农业国和全是第二产业的纯工业国是不健康的、畸形的国家发展模式，所以新加坡大力推动国内的产业结构转变，不仅在农业上大力推动生态农业和休闲农业、都市农业的发展，大力推进机械化和信息化进程，还利用人口、资金和信息等优势发展第二产业和第三产业。近年来，新加坡发现了农民对第二产业以及第三产业的强烈需求，因此通过城市化进行新加坡国内城市的重新布局，重新规划产业结构，在这个过程中，硬件建设是重点，这也就是说，新加坡斥巨资完善硬件设施，并不断提供更加全面的综合服务，积极培育新加坡城市化的新优势，这种新优势既包含资金和技术的优势，也包括信息和人口等功能优势，以第一产业为基础，逐步向第二和第三产业进步是新加坡产业调整的重要一步。近年来，新加坡的产业升级获得了重要的成果，这里就包括农业的都市化和生态化过渡以及工业的发展，从之前的劳动密集型产业不断发展到技术密集型的新型工业，再到如今的知识密集型产业，新加坡工业获得了新的工业突破。新加坡的服务业发展是举世瞩目的，这主要得益于其地理位置和经济发展趋势，新加坡大力发展多边商业贸易，看重旅游、物流、商业贸易等产业的发展，力求将服务业打造成经济发展的重要引擎。早在 2002 年，新加坡的 GDP 中就已经有百分之六十以上都是由服务业贡献的了，这也就说明，新加坡的服务业具有其他国家所不具备的超高速度。

④城市化实施的多元性统一。在“花园城市”从理论走向实践

的过程中，新加坡政府占据着主导地位，包括必要的财政经费投入，制订实施法律、法规和将部分私人企业无法经营的公司收为国有等政府行为。然而即使是经济发达的新加坡，对庞大的经费开支还是感到压力沉重，所以在城市公共设施和基础设施建设方面，不再由政府大包大揽而辅之以市场运作手段。现已逐步将供电、煤气改为私营性质（由于新加坡向马来西亚借水涉及国际交往，故供水仍由政府出面承担）。

（3）对我国城镇化发展的启示从某种意义上讲，我国城镇化发展目前正处于新加坡的某个发展阶段，在城市化发展之路上新加坡有着许多经验值得借鉴。

①要注重城市化目标的整体性。从新加坡经验来看，城市化首先要统筹城乡一体化发展，只有打破城乡二元经济结构的分割，培育城乡统一的商品和要素市场、整合城乡优势资源、实现优化配置，才能发挥城市对农业和农村的辐射带动作用。由于农村长期处于资金少、社会积累和产出效益低的状态，因此，只有消除制约城乡协调发展的体制性障碍，才能激活农村社会生产力，步入以城带乡、以工促农的一体化发展轨道，才能全面推进小康建设，实现全社会的文明进步。从我国的实际来看，还必须走工业化、城市化、市场化联动推进的道路，只有这样，才能提供充足的就业空间，为农村人口进入城市安居乐业提供扎实可靠的经济基础。

②要注重城市化规划的超前性。要遵循城市化发展规律，在规划中要尽量把区划、土地用途、人口规模、最佳人口承载量及生态区、工业区、居住区、商贸区布局等明确下来，以加强对生产要素和产业吸纳的集聚功能，增强对经济、社会发展的凝聚力和带动力。城市规划要充分考虑自然、资源、地理条件，一方面要明确城市特色、功能定位和产业定位，合理安排布局；另一方面要完善各项社会服务施。通过规划、调控，抓好水电气、能源交通、邮电通讯、环境保护、文教体育、商住服务等方面的建设，切实解决好交通拥挤、住房短缺、水电气供应紧张、环境污染严重等问题，综合提升城市的功能、品位、形象。

③要注重城市化发展的区域性。发达国家的经验可以为我们拓展视野、打开思路，但并不意味着可以照搬照抄，只有从实际出发，立

足比较优势、扬长避短，宜工则工、宜商则商、宜农则农，才能最大限度地发挥优势、创造出特色。

④要注重城市化经营的系统性。首先，要建立多元化的城市建设投融资体制。一要从政府单方投资转为多元化投资，实行“谁投资、谁所有、谁受益”，充分利用外资，调动民间投资，吸引社会资金，加强城市基础设施建设。二要抓好国有土地资本运营。将国有土地作为政府经营的对象，加强规划，调整布局，提升效益，市场运作，促进国有土地保值增值。三要盘活城市基础设施的存量资产。向外商、民资出让已经建成的基础设施专营权或者租赁经营。四要挖掘潜在资产和增量资产。如道路命名权、路灯电杆广告权、公交线路及出租车经营权等，可以通过公开拍卖，进行有偿转让，以此集聚城建资金，加快城市建设步伐。其次，要致力循环经济（cyclic economy）。循环经济即物质闭环流动型经济，是指在人、自然资源和科学技术的大系统内，在资源投入、企业生产、产品消费及其废弃的全过程中，把传统的依赖资源消耗的线形增长的经济，转变为依靠生态型资源循环来发展的经济，为城市化提供发展后劲。循环经济是社会持续发展最为先进的模式，它通过建设生态农业、生态工业和生态消费子系统而形成，最终达到资源循环利用、能源优化利用特别是可再生能源利用和污染源的控制等目的。最后，要健全法制法规，为城市化提供制度保证。要搞好户籍制度、土地制度、劳动用工制度等方面的政策，从体制上多渠道地促使农民向现代非农产业、向城镇的转移。

第三节　国外城市化发展趋势

一、城镇体系的多极化

随着世界贸易的增加和新的国际劳动地域分工的逐渐形成，以及跨国公司对各国经济的不断渗透，经济全球化的进程正在加快。从而使若干全球信息节点城市发展成为世界性城市或国际性城市，越来越控制和主宰着全球经济的命脉。世界城市的形成和发展使全球城市体系出现了新的等级体系结构，即世界级城市、跨国级城市、国家级城市、区域级城市和地方级城市。全球城市体系将出现多极化倾向，全球城市聚集区地域分布变化见表 4-5。

表 4-5　全球城市聚集区（人口 800 万及以上）地域分布变化

地区	个数				百分比			
	1950 年	1970 年	1990 年	2000 年	1950 年	1970 年	1990 年	2000 年
世界总计	2	10	20	28	100	100	100	100
发达国家	2	5	6	6	100	50	30	21.4
发展中国家	0	5	14	22	0	50	70	78.6

资料来源：根据联合国 2000 年发布的《全球经济展望》进行整理。

二、城市主导地位进一步强化

城市在全球经济活动中所扮演的角色因相互间联系的广泛性而愈益重要。目前发展中国家正处于 30% ~ 70% 的城镇化加速发展期。抓住发达国家大规模经济结构调整所带来的新一轮劳动地域分工调整机会，发展中国家特别是亚洲和南美国家加快了工业化进程，此将为城镇化提供强大的动力。在发展中国家城镇化的推动下，全球城镇化将进入新的阶段，预期 2025 年左右，绝大多数发展中国家将完成城镇化进程，世界将进入城镇经济主宰的时代。根据各国最新的人口普查数据，联合国对全球城镇人口进行了预测，其结果如表 4-6 所示。

表 4-6　发达国家和发展中国家未来年均城市人口增长率（%）

地区	1970~1975 年	1986~1990 年	1995~2000 年	2020~2050 年
发达国家	1.5	0.8	0.8	0.5
发展中国家	3.7	4.5	3.8	2.2

三、组团式城市发展活力增强

摊大饼式的城市发展模式已受到城市规划者的摒弃。“田园城市”、生态城市及郊区城镇化等新型城市发展理念的兴起，使多中心、组团式的城市发展倍受关注。

组团式城市相比棋盘式城市有诸多优点：①避免城市交通过度拥挤。组团式城市有多个中心，可减少人流过度密集造成的交通堵塞；组团之间可用快速交通网络连接，方便快捷。②可合理划分城市功能区，使工作、休闲、商贸区域布局更趋合理。③可解决城市生态恶化问题。组团式城市的各个组团之间完全可用绿化区相隔，使城市在功能上是一个整体，在形态上又是一个个独立的个体，提高环境质量。④组团城市为发展中国家提供了快速城镇化的模式。发展中国家在城镇规模扩张的进程中，通过建设高速公路、高速铁路将相邻的城镇连接起来，可在较短的时间内建设一批新型的组团式城市。

四、世界城镇网的形成

工业社会中，城市的增长潜力基本取决于城市规模，而城市规模也决定了该城市在等级结构中的层次。而在信息社会，城市的发展潜力却取决于该城市与全球其他城市的相互作用强度和协同作用程度，并不完全取决于规模大小。因此，未来较小的城市也可利用信息网络，通过相互作用和相互协同，在特定的更新方式中靠专业化优势来获得较大的发展活力。这种通过网络分享知识和技术的过程将最终导致多级、多层次世界城市网络体系的形成。

未来世界城市的发展潜力将取决于以下三个方面：一是能否把所有有形的实体网络（即基础设施）的节点、密度和效率联结到世界各地。二是能否在世界无形的网络体系中，发挥人口、知识、资金、货物和服务的全球化交换作用。三是有无创新性和适应力去不断开发网络中所固有的潜在协同作用，并起到超前示范导向作用。

第五章

中国城镇化发展现状

第一节　中国城镇化基本情况

中国城市体系是由一系列城市（镇）组成的城市（镇）有机系统，其形成、发展经历了漫长的历史过程。《墨子》[1] 称："古之民未知为宫室时，就陵阜而居，穴而处"。诚哉斯言。我国远古人类最原始的居民点形式，并不存在今天的城市和乡村。作为我国城镇体系基本物质要素的城市，产生于何时，其早期特征又是如何呢？

一、中国城市发展历程

我国古代的"城"与"市"是两个不同的概念。城，多是指四

---

[1] 《墨子》是阐述墨家思想的著作，原有71篇，现存53篇，一般认为是墨子的弟子及后学记录、整理、编纂而成。《墨子》分两大部分：一部分是记载墨子言行，阐述墨子思想，主要反映了前期墨家的思想；另一部分《经上》《经下》《经说上》《经说下》《大取》《小取》等6篇，一般称作墨辩或墨经，着重阐述墨家的认识论和逻辑思想。

面围以城墙、扼守交通要冲、具有防卫意义的军事据点。“城，郭也，都邑之地，筑此以资保障者也”。市，指的使交易市场。“市，买卖所之也。”“贸、贾，市也”。可见，凡进行买卖的交易场所即为市。从古文文献记载城与市的基本特征看，城与市没有必然的内在联系，有城不一定就有市，相反，市场也不一定围筑墙垣。可见，最初的城或市，皆不包括复合名词“城市”的概念。只是到了周代，随着城或市的发展与变化，它们才逐渐含有“城市”的意义。即城市是一个人口集中、非农业各类产业发达、居民以非农业人口为主的地区，通常是周围地区的政治、经济、交通与文化的中心。

中国古代城市的发展大致可分为两个阶段：

第一阶段，从战国至南北朝时期。此时期城市的发展在很大程度上受政治因素的制约，故在此阶段前期，即战国至东汉末，当时我国历史的政治局面是从分裂走向统一与稳定的时期，表现在城市的发展趋势是由点的分散与狭小，变化为点的相对集中与扩大。而后期，从东汉末至南北朝时，我国境内政权不是呈鼎立状态，就是呈南北对峙或分裂局面，政治动乱持续，战争频繁不断，城市的发展趋势不稳定，许多城市的兴衰具有政治、战争作用的突发性。另外，这一阶段新兴的城市还有手工业、商业贸易的发展，宗教的传播等原因的推动。此外，随着各个时期边疆地区的持续开发，城市的地理空间分布更广阔，在长江与珠江流域已出现了一些新的城市。但南方除少数大城市的发展水平逐渐接近北方外，黄淮流域的城市数量与发展水平仍居当时全国的主导地位。

城市的兴起和发展是有其必然性的，但是，在不同的历史条件下，每一座城市都有自己形成、发展的历史。这一时期我国城市的兴起和发展有以下四种途径：

（1）由早期的侯国都邑发展而成的城市。这类城市历史长、规模大，发展的条件，特别是人文主观条件优越，如临淄、曲阜、咸阳、邯郸、大梁、蓟、郢等。它们多在西周时已筑城垣，尽管其早期规模小，城垣简陋，但由于都城特殊的政治地位，能凭借诸侯国内人、财、物的全面支持，加上选择城址时多考虑了其自然与经济地理条件，而且即使在秦汉统一以后，它们中的多数虽失去了国家或政权政治中心的优势，但仍是某一地区的政治经济中心，因此，他们仍能维持其持续的发展，领先于当时全国城市发展的先进水平。

（2）由于郡县治等地方政区的设置和统一推行，许多郡、州、县治等地方政区治所逐渐形成城市，并得到了不同程度的发展。这是因为，设治的地方多为一个地区的政治、军事等的中心。如秦汉时济北郡治博阳（今山东泰安）金城县治（今甘肃兰州）等，皆是最初作为地方政区取得治所而逐渐发展为城市的。尽管由于自然环境和经济地理条件等的变迁，有些郡、县治城以后衰落了，但大多数的郡、县治城则自秦汉以来得到了持续的发展，甚至大多成为今天某一地区的政治、经济、文化等综合中心，如商丘、石家庄等即是如此。秦汉时千余个郡县治所城市，特别是黄淮流域中原一带的城市，基本是通过这一政治动因的途径迅速形成而逐渐发展起来的。

（3）处于水陆交通枢纽或是河川渡口、江湖河海交汇点等的城邑，由于交通便利、交易频繁，使人口、货物聚集而发展起来的城市。这类城市经济意义较为重要，因而发展快，也具有城市历史长的特点。一些地方政区治所在选择建城位置时也注意到了交通、水域等，因此，也属于这一类型。如汉武帝征服匈奴夺取河西地区设置河西四郡以后，河西城市开始陆续兴起。同时，由于河西走廊上东西交通频繁，著名的“丝绸之路”上的河西城市不断得到发展。其中以敦煌发展最为显著，东汉时一度成为管辖西域的政治、经济中心。其他如武威、张掖、酒泉等城市发展，作为东西交通的必经之路，其交通的畅通与否以及与西域贸易往来的密切程度是当时直接影响这里城市发展的重要因素。当时的淮阳（今河南淮阳）、广陵（今江苏扬州）、江州（今重庆市）、临湘（今湖南长沙）等城市无不是因滨水域、靠要道而兴旺发达起来的。

（4）出于军事目的在关隘要塞或边防重地所筑城邑发展而为城市的。一般来说，城邑都是出于政治、军事目的而建筑的防御体系。但是出于军事目的建造的城池和这座城能否发展为城市并没有必然的联系。这些城有的在邑落居住地筑起城垣，有的是在旷野重新筑城，如秦汉时期的长城一线，就有许多像朔方（今内蒙古乌拉特前旗）、临沃（今内蒙古包头）北舆（今内蒙古呼和浩特）以及九原、云中、定襄等重要的关塞城市。这些城除了直接用于战事的关隘防守以及军队驻扎外，在当时本地社会经济发展的推动下，大多数皆发展为或大或小的城市。

从上述战国至南北朝时期城市兴起和发展情况看，主要有四种途径或四大因素促使城市兴起：政治因素；自然条件；经济、交通状况；军事需要。这四大因素中的前两项决定城市兴起、选址的大范围、总地域，后两项决定城市在大范围内的具体位置。

第二阶段，即从隋唐至清末时期，从时间上大致可把当时的城市史地沿革划分为隋唐五代、辽宋金元和明清三个时期。

隋唐时期城市发展的原因除政治的再次大统一以外，大运河的开凿，南方经济的持续发展，海外贸易的兴起、增多，茶叶及其经济作物的广泛种植的影响等也是其重要因素。这是因为，上述原因不仅改善了长江与钱塘江流域和北方地区以及海外的交通联系，促进了人口的流动和商业贸易的发展以及商品经济的发达与繁荣，而且完全靠手工操作的密集型商品经济生产吸引了大量劳动力在经济发达的地区迅速聚集，促使南方地区人口密度不断升高。因此，在运河两岸、南方东南沿海、长江流域、湘鄂赣等地出现了一批新的城市，从而不断地改变着城市发展及其地理分布的状况，城市发展的重点区域开始由中原地区逐渐向江南地区转移。但这时城市本身的发展还处于相对封闭的状态，城市的内部结构仍是实行坊、市分开管理定制；并且这时城市的政治、军事中心职能还比较明显，相对的以工商业为主的城市还较少。五代十国时期城市发展的趋势更体现了上述的各种特点。

辽宋金元时期，北方地区由于长期受战乱的影响，不仅使原有的城市遭到了战火的破坏，而且大量北方人口由于不堪忍受长期战乱的痛苦再度大规模向南迁移；同时，宋王朝南渡，政治中心随之南移，从而为集中全国人力、物力、财力以加速南方城市的发展提供了便利的条件；另外，广大南方地区自五代以来政治相对稳定，经济持续发展，自六朝以来南方不断的开发，在经过两宋数百年的发展后其经济基础更为雄厚，从而使南方地区城市的迅速发展具备了最基本的，亦是最重要的推动力；此外，南方优越的自然条件不断得到广泛地开发和利用，特别是纵横如网的江河湖海，不仅为经济的发展城市的建立等提供了充足的水源，而且有利于内河航运和海外贸易的发达，贸易和货物的转运，使南方沿海地区和通往内地的交通线上的城市迅速发展，新的城市不断兴起。

正因为如此，这一时期城市发展的主要特点除上述江南已成为城市发展、分布的重点地区和以工商业为主的城市不断增多，城市的工商业职能进一步加强、城市作为经济中心的作用日益明显外，至少还有两点：

（1）自宋代始，城市中临街设店、坊、市合一的现象已普遍出现，坊市分离的管理定制开始崩溃，城市内部结构在城市发展中的这种变化已被宋代政府认可，并形成新的合理合法的管理制度。这是因为城市商业经济的发展，市场太小以及坊、市分开设置的城市结构已成为城市发展的障碍，因此，打破坊、市严格分离的界限及其制度已成为城市发展的必然趋势，这样，商店、货栈随需要临街而设，即可方便市民，又可无限扩展商业贸易场所，使商业经济更加繁荣，增强城市街道、水系及其对外交通的意义，从而促进城市的迅速发展。宋都的开封、临安既是政治中心也是经济商业中心。此外建康（今南京）、鄂州（今武昌）、苏州、扬州、镇江、广州等，都是商业发达、坊市合一的大都会。

（2）一些手工业与矿业等专业城镇开始兴起，并且成为我国城市发展史上城市体系中的一种新类型。当时随着商品经济的发达和科学技术水平的提高，在一些经济作物种植较为普遍和集中加工以及矿产资源丰富的地区，密集型的手工加工或矿产开发带来了人口的大量聚集，推动了商业贸易的繁荣，因而在这些地区出现了许多以特种手工业加工或矿产开发为主的城镇，如无锡（米市）、景德镇（瓷器制造）、个旧（产锡）、会泽（产铜）等。

明清两代，城市发展的速度进一步加快，其整体水平不断提高，城市的数量、规模、类型、结构、功能等，在这一时期都比以前有了显著的发展和变化。当时，促进这种发展和变化的主要原因是：社会生产力的普遍提高，各业经济的迅速发展，尤其是农业经济内部结构的变化，及农业经济商品化部分的不断增长，从而为城市的发展提供了极大的推动力，而城市的发展又反过来促进了农业经济商品化程度的扩大和加深。同时，明清时期社会的相对稳定与国家长期统一，国内外交通的发展及其各地联系的进一步加强，人口的增多，特别是康乾时期人口的成倍增长及其向城镇的聚集和开发边远地区所带来的人口大量流动等因素，都在不同程度上推动了当时城市的发展，并决定或反映出城市发展的新特点。

明清时期城市发展的特征有：

（1）自明代前期起，由于工商业经济的迅速发展，从而促成了明清两代工商业城镇的大量涌现，出现了具有重要经济意义的大批中小城镇，推动了中国古代城市的迅速繁荣，构成了这一时期城市发展的一个重要特征。[1] 从当时工商业城市发展的状况来看，按其基本职能，主要可划分为三种类型：

第一类是以手工业为主的城市，它分布于商品经济较发达的地区，尤其是东南沿海一带。随着大量农业人口向工商业人口的转化，手工作坊和手工工场的发展，因此，以手工业为主的专业城镇大批增加。当时，江南的苏州、杭州、松江、嘉兴、湖州等均以发达的纺织业闻名全国。

第二类主要是作为国内较大的商业中心，其位置多分布于交通线上的枢纽地带，特别是水运线上或水陆交汇点上。如长江沿岸的重庆、宜昌、江陵、九江等，尤其是今武汉三镇之一的汉口，位于汉水入长江的交汇点上，由于有“九省通衢”之便，成为当时的“四大名镇”之一，另外，运河两岸的天津、沧州、临清、扬州、淮安等也是远近闻名的商业城镇。

第三类是以对外贸易为主要职能的港口城市，这类城是多分布于东南沿海一带便于海运的江河入海口上。其中主要由广州、泉州、漳州、福州、宁波、潮州、太仓、上海等。在这些商业贸易中心市镇，不仅货物繁庶众多，而且商贾云集如织。

（2）明清时期我国东北、西北、西南、东南等广大边境地区的城市兴起和发展的趋势相对加快，从而在一定程度上缓解了我国古代城市发展完全不平衡的状况，这是明清时期城市发展的又一特征。这是因为长期统一，边疆行政中心治所于军事重镇的设置，以及人口的飞跃式增长和向边疆地区的平衡流动等因素，加速了边疆的开发，使其城市发展加快。如东北的瑷珲、吉林、锦州等。因此，城市发展在经过明清的兴盛以后，不仅当今所有的省会级城市在当时已经形成，而且绝大多数地县级治所城邑也已经形成，从而奠定了我国现代城市分布的格局，在我国社会生活体系中占据了极其重要的地理空间

---

[1] 董鉴泓. 中国古代城市建设［M］. 北京：中国建筑工业出版社，1988.

位置。

(3) 明清时期城市的设计、规划、建筑水平等大为提高，城市自身特别是京城的用地布局和道路系统不仅得到进一步的发展和完善，而且能够充分利用自然地形，把一些河湖水面组织到城市总平面中来，从而大大地丰富了城市面貌，同时使城市更具有安全感。当时，许多城市中仍有农田、水利设施即属此类。这是明清时期城市发展的第三个特征。这对以自然经济为主、科学技术不甚发达时期城市的发展史尤为必要的。

正是由于城市及其城市工商业经济不断发展等原因的推动，从而敲响了中国古代专制社会没落的丧钟；社会经济生活包括人们思想观念也随着发生了巨大的而深刻的变化，城市的物质条件和生活方式也愈加成为大多数人所虔心向往的东西；历史也因此踏入了近代社会的门槛。

二、中国城镇化水平变化历程

(一) 中国城镇化发展历程

虽然我国城镇建设历史悠久，并且在古代很长时期，我国城市发展都居于所处时代的前列，而且出现过当时享有世界盛誉的大都市，但随着近代以来饱受外国入侵和殖民掠夺，我国社会发展严重滞后，近现代城镇建设和城镇化进程基本上被扼杀。新中国的成立标志着我国近现代史上真正意义的城镇化的开始。综合有关研究，可以将新中国成立以来的城镇化进程简单划分为以下几个阶段。

1. 城镇化起步发展阶段 (1949~1957 年)

随着遭受战争严重破坏的国民经济逐渐得到恢复 (1949~1952 年) 以及其后“一五”计划的顺利完成 (1953~1957 年)，我国经济建设取得了较大进展，城镇化水平得到稳步提高。这一阶段我国城镇化发展较快，具体表现为：新建了一批工矿业城市并且扩建和改造了一批重点城市，城市数量从 1949 年的 136 座增加到 1957 年 176 座，年均增加 5 座，城镇人口也增长较快，从5 765万增加到9 949万，城镇化水平由 10. 64% 提高到 15. 39%，相当于年均提高 0. 59 个百分点。

总体而言，这段时期的城镇发展及城镇人口增长与国民经济发展基本适应。

2. 城镇化剧烈波动阶段（1958~1965 年）

由于对经济发展形势的估计过于乐观，我国经济发展在此后开始盲目追求高速度，受“大跃进”思想的影响，经济发展起伏波动大，城镇化发展也表现出大起大落。其中，在 1958~1960 年的三年“大跃进”时期，由于受急于求成和主观随意性强的经济建设指导思想影响，我国工业化违背了经济发展的基本规律，在脱离了农业发展的基础上高速推进，一大批工业项目盲目上马，致使农村人口大规模涌入城镇，3 年内城镇人口净增2 352万，年均约新增城市 8 座，城镇化水平迅速提高到 19.75%（年均提高 1.45 个百分点）。但这种由“跃进”式国民经济建设所导致的超越经济社会发展的“虚假城镇化”并不持续。从 1960 年起我国国民经济进入困难时期，特别是国家在 1961 年对整个经济实行“调整、巩固、充实、提高”方针后，我国城镇化进入了 1961~1963 年的三年调整时期，期间停建和缓建了一大批工业项目，政府动员大量城镇人口回农村，一部分新设市恢复到县级建制而一部分地级市则降级为县级市，3 年间城市总数合计减少 25 座（1963 年一年就撤销城市 24 座），城镇化水平也骤降 2.46 个百分点变为 16.84%，出现了极不正常的“逆”城市化现象。而在随后的 1964~1965 年，由于经济形势有所好转，城镇化开始呈现回升态势，到 1965 年年底全国城镇人口缓慢增加到13 045万，城镇化水平也恢复到 18%附近（17.98%）。

3. 城镇化徘徊停滞阶段（1966~1978 年）

20 世纪 60 年代中期我国国民经济开始出现的全面好转，并带动城镇化发展逐步恢复并未持续多久，更未能促使我国城镇化从此步入健康发展的轨道。随着“文革”的开始以及国家在其后政治经济领域的一系列重大失误，殃及刚刚有所起色的城镇化进程，我国城镇化发展进入了徘徊停滞阶段。整个“文革”十年以及受其影响的随后两年中，全国大约有3 000多万城镇青年学生、干部和知识分子到农村去劳动和安家落户，而且以备战为目的的“三线”建设使得基建投资在很大程度上与原有城镇脱节从而导致城镇建设大大滞后，许多小城镇日益衰败。从 1966 年到 1978 年虽然城镇总人口从13 313万增加到17 245万，但由于全国总人口也基本保持了同样的增速（从74 542元到96 259万），总体城镇化水平仅从17.86%缓慢提高到17.92%，13年间全国城市总数只增加了21个。

4. 城镇化恢复发展阶段（1979~1992年）

随着1978年中国共产党第十一届三中全会的召开，全国工作重点开始转向以经济建设为中心的社会主义现代化建设。伴随国民经济恢复和快速发展，我国城镇化进程在经历了长达17年的倒退和停滞后，终于开始步入正常发展的轨道。1978~1992年，虽然全国总人口从97 542万增加到117 171万，但由于城镇人口增速更快，从32 175万增加到18 495万，城镇化水平总体上提高了8.5个百分点，从18.96%提高到27.46%，年均提高0.68个百分点，是前29年城镇化速度（年均提高0.25个百分点）的2.72倍和世界同期城镇化速度的2倍（年均提高0.34个百分点）；城镇数量也呈现迅速增加态势，14年间城市总数增加了301座（由216座增加到517座），年均新设市23座（其中1988年增设了53座），建制镇的数量从1979年的2 851座增加到1992年的11 985座，总计增加9 134座。

5. 城镇化加速发展阶段（1993~至今）

1992年邓小平南行讲话和中共中央决定实行社会主义市场经济体制以后，经济增长和体制改革全面展开，开放步伐不断加快，城乡、区域和国内、国际的互动不断增强，中国经济发展开始了新一轮的高速增长。与此相对应的是，我国城镇化进程也实现了持续和稳定增长，进入了加速发展阶段。城镇人口继续以超过全国总人口增速的态势在不断增加，由1993年33 173万增加到2005年56 157万（同期全国总人口由118 517万增加到130 628万），城镇化水平一路攀升，从27.99%提高到42.99%，年均提高1.19个百分点，特别是1996年以来年均提高1.39个百分点；城市数量在经历了1993~1996年的快速增加后（年均增加37座，1993年新设市也达到53座）[1] 进入了稳定数量提高质量的发展阶段（1997~2005年城市数目总体上是在减少，仅2000年和2005年就分别减少了4座），建制镇的数量则

---

[1] 中国城镇化发展阶段、趋势和特点［EB/OL］.［2016-01-01］. http://3y.uu456.com/bp_1ltfo2lr1a3xy6q95j54_1.html.

一直增加到2002年（从1993年的12 948座增加到2002年的20 601座），其后才开始逐步稳定在20 000座左右。

第二节　中国城镇化存在的问题

一、城镇化与经济发展的关系

一个国家的城镇化水平受到很多因素的影响，例如，国土面积大小、人口多少、资源条件、历史基础、经济结构、城乡划分标准等等。在这些因素中，城镇化水平与经济发展水平之间的关系最为密切。

诺瑟姆早在1975年就注意到了城镇化水平与经济发展水平之间的正相关关系，指出二者之间是一种粗略的线性关系，即经济发展水平越高，城镇化水平也越高。后来一些学者利用多个国家的数据进行定量分析，验证了城镇化水平与经济发展水平之间的正相关关系，进一步发现二者之间并不是简单的线性正相关关系，而是呈对数相关关系。区域城镇化水平与经济发展水平之间密切的相关关系表明，城镇化进程的推进要符合区域经济发展水平提高的需要，否则将违背规律、出现不协调的现象和问题。据此，从城镇化进程与经济社会发展之间是否同步的角度，可以考察城镇化的发展效果，可以有积极性城镇化与消极性城镇化两种类型。

与经济发展同步的城镇化称之为积极型城镇化（又称健康的城镇化）。反之，先于经济发展水平的城镇化，称为假城镇化或过度城镇化，这种城镇化往往会导致人口过多涌进城市，城市基础设施不堪重负，城市就业不充分等一系列问题；滞后于经济发展水平需要的城镇化则为低度城镇化，往往会导致城市产业发展不协调，城市服务能力不足，乡村劳动力得不到充分转移等一系列问题。过度城镇化和低度城镇化都属于消极型城镇化（又称病态城镇化）。

（一）城镇化促进经济发展的理论分析

1. 刘易斯模型二元经济结构理论

1954年著名经济学家刘易斯在《曼彻斯特学报》上发表了《劳动力无限供给下的经济发展》一文，提出了发展经济学关于劳动力转移的第一个理论模式。该模式有三个假设条件：

（1）不发达国家的经济分为两个部门，即城市中以制造业为中心的现代部门和农村中以农业、手工业为主的传统部门；

（2）劳动力无限供给；

（3）工业部门工资水平不变。

它的基本内容是：不发达国家存在两种经济部门，一个是用现代方法进行生产，生产率高、工资高的现代部门；一个是用传统方法进行生产，生产率低、劳动报酬低的传统部门，传统部门最大的特点是存在着无限供给的剩余劳动力。由于工农业之间的收入水平存在着明显的差距，农业剩余劳动力必然有一种向工业部门流动的趋势，只要没有人为障碍，农业剩余劳动力就会源源不断地流入城市，城市现代部门在现行固定工资水平上能够得到它所需要的任何数量的劳动力。城市现代部门由于吸收了农业剩余劳动力而扩大了生产，取得更多的剩余，积累了更多的利润。在追求利润最大化的动机下，积累的利润被转化为资本，从而吸收更多的农业剩余劳动力，再扩大资本，再取得更多的剩余，积累更多的利润，进一步扩大资本，如此循环，直到农业剩余劳动力消失，工业部门的劳动力供给不再是无限为止。在上述循环往复过程中，城市现代部门扩大生产，农业剩余劳动力不断向工业部门转移，农村人口不断流向城市，从而实现了工业化和城市化。在传统农业部门中，伴随农业剩余劳动力的不断流出，劳动边际生产率将逐渐与工业工资接近，农民生活水平逐步提高，农业部门逐渐进步，从而传统农业部门得到了改造，二元经济结构的痕迹慢慢消失。刘易斯模型主张发展中国家通过现代工业发展，不断将农村中的剩余劳动力转移到城市，直到最终将农业部门的剩余劳动力吸收殆尽。随着城市化的不断实现，农民生活水平的不断提高，城乡公共服务将趋向于一致，从而有利于实现城乡公共服务均等化。

2. 工业反哺农业

工业反哺农业主要是依靠工业发展的物质和技术积累来支持农业的发展。但这种支持，并不完全是工业产业或工业厂商对农业的直接反哺，而是以工业为基础的整个国民经济所提供的经济剩余，抽出一部分来扶植农业的发展，提高农民的收入。❶ 同时，这种支持是基于发挥市场对资源的配置所起的基础作用，运用公共财政手段和产业发展政策来实现的，不是简单的农产品生产者和消费者之间的直接转移，更不是不同的生产者主体之间的直接转移。这种支持也不是政府对农业生产的直接干预，而是通过价格、税收、财政补贴、金融、公共服务等政策手段调节农业生产经营者的有关收入，引导其有关行为，从而促进农业生产和发展。其本质是政府通过公共财政和产业发展政策对农业的支持。通过这些支持，农村经济必然会得到长期快速的发展，物质文明和精神文明将上升到一个新的高度，促进城乡公共服务均等化的实现。

3. 城市辐射作用

城市化进程从某种意义上说，就是城市文明的发展及其向农村扩散和传播的过程。城市的发展会开阔农民视野，改变农民传统观念，帮助农民实现生产方式、生活方式和行为规范上的根本转变。对于促进农村工业集中、集约经营，带动第三产业发展，促进农业产业化经营，引导农业从经营理念到操作方式的变革，提高土地生产率和劳动生产率，转移农村剩余劳动力，增加农民收入等方面也具有重要作用。这既有利于加强城乡联系和缩小城乡差距，又有利于促进城乡经济社会的协调发展。

（二）城镇化促进经济发展的作用机制

城镇虽然是一个既不是城又不是乡的独立社区，但就其性质来说，它是既依赖于城市，又依赖于乡村的介于城乡之间的区域，它把城乡有机地联结成为一个完整的相对独立的区域，这就决定了城镇具有城市和乡村的某些特征。学者徐荣安认为，城镇亦城亦乡。从社会

❶ 财政部财政科学研究所，山东省国税局课题组. 工业反哺农业的国际经验及其借鉴［EB/OL］.（2007-08-25）［2016-01-01］http://wenku.baidu.com/link?url=W91sXXKjszF5-AGHgvIuKHPq--CZVY-WWex-DoH5DnUy4oegbVrIu6g2oK _4F _vFcYdlNMM-w9TefDtowFIiBpVHHy _Oq4W9rUDAnVe5SL4e.

结构上看，城镇是农村的政治、经济、文化、教育、科学技术、信息的中心，是具有多方面功能的综合体，又有一批亦工亦农的劳动者，工作在城镇，户口在农村。从经济结构上看，城镇以城市为依托，具有城市工业、商业和社会服务的经济结构，又具有相当比重的农业和为农业服务的加工业。从空间结构上看，城镇既有相对集中的人口、公共设施和建筑群，又有接近乡村的生态环境。可以说，城镇既有城市的属性，又有乡村的属性，是城乡属性兼有的相对独立的社会、经济、生态结合的实体。❶

城镇作为城市与乡村的桥梁纽带作用，具有吸纳城市先进技术、信息、管理经验等方面的功能，也具有将城市的技术、产品、人才等向乡村转移、扩散的功能，促进城乡的联系和交流，促进城、镇、乡、村梯度结构的形成和社会的协调发展。城镇作为城市社区和农村之间的纽带，使城乡之间的人员、物资、资金和信息等方面的联系越来越密切，交流越来越频繁。城镇作为城乡之间进行联系和交流的中间环节，不仅可以为城市提供从农村聚集而来的原材料、农副产品、初级日用品以及各种劳务，而且还可以为城市向农村转移产品、资金、技术、人才开辟广阔的市场，还可以接受城市更新换代但还有持续使用价值的技术、设备和产品，促进大中城市的产业结构向高、精、尖、新的现代化方向发展。城镇背靠大中城市，腹容广大农村，确实起到了城乡经济的结合部及联系和纽带的作用。它不仅促进了城市社区之间的要素交流，而且还促进了城市社区和农村社区的经济结构、政治结构、文化结构、人才结构、社会组织结构的互相渗透。同时，还促使城乡社区在功能上的互相补充。此外，城镇作为联结城乡的纽带，能够充分发挥其城乡经济的网络功能，促进城乡结合，以城带乡，以乡促城，建立城乡社区分工协作的社会经济统一体。

二、城镇化滞后于工业化

中国社会科学院发布的《工业大国国情与工业强国战略》指出，我国 2011 年城市化率已超过 50%，但城镇化仍然滞后于工业化。

国家的经济现代化过程是工业化与城镇化互动发展的过程。工业

❶ 辜胜阻. 城镇化与经济发展热点问题探索［M］. 北京：科学出版社，2007：12.

为城镇化提供了经济基础，城镇化为工业化提供了优质要素和广阔的市场。在工业化的不同阶段，工业化和城镇化表现出不同的特点，在工业化初期，主要表现为工业化对城镇化的带动作用，但进入工业化中后期，则主要表现为城镇化对工业化的推动。自 2011 年，我国人均 GDP 突破 5 000 美元，进入工业化中期的后半阶段，而随着工业化进程的推进，我国城镇化率不断提升，到 2011 年城镇化率超过 50%，但总体来讲城镇化仍然滞后于工业化。因此，在推进新型工业化战略过程中，要强调工业化对城镇化的带动，但更要强调城镇化通过推动创新集群形成、促进服务业发展、扩大内需等方面对工业化的推动作用。

蓝皮书指出，我国城镇化滞后于工业化。第一，与发达国家的发展阶段相比，我国城镇化水平较低。2010 年我国人均 GDP4 682 美元，2011 年突破 5 000 美元，而我国 2010 年城市化率仅为 49. 5%，2011 年也只是刚刚超过 50%，达到 50. 5%，远远低于美国在 5 000 美元发展阶段的城市化水平。实际上，美国在 1920 年城市化率就超过 50%（51. 2%），当时美国的人均 GDP 仅为 830 美元。不仅与美国的发展阶段比，我国的城镇化滞后于工业化，与大部分国家工业化过程中的城市化相比，我国也是滞后的。此外，值得注意的是我国 2010 年非农就业人口占总就业人口的比重仅为 63. 3%，只相当于人均 GDP500 美元国家的比重。第二，与发展水平相当的国家相比，我国的城镇化进程比较滞后。按照 WDI 统计数据，2010 年中国按照购买力平价计算的人均 GDP 为 7 589 美元，比中国发展水平稍高的厄瓜多尔人均 GDP 为 8 028 美元，城市化率为 66. 9%。

（一）城镇化滞后抑制了消费需求的增长和升级

目前，国内需求尤其是消费需求不足是制约经济总量增长的重要因素。一方面，城镇化滞后抑制了消费需求总量的增长。由于我国城乡之间存在较大的收入差距，以及农村消费观念较为传统和消费环境较为分散、封闭，导致了我国农村居民消费能力远低于城镇居民，农村消费市场启动存在较大的难度。城镇化相对滞后加剧了城乡二元经济结构的矛盾，导致低收入、低消费群体的比重维持在较高水平，对消费需求总量增长起到很大的抑制作用。另一方面，城镇化滞后也抑制了消费需求结构的升级，使低端产品和服务产能的存在获得了一定的空间，不利于落后产品、产能的淘汰和粗放式产业增长方式的转变，也不利于高端产业的培育发展和产业结构调整升级。

（二）城镇化滞后抑制了产业结构的调整和升级

在继续推进工业化的过程中，不断加快第三产业发展，提高第三产业比重是我国产业结构调整升级的重要趋势之一。农村布局比较分散，特别在我国一些地形崎岖的地区，农村更是分散，不便于相关部门进行管理。正是由于这种农村布局具有的分散性，加上农民收入又相比较于城市人口过于低下，这就使得城乡之间存在很大的差距。经济发展水平也影响了公共基础设施的建设，包括学校和医疗机构等，农村地区都要比城市落后。

（三）城镇化滞后抑制了经济发展效率的提升

一方面，城镇化相对滞后意味着聚集经济的巨大损失。城镇作为各种公共设施、市场服务聚集的场所，城镇化发展能够极大地发挥聚集经济的内部和外部效益，城镇化的滞后发展，极大地削弱了城镇人口和资本集聚所带来的聚集经济效益，降低了经济增长的效率和国民财富增长的速度，这反过来又一定程度阻碍了城镇的进一步繁荣。另一方面，城镇化滞后不利于资源的优化配置，阻碍了劳动生产率的提高。发达国家经济发展的实践证明，劳动力从农村传统部门向城镇现代部门转移，可极大地提高劳动生产率，如韩国从 20 世纪 60 年代至 90 年代初期的经济高速增长，其中一个重要因素就是农业劳动力的比重从 60% 降到 20% 以下。

（四）城镇化滞后不利于工业化的可持续发展

在工业化加快发展的过程中，城镇化相对滞后加剧了资源短缺和环境保护的压力，不利于经济社会的可持续发展。一方面，城镇化水平较低导致大量的农村人口滞留于农村，在工业化导致土地资源日趋减少的背景下，越来越多的农村人口依赖于日趋减少的土地求生存，造成人地关系高度紧张，日趋缩小的生存空间不仅抑制了农业的现代化进程，也迫使农民不得不更高强度地开发利用资源，包括耕地过度施用化肥、农药，以及草原过牧、森林过伐等，导致土地板结、地力下降，草原沙漠化、森林水源涵养力越来越低，洪涝灾害日趋频繁，生态环境日益恶化。另一方面，分散在农村的非农业化进程，由于规模不经济、布局不合理，也造成了资源的破坏、环境的污染和耕地的浪费。多数乡镇企业由于规模小，布局分散，技术装备落后，资源节约和环境保护意识较为淡薄，加上政府对乡镇企业的资源环境管理不如大中城市严格，部分低效率的乡镇企业过度发展较大程度上加大了我国资源供给和环境保护的压力。

三、城镇化水平区际差异大

（一）中国城镇化水平

十六大以来，我国城镇化发展迅速，2002~2011 年，我国城镇化率以平均每年 1.35 个百分点的速度发展，城市人口平均每年增长 2 096万人。2011 年，城市人口比重达到 51.27% 比 2002 年上升了 12.18 个百分点，城市人口为 69 079 万人，比 2002 年增加了 18 867 万人。乡村人口 65 656 万人，减少了 12 585 万。根据中国六次人口普查数据，历次人口普查城市化水平依次为：12.84%、17.58%、20.43%、25.84%、35.39%、47.5%。

表 5-1　城镇化水平国际比较

单位：%	全球	低收入国家	中等收入国家	高收入国家	中国	日本	美国	印度尼西亚	巴西	菲律宾
1978	46	22	46	74	19	58	74	21	65	37
1998	55	30	57	79	34	65	78	39	80	57
2005	57	33	60	80	40	66	81	48	84	63

资料来源：世界银行发布的《世界发展指标》以及《2009 年世界发展报告》。

表 5-1 是中国城镇化水平国际比较表。我们可以看出，中国城镇化水平在稳步提高。但从国际比较来看，中国的城镇化水平与发达国家相比差距较大，与一些发展中国家相比也较落后。中国城镇化水平

虽有所提高，但城镇化水平依旧偏低，城镇化低于世界城镇化平均水平。

城镇化是中国现代化进程中面临的一个重要的社会结构转换过程。它一方面取决于经济的发展；另一方面又是衡量经济发展水平的重要标志，城镇化水平越高的地区，经济就越发达。随着城市数量的增多、规模的不断扩大，中国城镇化水平有了很大提高，至 2011 年中国城镇化水平已达 51.27%。同时，由于中国是一个地域辽阔、地形复杂、人口众多、历史悠久的国家，地区经济发展很不平衡，在城镇化水平等方面，也必然表现出很大的区域差异和不均匀的特征。在中国城市化进程中，表现出的主要特征之一是城镇化水平的省际差异极为显著。

（二）中国城镇化水平省际差异及其分析

城镇化水平的省际差异可通过区位熵来分析。区位熵在衡量某一区域要素的空间分布情况，反映某一产业部门的专业化程度，以及某一区域在高层次区域的地位和作用等方面，是一个很有意义的指标。

区位熵法计算公式：Q=S/P。式中 Q 为省级的城市化区位熵，Q 大于 1，说明省级城镇化水平在全国城镇化中发达，反之欠发达。Q 越大，说明省级城市化发展水平越高，否则发展水平越低。S 和 P 分别为该区域 GDP 和人口数占全国的比重。2010 年全国各省城市化水平及差异见表 5-2。

表 5-2　2010 年全国各省城镇化水平及差异表

内容 地区	2010 城市化水平（%）S	2010 年全国平均水平（%）（P）	区位熵 Q	城镇人口（万人）	总人口（人）
北京市	85	47.5	1.79	1 667	19 612 368
上海市	88.60	47.5	1.87	2 039	23 019 148
天津市	78.00	47.5	1.64	1 009	12 938 224
重庆市	51.60	47.5	1.09	1 489	28 846 170
黑龙江省	55.50	47.5	1.17	2 126	38 312 224
吉林省	53.30	47.5	1.12	1 464	27 462 297

续表

地区＼内容	2010城市化水平（%）S	2010年全国平均水平（%）（P）	区位熵Q	城镇人口（万人）	总人口（人）
辽宁省	60.40	47.5	1.27	2 643	43 746 323
河北省	43.00	47.5	0.91	3 078	71 854 202
山东省	48.30	47.5	1.02	4 627	95 793 065
河南省	37.70	47.5	0.79	3 545	94 023 567
江苏省	55.60	47.5	1.17	4 374	78 659 903
安徽省	42.10	47.5	0.89	2 505	59 500 510
浙江省	57.90	47.5	1.22	3 151	54 426 891
福建省	51.40	47.5	1.08	1 896	36 894 216
广东省	63.40	47.5	1.34	6 613	104 303 132
广西壮族自治区	39.20	47.5	0.83	1 804	46 026 629
内蒙古自治区	53.40	47.5	1.13	1 319	24 706 321
山西省	46.00	47.5	0.97	1 623	35 712 111
陕西省	43.50	47.5	0.92	1 624	37 327 378
江西省	43.20	47.5	0.91	1 925	44 567 475
湖北省	46.00	47.5	0.97	2 633	57 237 740
湖南省	43.20	47.5	0.91	2 838	65 683 722
贵州省	29.90	47.5	0.63	1 039	34 746 468
云南省	34.00	47.5	0.72	1 563	45 966 239
甘肃省	32.70	47.5	0.69	836.3	25 575 254
宁夏回族自治区	46.10	47.5	0.97	290.5	6 301 350
青海省	41.90	47.5	0.89	235.8	5 626 722
西藏自治区	23.80	47.5	0.50	72	3 002 166
新疆维吾尔自治区	39.90	47.5	0.84	870.4	21 813 334
台湾省	85	47.5	1.79	1 969	23 162 123
四川省	38.70	47.5	0.82	3 112	80 418 200
海南省	49.10	47.5	1.03	426	8 671 518

续表

内容 地区	2010城市化水平（%）S	2010年全国平均水平（%）（P）	区位熵Q	城镇人口（万人）	总人口（人）
香港特别行政区	100	47.5	2.11	709.76	7 097 600
澳门特别行政区	100	47.5	2.11	55.74	557 400

从表5-2中我们可以看出，区位熵值大于1的有北京、上海、天津、重庆、黑龙江、吉林、辽宁、山东、江苏、浙江、福建、广东、内蒙古、台湾、海南、香港、澳门，这些地区城镇化水平高，人口较多区域经济发达，是我国经济较为发达的地区。河北、安徽、广西、山西、陕西、江西、河北、河南、四川、宁夏、青海、新疆的区位熵值在0.9左右，这些地区城镇化水平较高。区位熵值小于0.8的有云南、甘肃、贵州、西藏。西藏的区位熵值最低，只有0.5，是我国城镇化水平最低的地区，也是经济最不发达的地区。

如此，可把全国各省城镇化水平分为三个等级。第一个等级是城镇化水平区位熵值在1以上，第二等级是城镇化水平区位熵值约0.9，第三等级是城镇化水平区位熵值小于0.8。在第一等级中，香港、澳门的城镇化水平区位熵值在2以上，受国家政策及特殊地域的优势影响，城镇化发展迅速，城镇化水平高。上海、北京、天津区位熵值接近2，其城镇化进程早，发展迅速，注重经济增长方式的转变，进行了经济结构调整等措施。由传统的工业生产基地和制造业中心，变为经济中心、金融中心和文化中心、科技中心等。江苏、浙江等地处于环渤海地区和长江三角洲地区，拥有得天独厚的自然资源，城镇化速度快，充分体现了改革开放对城镇化进程的影响。山东、福建有地处港口的有利条件；东北地区城镇化水平较高，但城镇化增长速度却因经济的发展变得缓慢，与东南沿海地区城镇化水平的差距逐渐减小。在第二等级中，如湖北等省城镇化过程主要是城镇人口迅速增加，城镇化水平大大提高，城市数量迅速增加，城市规模不断扩大，地级市总人口增长快，小城市获得了很大发展。城市建设全面推进，城市分布渐趋合理，经济实力显著增强，经济发展各具特色。因此城镇化水平得以进一步提高。在第三等级中，云南、贵州地处西南封闭地区，经济结构相对单一，发展相对滞后，少数民族较多，城镇化水平相对落后。西藏、甘肃经济发展相对落后，城镇化水平相对较低。

综上所述，可知中国城镇化水平省际差异明显。城镇化发展速度各省快慢不一。沿海省份经济发展水平较高，经济发展水平拉动了城镇化水平的差异。中国城镇化水平省际差异格局凸显东高西低，城镇人口进一步向东南沿海集中，东部和南方省区发展迅速，中西部和北方省区发展相对缓慢。城镇化水平的省际差异是自然、政治、经济等因素在漫长的历史过程中综合作用的结果。某种程度上经济和社会发展程度反映了这些因素的综合作用，它分别与一个省区的综合经济实力、区域非农化程度、市场发育水平、经济外向型程度、区域现代化水平等众多因素有关。

四、城镇化发展质量亟待提高

目前，我国大城市的城镇化水平普遍有所提升，城镇化率与世界平均水平相当，但数量高、质量不高问题突出，城乡二元结构依然明显，导致“半城镇化”和“大城市病”问题日益显现。主要表现为：市民化进程滞后，城镇用地粗放低效，城镇规模结构不合理，城市服务管理水平不高，体制机制不健全等方面。

1. 大量农业转移人口难以融入城市社会，市民化进程滞后

我国农业转移人口规模巨大，市民化程度低、成本高，推进市民化是一项长期艰巨的任务。在中国社会科学研究院发布 2013《城市蓝皮书》中指出，当前中国城镇中农业转移人口约 2.4 亿人，占城镇人口的 1/3 左右，然而市民化进程严重滞后。中国城镇化率大约高估了 10 个百分点。到 2020 年前和 2030 年前全国需要市民化的农业转移人口总量将分别达到 3.0 亿和 3.9 亿。

“2012 年全国按户籍人口计算的城镇化率仅有 35.29%，若按城镇中农业转移人口市民化程度平均为 40% 推算，中国真实的完全城镇化率只有 42.2%，比国家统计局公布的常住人口城镇化率低 10.4 个百分点。这表明按照市民化的标准，目前中国城镇化率大约高估了 10 个百分点。”中国社会科学院城市发展与环境研究所副所长魏后凯说。

当前中国城镇中农业转移人口处于快速稳定增长阶段，但由于成本障碍、制度障碍、能力障碍、文化障碍、社会排斥以及承载力约束等方面的影响，农业转移人口市民化进程严重滞后。

近年来附着在户籍制度背后大量福利因素所构成的较高成本成为影响农业转移人口市民化的又一重要门槛。目前我国东、中、西部地区农业转移人口市民化的人均公共成本分别为 17.6 万元、10.4 万元和 10.6 万元，全国平均为 13.1 万元/人。要解决 3.9 亿人的市民化问题，政府公共成本需要支出约 51.1 万亿元。此外，农业转移人口在市民化过程中要自行承担的个人生活成本，平均每人 1.8 万元/年。绝大多数农民工还需要支付平均约为 30 万元/户的购房成本。除去少数被纳入廉租房、公租房体系的市民化人口外，按经济适用房价格购买计算，全国平均为 10.1 万元/人。不能对中国城市化、城镇化问题的长期性、艰巨性估计过低。农民工进城和市民化有四个基本问题，一是户籍，二是就业，三是保障，四是住房，核心问题并不仅仅是就业，也不仅仅是户籍。

2. 土地城镇化快于人口城镇化，城镇用地粗放低效

城镇低效用地是指城镇中布局散乱、利用粗放、用途不合理的存量建设用地。我国城镇化过程中粗放低效用地现象较为普遍，主要体现在四个方面：一是基础设施建设和公共建筑存在重复建设、超标建设等情况，一些地方新建的宽马路、大广场、高大办公楼占用过多土地资源；二是工业用地的效率提升空间还很大，特别是早期已建项目低效利用现象十分突出，大量中小微企业布局分散无序，亩均投入产出效率低；三是批而未供、闲置土地大量存在；四是农村建设用地存在铺张和浪费现象。农民“建新不拆旧”、进城后“购新不弃旧”导致“一户多宅”和“空心村”“空心住宅”增多。一些地方村庄整治后，由于公共设施建设用地增多，农村建设用地未减或反而扩大。

小城镇出现低效建设用地的原因，主要包括：

（1）城市在建设初期就存在很多问题。小城镇在建设初期的整体规划是非常粗糙和不科学的，土地制度不完善，乱搭、乱建现象严重。改革开放后，由于城市规划及土地管理没有跟上城市发展速度，使得房屋建设中存在大量的多占多建、占而不建的现象。同时，小城镇内部的商业圈结构混杂，缺少统一的规划引导，存在功能区混杂，

土地功能划分混乱现象。这严重制约着当地经济的发展，同时也降低了该城市的容积率，不能很好地利用土地，打乱了当地的生态结构。

（2）降低土地成本吸引外资。在城市建设的初期，很多地方的政府部门为了吸引外资，纷纷选择降低地价，以寻求短期经济效益。这造成了在开发建设小城镇过程中制度混乱，很大一部分小城镇政府为了工作业绩，把招商引资作为政府工作的第一目标，为了给招商引资提供便利，肆意扩大非农建设土地，占用大量农用耕地。而且在将土地转手的过程中，政府并没有中间相互协调，而是任其发展，导致了同区之间有很严重的恶性竞争现象。

（3）城镇规划不合理。在城市建设过程中，虽然各级政府和村委也有一定规划，但是很难实际落实下去，而且在城镇开发过程中，随意更改城镇规划，浪费了大量人力、物力、财力，最终导致城市建设混乱。

3. 城镇空间分布与资源环境承载能力不匹配，城镇规模结构不合理

目前我国城镇人口占世界城镇人口总规模的比重超过18%，未来20年还要增加3亿~4亿城镇人口，但我国人均可利用土地资源只有0.8公顷，仅相当于世界平均水平的1/4多，加上我国城镇布局不集中，土地利用较为粗放，进一步加剧了城镇化加速发展与土地资源紧缺的矛盾。我国人均水资源仅占世界人均的28%，全国657个城市中有近400个城市缺水，其中约200个城市严重缺水。城市环境污染问题也十分突出，90%以上的城市水域严重污染，约50%的重点城镇水资源不符合饮用标准；北方城市二氧化硫浓度平均超标30%，南方城市平均超标19%；城市垃圾堆存量达60亿吨，对土壤、大气、地下水等造成极大危害。在资源环境约束加大的背景下，如何走出一条资源节约、环境友好的城镇化道路，成为亟待解决的迫切问题。[1]

此外，东部一些城镇密集地区资源环境约束趋紧，而中西部资源环境承载能力较强地区的城镇化潜力还有待挖掘；城市群布局不尽合理，城市群内部分工协作不够、集群效率不高；部分特大城市主城区人口压力偏大，与综合承载能力之间的矛盾加剧；中小城市集聚产业

[1] 黄汉权，李华刚，胡拥军. 专家：四大体制障碍制约新型城镇化发展［2］［J］. 中国发展观察，2013，8.

和人口不足，潜力没有得到充分发挥；小城镇数量多、规模小、服务功能弱，这些都增加了经济社会和生态环境成本。

4. 城市病问题日益突出，城市服务管理水平不高

城市病几乎是所有发展中国家城市面临的必然问题，由中国社会科学院城市发展与环境研究所发布的报告称：当前中国特大城市面临的问题主要表现在二元结构加剧、空气质量较差、交通拥堵严重、房价快速上涨、城市脆弱性突出等方面。

中国自从改革开放以来，经济迅速发展腾飞，城市的集聚效应已非常明显。城市病的根源在于城镇化进程中人与自然、人与人、精神与物质之间各种关系的失谐。长期的失谐，必然导致城市生活质量的倒退乃至文明的倒退。

综合来看，当前我国各类城市亟须解决的“城市病”主要集中在以下几个方面：

（1）城市公共交通问题日趋严峻。

交通是城市发展的动脉，随着大量农村剩余劳动力涌入城市，大量的劳动人口涌入城市和城市现有的城市交通能力之间的矛盾越来越严重。城市拥堵越来越严重。城市交通拥堵还带来了一系列的附加问题。例如，汽车尾气对空气的污染，交通事故日益增多。这些问题不仅仅影响了城市的正常工作秩序，还阻碍了城市的发展速度。尤其是最近几年，一提到北京，大家首先想到的就是雾霾和堵车。雾霾和堵车给当地人民生活带来了很大的困扰，也阻碍了当地经济的发展。除了一线城市，很多旅游城市以及二线城市的交通问题也越来越受到人们的重视。

（2）资源不断枯竭，环境继续恶化，可持续发展成空中楼阁。

当前城市建设的大背就是“农民多市民少”“人多地少”，这表明我国现在城市建设面临着巨大的资源环境压力。第一是能源资源方面，根据联合国的报告我们可以发现，虽然城市仅占全球范围 2% 的面积，却在消耗全球 75% 的资源。一个城市资源消耗量最大的阶段就是城市刚刚建设的时候。随着对自然资源的过度使用，能源供应不足问题已经在很多城市暴露出来，这严重阻碍了我国经济的发展，减缓了我国的城市化进程。此外，还存在大量的能源浪费现象，例如，有的城市过度追求城市“亮化”，浪费了大量的电力资源。第二是环境

方面。我国城市人口密集，在城镇化飞速建设的同时，生态环境问题开始逐渐暴露出来。空气污染、水污染、噪音污染、固体垃圾污染已经影响了居民的身体健康。

（3）城市居民看病难、看病贵、医患关系紧张等问题突出。

保障民生最主要的就是给居民提供医疗保险，但是在这方面存在很多问题。①“看病难”。这主要体现在挂号难。虽然各大城市开通了网络挂号和电话挂号，但在一般二、三级医院现场挂普通号需要排队几个小时，要看“专家号”更是需要彻夜排队。②看病贵。城市底层的中低收入群体很容易“因病致贫”，很多患者由于支付不起后期的治疗费用，不得不放弃治疗。③经常出现医疗事故，激化了医患之间的矛盾。④医疗机构服务差。⑤“以药养医”“科技养医”等手段来增加医院收入的现象比较普遍。

（4）城市管理低效，安全形势严峻。

最近几年，全国各地时常发生重大安全事件，严重威胁着城市居民的生命财产安全。首先是群体性事件，它在很大程度上影响着城市居民的正常生活；其次城市中存在的大量社会矛盾导致了城市的犯罪率居高不下。最后城市的公共卫生安全不容乐观，民以食为天，最近几年食品安全不断曝光出令人发指的安全问题。

（5）社会保障体系不健全、功能缺失问题尚存在。

我国很多城市的社会保障体系还不够完善。一是救助金被冒领、错领现象严重，根据我国在 2012 年对国内各项社会保险待遇享受情况的调查显示，超过 70 000 人的社会保障金被别人冒领、错领，金额高达 11 807 万元；二是高失业率，这反映了社会保障工作的缺失，2013 年中国首次向外公开了 5% 的调查失业率；三是结算支付不够便捷，不能够实时异地报销，之前的福利制度如同虚设；四是社会保障资金监管不力，存在大量的骗保行为以及私自挪用社会保障金的行为，没有一套合理的制度去监管社保资金；五是制定的政策不符合城市实际情况。六是政府服务差，例如，部分社保投诉电话基本都形同虚设，相关社会保障缺失或者不完善。

（6）人口老龄化时代来临，城市养老问题迫在眉睫。

城市在发展的过程中还有一个重要难题就是人口老龄化问题，尤其是近几年来，我国的人口老龄化问题日益严重，加上之前我国复杂的人口结构，解决我国的人口老龄化问题更是迫在眉睫。城市养老主要存在以下问题：首先，那些在城市中处于中低收入的居民，是没有经济能力承受高额的养老机构费用的，尤其是那些仅仅靠着微薄退休金生活的老人，更是难以承担；其次，提供服务不够贴心，所提供的服务做不到及时、有效，也不能根据老人的实际情况提供具体的相应服务，造成服务满意率很低；三是服务不够专业规范，对养老行业所涉及的行业建设不够充分，不主动去建设相关的产业。另外相关的养老机构本身还存在很多问题，例如，布局不实用、机构太小、不够舒适、位置偏僻等。还有很多的养老院设备陈旧，配备的护理人员缺乏专业的护理知识，管理上存在很多漏洞等；四是服务内容少，在社会养老服务方面还存在资源不能有效整合，导致了资源浪费、重复建设等问题；五是养老院不够用、不实用，有些地区对养老院的需求非常大，但是却存在养老床位“一床难求”，不够用的还有专业的护理人员。

5. 体制机制不健全，阻碍了城镇化健康发展

现行户籍管理、土地管理、社会保障、财税金融、行政管理等制度，在一定程度上固化了已经形成的城乡利益失衡格局，制约了农业转移人口市民化和城乡发展一体化。最主要的有以下四方面：

（1）城乡二元户籍制度阻碍农业转移人口市民化。

在现行城乡二元户籍制度下，农民工市民化存在较高的制度门槛，大量进城务工的农业转移人口难以在城镇落户，无法顺利实现身份转变。大量不能在城镇落户的农民工不能平等享受城镇教育、医疗、文化、住房、就业、社会保障等基本公共服务。与城乡二元户籍制度相关的是财政体制安排，特别是农民工市民化的成本分摊机制，缺乏中央政府与地方政府、输入地政府与输出地政府对农民工市民化成本的分摊总体设计，其中比较突出的是农民工宅基地指标转化为城镇建设用地指标如何跨省流转分配，农民工各种社会保险如何在输出地与输入地之间衔接等问题尤为突出。

（2）农村土地制度改革滞后，削弱农民进城落户的能力。

在现行农村土地制度安排下，农民进城难以通过土地交易获得市民化的资本。一是政府垄断建设用地的供给，禁止农村集体建设用地进入城镇建设用地市场，农村集体建设用地难以做到与国有土地同

地、同权、同价，这剥夺了农民参与工业化、城镇化的权利，损害了农民集体利益。二是禁止农村宅基地流转，限制农村住房只能在农村集体内部交易。三是农村土地征收补偿较低，削弱了失地农民进城落户的能力。四是农村土地金融发展不足，在现行土地制度与担保法规条件下，集体所有的耕地、林地、草地、宅基地以及其他农村集体资产不具有抵押担保品属性，无法为农民进城务工创业提供融资担保支持，尽管部分地区试点荒地抵押、林权抵押等制度探索，但总体而言农村土地金融创新没有取得大的突破。这种情形目前已有了改变，根据《国务院关于开展农村承包土地的经营权和农民住房财产权抵押贷款试点的指导意见》（国发〔2015〕45 号）和《全国人大常委会关于授权国务院在北京市大兴区等 232 个试点县（市、区）、天津市蓟县等 59 个试点县（市、区）行政区域分别暂时调整实施有关法律规定的决定》精神，《农民住房财产权抵押贷款试点暂行办法》于 2016 年 3 月 15 日公布施行，在第 2 条明确规定："本办法所称农村承包土地的经营权抵押贷款，是指以承包土地的经营权作抵押、由银行业金融机构（以下称贷款人）向符合条件的承包方农户或农业经营主体发放的、在约定期限内还本付息的贷款。"

（3）多层级垂直管理的城镇行政体制影响城镇化健康发展。

我国城镇行政体系包括省级、副省级、地级、县级、镇级等五个层级。这种等级化的城镇管理模式，通过财政收入自下而上地上缴和资源自上而下分配，使得资源更多地集中于大城市和中心城市。行政级别高的城市通过其掌控的行政资源向大城市和中心城市倾斜，推动了大城市和中心城市的快速扩张，而行政级别低的中小城市与小城镇由于难以获得充足的公共资源和享有充分的公共管理职能，城镇功能不完善，产业发展和公共服务能力不足，正常发展受到比较大的制约。

（4）跨区域城市群协调机制缺乏，不利于大中小城市和小城镇协调发展。

在现行城镇行政体制下，基于地方利益考虑，没有行政隶属关系的城市之间存在激烈的非合作博弈，使得相邻城市间的横向合作受到严重阻碍。部分城市的政府在行政区域范围内构筑自我封闭、自我配套的经济结构体系，有意识地限制生产要素跨行政区自由流动，制约了公平有序、自由竞争统一市场的形成，更制约了城市群的发展壮大。

第三节 中国城镇化滞后的不利影响

新中国成立以来，我国的城镇化建设一直非常粗犷，缺乏科学的组织规划，导致现在城市化建设缓慢，阻碍了我国经济社会的发展。第一，在城市建设过程中经常是一边建设、一边规划，但是，政府规划往往赶不上变化，甚至还存在“建了拆、拆了建”的现象，浪费了大量的人力、物力、财力，严重影响了城市建设的系统性、科学性，大大降低了城市发展的可持续性。第二，部分城市因为自身地理环境的限制，很难再继续扩张发展。第三，在城市建设过程中，政府忽略了社会服务的设计、建设，造成了公共管理服务落后，社会公共服务供给不足等，在很大程度上制约了城市化进程。

（1）城镇化滞后主要表现为水平低、步伐相对缓慢。

我国从开启城市化建设到今天，一直缺少科学的引导，城市建设水平相对较低，虽然造城运动在开始时热火朝天、充满活力，但缺少长远考虑。城市基础设施不够完善，相应配套设施没有落实到位，相应的户籍制度和保障制度也没有配套完善。风风火火的造城运动浪费了大量社会资源，占用了大量耕地，限制了城市承载能力，阻碍了城镇化的步伐。

（2）城镇化滞后已成为制约经济社会发展的突出矛盾。

随着我国经济发展机制的日益成熟，资源的配送能力也逐渐成熟，大量服务业以及制造业开始向城镇转移，大量的农村剩余劳动力及其家属开始迁入城市。由于城市承载能力有限及户籍制度的限制，迁入城市的农民正面临着进城难、留下难的问题；产业在城镇的发展空间日益狭窄。城镇化滞后已成为制约我国经济社会发展的突出矛盾，具体表现在四个方面：①城市地租、房租水平不断提高，运输流通费用不断提高，制造业、服务业发展环境日益趋紧。②农村的剩余劳动力在城市的谋生手段越来越少，尤其是像北、上、广那样的特大城市已经处于饱和状态，这又加大了农民进城的阻力。城市的市场流通体系以及配套的公共服务发展相对落后，在城市中的生存成本正在逐渐增加。2003 年到 2011 年，我国的城镇居民在生活方面的支出已经整整翻了一倍，在城务工的农民没有医疗、教育、保障房等社会保障制度，农民进入城市的难度越来越大，以至于现在服务行业、制造业出现了招工难、招工贵的现象。③城市发展格局不够均衡，在住、行这两个方面很难进行产业升级，这主要是因为城市的汽车承载能力有限，买车热已经逐渐过去。另外，我国的特大城市由于自身土地供给限制，已经很难再继续新建楼盘，住房供给量正在逐渐减少。随着住、行两大方面的增长速度缓慢，经济发展速度进一步减缓，汽车行业逐渐降温，阻碍了经济发展。④随着大量农村剩余劳动力向城市转移，农村的形态正在逐渐转型。当城市化进程出现了滞缓情况，就会使大量农村闲置劳动力处于一个不稳定的状态，成了社会不稳定因素。

一、城镇化滞后制约了农业现代化进程

城镇化是农业现代化的载体。城镇化发展推动着农业现代化的发展水平。城镇化对农村剩余劳动力具有较强的吸引力和容纳能力，农村剩余劳动力的转移，可以有力提升农业生产效率，提高农业收益，加速农业现代化；城镇化发展促进了农业产业结构优化调整，促进传统农业向现代农业的迈进；城镇化发展形成大量储蓄资金，可以成为农业现代化的投资来源。

改革开放以来，随着城镇化进程不断推进，尽管已有大量的农业剩余劳动力转移到非农产业部门，但目前农业劳动力的就业压力依然很大，剩余数量高达 1.7 亿之多。并且城镇化滞后导致的第三产业发育滞后；乡镇企业对农村劳动力吸纳能力逐步减弱；农村劳动力素质偏低导致就业岗位选择面狭窄。

还应看到另一方面，由于城市的高度开放和乡镇企业的迅速发展，全国已有 40% 以上的农村强壮劳动力投入到了非农产业，而把农业生产留给了妇女、儿童及老人。据有关资料，我国的妇女承担着 60% 的农活，有的地方甚至高达 80%，从事农业的劳动力趋于弱化。

城镇化滞后导致配套体制机制跟不上城镇化发展速度，农村人民得不到适当的制度保障。

农业和农村的出路在于农业产业化水平的不断提高。城镇作为市场要素的中心，在推进农业产业化的过程中是强有力的发动机，而城镇化滞后使农业生产与市场需求完全脱节，农业产业化便失去了动力。农业现代化的基础是农业产业化的发展。而提高农业产业化程度，内靠农业专业人才和资本积累，外靠市场需求不断扩展。从农村内部看，由于城镇化滞后，一方面，农民难以进入城市；另一方面，进入城市的农民并没有放弃土地，致使农村土地的规模经营难以全面展开，农业效益很低。从外部看，城镇人口比重过低，农产品市场扩展困难，农产品严重过剩。

二、城镇化滞后影响工业化进程

城镇化滞后是我国工业化发展的一个严重的缺陷，它对经济发展带来许多现实问题和矛盾，其中对工业化影响主要有以下两个方面：

1. 导致产业结构不合理，制约了工业化发展

市场经济发展，主要以城乡间生产要素的自由流动作为产业结构演变的载体，在工业化发展过程中，建立以工业为主的经济结构，带动第三产业发展，推动产业结构的调整及升级。而第二产业、第三产业主要依托于人口、工业相对密集的区域——城市，才能产生集聚效应和规模效益。由于城镇化滞后造成的人口和工业分布的分散，使得第二产业发展缓慢，经济效益较低，吸收第一产业剩余劳动力的能力降低。同时，阻碍第一产业剩余劳动力向第二三产业转移的速度与规模，导致了第三产业发展缓慢，从而使得产业结构和就业结构不合理，不适应工业发展的一般规律。

2. 产业难以形成规模经济效益和集聚经济效益，工业化发展缓慢

聚集经济[1]是城市社会的特有功能，它的发挥需要城市存在，尤其是大城市的存在为基本前提条件，严格控制城市人口规模扩张的中

[1] 聚集经济：是指企业向某一特定地区集中而产生的利益，亦称聚集经济效益，是城市存在和发展的重要原因和动力。

国城镇化道路，使中国城镇化进程严重滞后于经济发展水平，自然意味着聚集经济的巨大损失，从而影响我国生产力的进一步提高和国民经济的进一步发展，工业化发展缓慢。在农村，聚集经济几乎完全丧失，在城市，聚集经济达不到应有的高度，二者所造成的经济损失都是难以估算的。由于户籍制度的严重限制，农村劳动力没有自由迁徙的权利，同时农村非农资本的投资地点也受到严格限制。二元户籍制度下的城市在拒绝农村人口流入的同时，也拒绝了农村非农资本或者说乡镇企业的进入，就等于拒绝了这些人口和资本所带来的聚集经济和巨额的国民财富，就等于拒绝了经济的快速增长和城市的进一步繁荣，这更是工业化发展缓慢的重要原因。

三、城镇化滞后强化经济社会的二元化

城乡二元结构是中国经济最为突出的特征，也是现阶段制约经济发展的重要矛盾。二元经济向一元经济的转化是经济发展的目标，是一个涉及经济、社会各方面的复杂过程，而二元经济的转化必然伴随着城镇化过程。城镇化与二元经济转化之间存在着一种互动机制：适度的城镇化有利于促进二元经济的转化，城镇化滞后或超前则会阻碍二元经济的转化。

中国的“二元经济”具有中国的“特色”。城镇化滞后是制约我国二元经济转化的重要原因。在许多发展中国家，城市和农村都是开放的经济系统，生产要素可以在城乡间自由流动，因而在二元经济形成和演化过程中没有出现城镇化滞后的问题。而我国的二元结构主要是以计划经济体制为背景，通过一系列制度安排使城乡关系割裂，形成城乡分离和对立的格局，这种特殊的国情和社会背景造成了城镇化相对滞后的基本经济态势。中国之前的城镇化道路制约了城镇化进程，也导致了城乡二元经济结构的强化。一方面，过分依赖重工业发展的工业化不仅没有带来城镇化，而且使原有的城乡二元经济结构得到固化。另一方面，“政府发动型”的城镇化形成封闭的城乡关系并采取城乡不同的管理体制。改革开放以来在城镇化进程加速、城镇化水平提高的同时，城乡关系逐步由封闭走向开放，传统经济体制下城乡隔离的政策和制度安排开始有所松动甚至被扬弃。但不论是与世界

平均水平比较，还是与发展中国家的平均水平比较，我国目前的城镇化水平都明显偏低。与我国的工业化及人均 GDP 水平相比较，城镇化水平滞后的矛盾也很突出，这仍严重制约着二元经济的转化。

四、城镇化滞后制约当前经济发展

当前，城镇化滞后于工业化发展给中国经济社会持续、快速、健康发展带来一系列的内在矛盾，并日益成为制约当前经济发展的突出问题。

1. 城镇化滞后抑制了消费需求的增长和升级

目前，国内需求尤其是消费需求不足是制约经济总量增长的重要因素，考虑城乡之间的实际收入以及消费层次的差异，引导我国城镇化与工业化同步发展，将较大程度地推动我国消费需求总量的增长和结构的升级。一方面，城镇化滞后抑制了消费需求总量的增长。由于我国城乡之间存在较大的收入差距，以及农村消费观念较为传统和消费环境较为分散、封闭，导致我国农村居民消费能力远低于城镇居民，农村消费市场启动存在较大的难度。城镇化相对滞后加剧了城乡二元经济结构的矛盾，导致低收入、低消费群体比重维持在较高水平，对消费需求总量增长起到很大的抑制作用。

另一方面，城镇化滞后也抑制了消费需求结构的升级。受到农村消费条件和消费观念较为落后的制约，较低城镇化率一定程度也导致消费者对较低层次产品和服务的需求会维持较长的时间，从而使低端产品和服务产能的存在获得了一定的空间，不利于落后产品、产能的淘汰和粗放式产业增长方式的转变，也不利于高端产业的培育发展和产业结构的调整升级。

2. 城镇化相对滞后抑制了产业结构的调整、升级

一方面，城镇化进程滞后，一定程度抑制了第三产业的快速发展，成为造成第三产业在国民经济中比例明显偏低的重要原因之一。在继续推进工业化的过程中，不断加快第三产业发展，提高第三产业比重是我国产业结构调整升级的重要趋势之一。在产品消费尤其是服务消费方面，农村人口比城镇人口具有更大的自给自足的特征，城镇化发展进程过于缓慢，农村人口占全国总人口的比重居高不下，极大

地抑制了服务业的市场化、专业化进程和服务需求的增长。

另一方面，城镇化滞后不仅降低了农村剩余劳动力加快进入城镇就业的机会，也较大程度地影响了劳动者素质的提高。由于农村布局的分散性以及农民收入的有限性，致使农村教育水平与城镇存在着较大的差距，此外，劳动者素质的提升还有赖于很多其他因素，如接近进步的人群、良好的公共秩序、享受先进的社会服务等，更多的公共设施由于其起码的经济技术要求，不可能在农村地区大规模发展，城镇化滞后使较多的劳动者素质不能得到有效地提高，从而削弱了劳动者素质提升对产业结构调整升级的支撑能力。

3. 城镇化滞后抑制了经济发展效率的提升

一方面，城镇化相对滞后意味着聚集经济的巨大损失。城镇作为各种公共设施、市场服务聚集的场所，城镇化发展能够极大地发挥聚集经济的内部和外部效益，城镇化的滞后发展，极大地削弱了城镇人口和资本集聚所带来的聚集经济效益，降低了经济增长的效率和国民财富增长的速度，而反过来又一定程度阻碍了城镇的进一步繁荣。另一方面，城镇化滞后不利于资源的优化配置，阻碍了劳动生产率的提高。发达国家经济发展的实践证明，劳动力从农村传统部门向城镇现代部门转移，可极大地提高劳动生产率，如韩国从60年代至90年代初期的经济高速增长，其中一个重要因素就是农业劳动力的比重从60%降到20%以下。

五、城镇化滞后不利于可持续发展

在工业化加快发展的过程中，城镇化相对滞后加剧了资源短缺和环境保护的压力，不利于经济社会的可持续发展。一方面，城镇化水平较低导致大量的农村人口滞留于农村，在工业化导致土地资源日趋减少的背景下，越来越多的农村人口依赖于日趋减少的土地求生存，造成人地关系高度紧张，1997年的乡村人口比1978年净增7 623万，同期耕地却由14.91亿亩减少到14.25亿亩，日趋缩小的生存空间不仅抑制了农业的现代化进程，也迫使农民不得不更高强度地开发利用资源，其必然结果是：为了生存，为了发展，农民不得不更高强度地开发利用资源，包括耕地过度施用化肥、农药，以及草原过牧、森林过伐导致土地板结、地力下降，草原沙漠化、森林水源涵养力越来越低，洪涝灾害日趋频繁，生态环境日益恶化。

另一方面，分散在农村的非农业化进程，由于规模不经济、布局不合理，也造成了资源的破坏、环境的污染和耕地的浪费。多数乡镇企业由于规模小，布局分散，技术装备落后，资源节约和环境保护意识较为淡薄，加上政府对乡镇企业的资源环境管理不如大中城市严格，部分低效率的乡镇企业过度发展，较大程度上加大了我国资源供给和环境保护的压力。[1] 1995 年乡镇工业 SO_2（二氧化硫）排放量占当年全国工业 SO_2 排放总量的 28. 2%，烟尘排放量占 54. 2%，工业粉尘排放量占 68. 3%，这些比重都呈逐年上升趋势。乡镇企业污染使中国的环境问题由城市向乡村扩散，大范围、区域性污染是当今中国最难克服的污染。

---

[1] 专家认为：城市化滞后严重制约中国经济发展［EB/OL］.（2000-11-13）［216-01-01］http://finance.sina.com.cn/2000-11-13/22189.html.

第六章

中国城镇化进程中面临的问题及对策

与国际经验的一个最大不同，我国的城镇化，是在相对固化的二元经济结构下推进的，存在生产要素限制流动、劳动力主体权利存在制度化差异等种种障碍。制度创新，应随着国家在不同时期城镇化发展战略目标和价值选择加以调整，这必然涉及对原有城镇化制度与政策的创新与再调整。

要推进城镇化，就要推进城乡一体化，那么就要打破二元经济结构，因而户籍制度和土地制度首先就要被突破。户籍制度和土地制度的改革，不是简单的身份变革和生产资料属性的变革，而是一个国家公民的基本权利和发展理念的问题——被制度化剥夺的可行能力和权利需要逐步回归，特定历史条件下的差异化发展路径需要重入公平轨道。所以，落实到根本上，通过制度创新而服务于城镇化发展目标的过程，就是落实“以人为本”“公平正义”发展理念的过程，其突出的特征，就是通过制度化的赋权，让公民享有平等的财产权、生存权、发展权和福利权。而这也是培养具有可行能力的市场化主体，实现生产要素相对自由流动的前提。

当前的城镇化，经常被赋予推进产业结构升级和增长方式转变的期望。要实现这些宏愿，我们不得不思考如下的逻辑：农民只有获得平等的权利，财产权、就业权、福利权，才能对未来形成稳定的预期，才能转变生活方式融入城镇化生活，在城镇化过程中获得足够的社会认同和自我认同，进而才能进而启动消费，拉动经济，这样一来转变增长方式、调整产业结构、社会平稳转型才能成为城镇化过程中的应有之义。而其焦点在于土地制度的创新，在于让农民获得土地的资产性收益，这一资产性收益在于土地在城镇化过程中“红利”的合理分配。

制度创新是一个根本性问题，其他的任何手段都是技术性的策略方法，其效果如何取决于这个问题解决的程度。

中国要解决城镇化进程中容易出现的弊端，需要充分借鉴国际经验，在既有投融资模式安排的基础上，参考国际上行之有效的办法，并充分考虑城市化进程中的各个利益主体，尤其是政府定位问题。要综合化的考虑在城市化进程中的“经济增长”的利益的分配问题，在基础设施建设、社会保障、产业化促进引导乃至环境保护方面进行集约化的综合思考，也就是“四大红利”的跨主体间分配和跨期分配问题——因而其核心在于金融手段的综合与创新来实现对城市进程的支持，要更多地以市场化手段，充分利用三个层面的金融手段：依赖于制度创新的多层次的资本市场、依赖于投融资机制创新的多种项目融资模式、依赖于金融工程原理的多种金融工具创新。

城镇化是一个系统工程，涉及产业资本、金融资本、政府部门、市场、农民等不同的主体之间的合作、博弈和协调，本身是非常复杂的。在这些主体当中，农民是一个核心的主体，也是一个最难得到正确处理的主体。农村城镇化过程中，如何安置好农民，如何保护和提升农民的福利，如何保证农民的就业和收入，是政府必须考虑的头等问题，其他金融安排、市场机制设计、产业链设计等，都必须围绕农民来进行。

城镇化过程中，政府必将发挥的重要的主导作用，这也是中国模式城镇化的特点之一。政府主导的城镇化模式，优点在于能够有效整合各种资源、迅速推动产业化和基础设施建设、有效保障弱势群体的利益等，但是对于政府主导的弊端，也要有充分的认识，需要全社会各方面协力合作。

第一节　城镇化进程中的土地问题及对策

一、我国城镇化进程中土地问题的实质

在我国工业化、城镇化进程中，遇到的一个突出问题就是土地问题。随着工业比重不断上升，城市规模不断扩大，需要占用一部分土地。西方发达国家土地资源比较丰富，人口又比较少，人地矛盾不突出，在工业化、城镇化过程中土地占用引发的矛盾相对少一些。我国的基本国情是人多地少，主要是农民多，人地矛盾相当突出。因此，处理好城镇化过程中的土地问题，就显得十分重要。

我国城镇化过程中的土地问题，实质是在这个过程中如何保证粮食安全、转移农民就业的问题，是工业如何反哺农业、城市如何带动农村的问题，是如何处理好当前发展与可持续发展的关系问题。因为，推进工业化、城镇化要占用土地，加强农业、保证粮食安全又必须保护土地尤其是耕地资源，两者之间是有矛盾的，再加上比较效益差距过大，往往会重视前者而忽视后者。转移农民首先涉及对他们的土地如何处置的问题，不能让他们失地又失业，变为“种田无地、就业无岗、社保无份”的“三无”人员。推进城镇化本身也必须着眼于可持续发展，保护资源环境，不能“吃祖宗饭、断子孙路”。一些发达国家不得不把工业转移到发展中国家，土地供给不足是一个重要原因。目前，在如何看待和推进城镇化问题上存在一些模糊认识。一些同志一提工业化，就只注意发展工业，忽视农业；一提城镇化，就是建大广场、宽马路，忽视农村发展；还有一些地方实际上是靠经营农民的廉价土地来建设城市的。这些认识和做法，短期看、局部看，似乎工业发展和城市建设效果很明显，但从长远看、全局看，是难以为继的。

城镇化大背景，使得城市土地日趋短缺和紧张，土地成为不可复制的稀有资源，土地及房子价格渐涨，经营土地成为谋利暴富的捷

径，土地成为谋利的寻宝地。首先是土地成为地方政府的生财地。地方政府赚取征地出让、拆迁出让的土地差价，土地财政成为地方政府的主要财政收入形式。其次是项目建设成为非政府组织或个人经营土地谋利的载体。一是土地成为开发商的摇钱树，通过倒地建房、囤地而赚取暴利。二是机关单位、企业和外商等组织借助项目建设占地谋利。三是囤房、炒房保值增值成为多数人的投资获利渠道。囤房伺机而售、囤房出租，由此形成了一个庞大的炒房群体。四是被拆迁户因拆迁补偿而一夜暴富。建房拆迁成为致富的路子，村民违法突击乱建，外来人涌集落户城缘农村建房，城缘农村土地被蚕食。

城镇化进程中，经营土地成为致富的捷径，谁占有经营土地，谁就与暴富贴边，土地成为暴富的催化剂。今日的城缘就是明日的城中，围地占地就是围钱。土地也成为贫富不均的拉伸器。城镇化进程，催生了一支支暴富群体，一是与经营土地相关的开发商。二是炒房族。三是被拆迁的多房大院户。这是以经营土地谋利的非劳动贡献暴富，拉大了贫富不均的距离，加速了贫富两极分化。这是人们不能认同的贫富不均。

土地的巨大利益诱惑，成为权力寻租的集中地，相关地方政府官员也成为以土地取利人们的行贿对象，城镇化进程中的土地成为各级政府官员腐败的高发区。地方政府主要官员，土地、城建、规划相关人员，城缘村两委主要干部，都是涉及房地产的高危人员。近年来房地产腐败案件有增无减，贪腐受贿数额越来越大。土地监管和土地财政，使得政府扮演着运动员和裁判员的双重角色。政府炒地寻利、官员寻租，自然疏于土地监管，这是导致城市土地及房地产价格持续走高的原因之一。

政府高价出让土地，开发商天价买房，使得城市土地和房地产成为一个巨大的资金吸纳器。这些钱是哪里来的？这些钱是由购房者支付的。这些钱一是购房者自己的，二是向亲朋借来的，三是与银行贷来的，而这银行贷款又是消费者的储蓄存款。购房者贷款购房是花明天的钱圆今天的住房梦，需要长时间节衣缩食还贷。一人买房，挤干了几代人的积蓄。而土地作为自然资源，并非是生产出来的商品，没有对应的消费资金。社会消费资金花在了土地上，就必然减少其他消费品的购买和消费。政府经营土地收入增加，也就是社会购买消费品资金的减少。城市房地产高速发展，巨大的消费资金被吸纳沉淀到房地产领域，减小了其他消费，必然导致二部类其他消费品市场需求不旺。购房者在为高地价、高房价付出，政府经营土地高收入，开发经营房地产高利润的同时，也就是社会其他消费品滞销卖不出去的时候。社会储蓄存款更多流到了城市房地产业，其他行业得到资金支持就更少。这样城市房地产快速发展的同时，也是其他行业发展缓慢、甚至停滞不前的时候。由此导致二部类其他行业市场疲软，再生产受影响。[1] 近年来，我国消费市场疲软，即使国家采取家电农机下乡补贴、家电以旧换新补贴等刺激消费措施，但消费市场仍很低迷。根本原因就是消费资金流到了房地产领域，很大一部分人，手中没有充足的钱来消费。特别是资金从农村流入城市土地，抑制了农业和农村发展。城市房地产的快发展，相伴的是其他行业的慢发展。城市的繁荣的背面是农村的萧条。这不是协调发展，也不会持续和全面发展。

除此之外，土地还成为社会不和谐的多发地。一是政府征地案件，农民与地方政府的纠纷。二是强拆案件，被拆迁户与政府、开发商或拆迁公司的纠纷。征地、拆迁案件背后折射的是土地利益博弈。目前由城市改造拆迁而引发的强拆，其矛盾之激烈，斗争之尖锐，与构建和谐社会的目标水火不容。

一方面是因房地产而富的百万富翁、千万富翁乃至亿万富翁的天价消费，另一方面是被社会边缘化而依靠救助的群体；一方面是巨大的空房闲置，另一方面是巨大的蜗居群体；一方面是以房租房利而生存无忧的食房族，另一方面是为房租、房子而终生奋斗的房奴群体。这样的不和谐有违于社会主义制度的优越性，不符合改革的初衷。由土地及房地产造成贫富不均的距离拉大所带来的，不仅是经济问题，而且会影响社会安定、国家稳定和党的执政地位。

二、城镇化进程中解决土地问题的对策

在整个城镇化进程中，保护土地特别是耕地，是一项长期的重大

---

[1] 钮旺春. 城镇化进程中的土地问题［EB/OL］.（2010-12-7）［2016-4-1］http://blog.gmw.cn/blog-4305-289851.html.

任务。只有切实有效地保护土地资源，才能巩固农业的基础地位，确保国家粮食安全，保持社会长期稳定，同时又能保证城镇化所必需的土地供给，使城镇化也能够可持续发展。为此，需要坚持以下几点：

第一，必须打牢农业基础。在加快工业化和城镇化发展的阶段，农业的基础地位不能动摇，粮食安全不可忽视。尽管农业增加值占GDP 的比重还会逐步下降，但农业的基础地位并没有改变。美国、日本、欧盟农业的比重已经很低，仍然十分重视支持和保护农业。像我们这样的农业大国、人口大国，越是城镇化，越要打牢农业基础。否则，城镇化过程就很有可能出现波折甚至中断，20 世纪 50 年代末 60 年代初，我们曾有过这方面的教训。我们不能再走大量消耗土地等农业资源、以牺牲农业保工业、牺牲农村保城市的老路。作为一个人口大国，粮食是安天下的产业，任何时候都不能放松。在粮食安全问题上我们必须坚持“立足国内基本自给，适当进口调剂余缺”的方针。根据有关方面测算，我国人口 2010 年接近 14 亿时，粮食总需求量为 5. 5 亿吨；2030 年人口达到 16 亿峰值时，粮食总需求量为 6. 4 亿吨左右。而目前我国的粮食生产能力为 5 亿吨左右，可见未来我国粮食供求平衡的压力还是很大的。必须稳定提高粮食综合生产能力，确保国家粮食安全。而保证粮食安全，最根本的是要保护好耕地，最要紧的是保护好基本农田。❶ 我国现有近 16 亿亩基本农田，是将来解决 16 亿人口吃饭问题的基本保障，不能再减少了。因此，基本农田一经划定，就是一条不可逾越的红线，不能随意调整和占用。

第二，必须正确处理农民工问题。我国城镇化的核心问题，是引导农村富余劳动力向非农产业和城镇转移，实行城市带动农村，促进城乡协调发展。农民工是适应我国工业化进程和国际制造业向中国转移的需要应运而生的。农民进城务工、流动就业是中国农民城镇化过程中必然要经历的一个阶段。是增加农民收入、满足城市需要、保持我国产品竞争优势以及城市文明辐射农村的必然要求。我们要从战略上看待农民工现象。去年离乡进城务工农民是9 900万人，再加上离土不离乡的乡镇企业，已经从土地上转移出来的农业劳动力大约是

---

❶ 韩长赋. 我国工业化、城镇化进程中的土地问题 [EB/OL]. [2004-11-16]. http://www.npc.gov.cn/npc/oldarchives/zht/zgrdw/common/zw.jsp@ label = wxzlk&id = 333914&pdmc = 1510.htm.

1.7亿~1.8亿人。这么大规模的农村劳动力流动就业，可以说是我国现代化过程中特有的现象。农民进城打工是农村人口不断向城市转移的重要渠道。但农民工转成有稳定职业、稳定收入和固定居所的城市居民，还有一个不断适应、不断筛选的过程。对农民整体转移而言，这个过程会很长。在这个过程中，要注意给进城农民工留条退路，不要急于收回他们的承包地。这样，农民工进退有路，有活干就在城里打工，工作稳定了可以全家进城，失去工作了回家有饭吃，既可以降低农民进城的成本，又可以减少社会稳定的风险。

第三，必须严格保护和合理利用土地。我国是一个人均土地资源相当紧缺的国家。北美国家户均土地200公顷，欧盟50公顷，亚洲1公顷，而我国户均只有半公顷。土地又是不可再生的资源。很明显，保证十几亿人口的粮食安全必须保有一定数量的耕地，推进工业化、城镇化建设也需要土地。所以，为国家可持续发展计、为子孙后代计，我国必须实行最严格的土地管理制度，除此别无选择。无论是工业化，还是城镇化，都必须走节约用地的路子，十分珍惜和合理利用好每一寸土地，该占的要精打细算，不该占的要惜土如金。只有这样，才能确保国家粮食安全，确保城镇化可持续发展。现在大量浪费土地的状况令人十分担忧。1996~2003年，短短的7年时间，全国净减少耕地1亿亩，平均每年减少1 300多万亩。当然其中有调整结构和生态建设的合理因素，但也必须看到盲目圈占土地造成了大量耕地流失。一些地方盲目兴建开发区，乱批滥占耕地的现象十分严重。去年下半年以来进行的清理开发区工作表明，全国共有各类开发区6 015个，规划面积达到3.54万平方公里，相当于一个台湾的面积，圈占的耕地中有40%多闲置。为此，中央部署进行土地市场整顿，这项工作取得了积极成效，遏制了盲目滥占耕地的势头，促进了其他宏观调控措施的落实。如果不治理整顿，不控制盲目占地，任其发展下去，不仅会直接削弱粮食生产能力，给国家粮食安全构成威胁，也将影响到我国城镇化的顺利进行。[1]

土地对农民来说，既是基本的生产资料，又是基本的社会保障；对国家来说，既是粮食安全的根本保证，也是经济社会可持续发展的基本条件，必须慎重对待。我国城镇化发展现阶段在土地问题上要把

---

[1] 孟秀琴. 农民失地问题分析及对策建议［J］. 贵州民族学院学报：哲学社会科学版，2005（5）.

握好两件事：

一是要处理好土地流转问题。规模经营是农业发展的方向。我国土地经营规模确实小，于是有的同志认为要加快流转、集中，以形成规模效益。从一般规律来看这是有道理的，但还必须看到我国国情的特殊性。土地流转速度，土地经营规模，必须与农村劳动力及农业人口转移相适应，否则就要出问题。在一个相当长的时期内，我国的土地流转速度不可能太快、土地经营规模不可能太大，这是由我国的国情决定的。我国城镇化率由改革开放初期的18%增长到2003年的40%，这个增长速度应当说是很快的。但是，这20多年我们所做的全部努力就是将人口的增量部分转移到城里去了，存量并没有减少。当年是“十亿人口，八亿农民”，现在农村常住人口大约还是8亿人。如果按户籍计算大约是9亿人，而许多外出务工的农民在城市里真正稳定下来还需要一个过程。今后城镇化率会不断提高，但人口也将继续增加。到2020年实现全面小康的时候，城镇化率达到55%以上，但届时全国人口将达到14.5亿人左右，估计农村仍会有6.5亿人，而耕地还会进一步减少，农村人均耕地占有量不可能有大的变化。因此，土地流转和规模经营必须讲条件，最重要的条件就是大量农村富余劳动力要转移出去。要稳定农村土地承包关系，维护农民的土地承包经营权，土地流转要坚持“依法、自愿、有偿”的原则。

二是要处理好土地征用问题。搞工业化、城镇化，需要占一些土地，但要占得合理、集约。主要问题是，一方面，一些地方征地规模过大，土地利用中浪费严重。如各种开发区过多过滥，盲目圈占耕地；不少企业拿不多的钱，办不大的厂，占很大一块地；一些城市建设盲目扩大规模，圈占很多好地。另一方面，在征地过程中侵害农民利益，不给被征地农民以及时合理的补偿，引发了不少矛盾和问题。处理好土地征用问题，就要严格控制征地占地的规模和速度，大力推进土地集约利用，同时在土地征用过程中保护好农民的合法权益。要从制度安排着手，采取法律、经济、行政的手段，建立保护耕地、节约用地的体制机制，遏制盲目滥占耕地的现象。要建立更加完善的土地管理法律法规制度，严格依法加强土地管理。要强化土地规划约束和用途管制，维护土地利用规划的权威性。在市场经济条件下，要运用价格和税收杠杆调控用地，建立征地和土地转让最低价格制度，使土地价格能够反映土地资源的稀缺性，这是抑制乱征滥占耕地的有效办法。要把节约利用土地放在首位，杜绝在土地利用上大手大脚。研究制定企业用地标准，不允许多占土地，更不允许囤积土地。要完善对被征地农民的合理补偿机制。农村集体土地转为城市建设用地的过程，应当成为农民分享工业化和城市化成果的过程，应当有利于增加而不是损害农民利益，应当有利于缩小而不是扩大城乡差距。说到底，保护耕地是各级政府的责任，也需要在全社会牢固树立保护耕地的意识。如果我们真正能够在工业化和城镇化进程中处理好土地问题，我国农业和整个经济社会就能够健康发展，我国的现代化建设就能够顺利进行并达到预期目标。

第二节　城镇化进程中的户籍问题及对策

我国现行的户籍制度形成于20世纪50年代，到20世纪80年代基本定型，并一直实行至今。户籍制度在形成之初就具有社会控制与人口统计的功能。它作为一种对人口进行管理的制度安排，在人口登记、提供人口数据统计、维护新生人民政权、维护社会治安等许多方面发挥了不可忽视的作用。但同时，伴随着我国市场经济体制的逐步建立和完善，城镇化进程的高速发展，现行的户籍制度所引发出的种种弊端也日渐显现出来。近年来，虽然各界学者和政府部门的研究人员都开始针对户籍制度改革进行有益的尝试，但改革的困难之大，程度之复杂，还是引发了不少问题的出现。因此，以中国城镇化高速发展为背景，找出问题的根源所在，有针对性地探索解决问题的方法，对于探索现行户籍制度改革的路径不无益处。

一、城镇化进程中现行户籍制度存在的问题

1. 二元户籍管理制度阻碍城乡一体化协调发展

随着经济发展和社会进步，现代社会发展最终趋势是城乡一体化，这是一种城市形式，也是城市建设达到现代化的一个主要特征。

城乡一体化就是当城市发展到一定程度时，城市开始和农村逐渐融合在一起，二者相互结合、共同发展。当前，我国已进入了城乡一体化发展的关键时期，但随着我国城镇化的建设，我国城市和农村之间的矛盾也越来越深。在推进城乡一体化的过程中，最大的阻碍就是二元社会结构，我国的二元户籍管理制度，将我国居民的身份和权利结合起来，突出了人和人之间的等级。除此之外，大量的社会资源都集中在大城市，导致城市和农村在发展时有天上、地下的区别，出现了很大一部分断层带，这都是在进行社会整合时会遇到的障碍，同时也阻碍了我国城乡一体化的进程。

2. 现行户籍制度导致公民迁徙不自由

我国1954年《宪法》明确规定公民有“迁徙和居住的自由”，迁徙自由是公民的一项基本权利。但是，根据1958年颁布的《户口管理登记条例》，农村人口迁入城市必须持有各种证明，大大限制了公民自由迁移的权利。1975年《宪法》和1987年《宪法》取消了“公民有居住和迁徙自由”的规定，1982年《宪法》也未恢复公民自由迁徙的权利。改革开放后，虽然农民可以进城打工或者经商，但是他们仅仅有自由流动的权利，他们并没有获得当地市民的身份，不能像城市里的“市民”一样享受医疗、教育等各项社会福利，没有和市民一样的就业、生存机会。

3. 户籍制度被人为赋予了太多的“附加值”

在中国社会中，户口对一个人来说是非常重要的，自出生开始，人的名字就在户口本上。结婚生子，都离不开户口本。户籍制承载着与个人生存息息相关的各种利益分配，从计划生育政策、妇幼保健标准到教育、医疗、就业、失业、社会保险、意外伤害赔偿等，都与二元户口有很大关系。

二、推进户籍制度改革的几点思考

我国从计划经济时期开始实施户籍制度，其主要目的就是将城乡隔绝开来。改革开放后，政府为了缩小户籍制度带来的不公正待遇，连续出台了很多政策，但是这种情况并没有多大好转。当前我国经济形势发展迅速，城镇化进程非常快，户籍制度必须适应和结合我国现在的基本国情，能够解决城市发展中遇到的实际问题，进而推动城乡一体化建设，促进我国社会经济的全面发展。

1. 制定户籍立法，统一规范户籍管理制度

我国的户籍制度面临两大难题，一是很多的社会经济政策是捆绑在户籍制度上的，二是户籍制度涉及自由迁徙问题。我国应制定一套符合我国实际国情的户籍法，以便规范开展户籍改革，使政府的工作有法可依，同时使公民能够享受到户籍改革带来的与城市市民同等的待遇。

2. 建立城乡统一的户籍登记管理制度

当前的户籍制度最主要的问题是二元户籍制度，之所以需要对其进行改革，主要是促进社会公平，让每一个公民都有平等发展的机会。如果我们能够建立一个统一的城乡户籍制度，就能够让更多的社会成员在城乡之间自由流动，获得公平参与市场竞争的机会，进一步减小城乡之间的差别，优化城乡之间的产业结构，对城乡之间人力资源配给进行合理分配，最大程度地减小对公民自由迁移的阻力，让农民有更多发挥自身创造性、实现自身价值的机会。

3. 因地制宜，实施户籍登记制度改革

进行户籍制度改革是时代所驱，这不仅仅关系到每一个人的切身利益，还关系到很多家庭的得失，最重要的是关系到国家社会管理以及国家经济走向。我国实施户籍制度改革必须坚持科学、公正、积极、稳妥的原则。由于城乡之间无论是在政治、经济还是文化方面都有很大的不同，各地区应该根据自己的实际情况、按照中央政府制定的宏观计划来调控各自的户籍制度。

第三节　城镇化建设中的税收问题及对策

近十年来，我国城镇化进程明显加快，十年间城镇化水平提高了近 13 个百分点，有超过一亿的农村人口实现了做“城里人”的梦想。实施城镇化建设，不仅是人口和劳动力的转移，也是消费者的转移，这一进程的加快，显然会对社会产品的生产和消费产生重大的影

响，会对经济的结构、运行和分配产生重大的影响，因此也就必然会对税收产生重大的影响。经济决定税收，税收反作用于经济，研究城镇化建设这一经济现象，并有针对性地调整税收政策，调整税收征收管理，无论是对促进城镇化建设的发展，还是对加强税收管理都是很有必要的。

一、调整税收政策，支持城镇化建设的发展

实施城镇化进程不仅要建设好城镇，更重要的是要发展好城镇，要使从土地上转移过来的劳动力有工做，能过上好日子，并且要带动周边地区的发展。因此，对城镇化进程的税收政策扶持包括城镇建设过程的支持和城镇发展过程的支持两个方面。

一是城镇建设过程中的税收优惠。这里重点需要解决是房屋建筑物的建设过程中的税收问题。城镇化建设是农业人口向第二、第三产业转移的过程，是农民实现当城里人梦想的过程，同时这也是一个艰辛的过程，客观地讲这些农民中的大部分还不是很富裕，他们为实现这一梦想往往四处借贷，从而债台高筑。考虑到对先进生产力的扶持，考虑到对困难人群的接济，我们有必要对城建化建设过程中的税费实行免征或减征的政策，以促进城镇化进程的快速发展。不仅如此，从更深层次来讲城镇化建设过程中的税收还有一个消化问题，即所交纳的税收是否可以抵扣的问题。在目前生产型增值税模式下，城镇化建设过程中产生的税收无论是建筑物的还是机器设备的税收都是不能作为进项税金抵扣的，只能以折旧的方式来补偿。这样就加大了城镇建设过程中的资金投入，加大了新建城市的投资成本和运营成本，是不利于新建城镇的健康发展的。如果实行消费型增值税模式，生产经营用的固定资产建造过程中所交纳的税金，将可以在以后实现的增值税中抵补回来，这对新城镇的建设与发展无疑是有积极作用的。所以全面实行消费型增值税，也是支持城镇化建设的一项重要措施，今后在税制改革上应当重点考虑。

二是城镇建成之后，生产经营过程中的税收优惠问题。这里要解决的突出问题是农村劳力转到第二、第三产业以后在税收上的国民待遇问题。现在，我国对城镇人口下岗再就业在税收上有极其优惠的扶

持政策，但对于农业劳动力从事第二、第三产业却因其没有下岗证或失业证而不能享受下岗再就业的税收优惠。这是不合理的，这其实是对农村人口在税收政策上的歧视，也就是说在这个问题上农民没有享受到应有的国民待遇。农民或是为响应政府的号召或是为摆脱生活困难，放弃了对土地的依赖，转向城市中的第二、第三产业。这部分农民没有充裕的资金，没有技术，属于弱势群体，更需要国家的政策扶持，然而他们却没有得到。我们可以对那些因为城镇化而由从事农业转移到第二、第三产业的劳动者，只要他们放弃土地，就对他们实行相当于下岗再就业的税收优惠政策，发放给他们转岗证，在他们就业之初的两三年里，国家给予税收优惠。这样，就可以吸引更多的农村劳动者从农村转移到城市就业中来，还可以将减少农村人口中节余下的那部分土地分给那些真正从事农业生产的人，解决农村土地紧缺的局面，同时也可以增强从事第二、第三产业的农村劳动者的积极性，促进城镇化建设的快速健康发展。

二、加强征管，防止税收流失

相对于原有的工商企业而言，城镇化建设中的税收是一个新问题，加上税源相对零星分散，征收的难度较大，税务部门对这个新问题研究还不够深入，实际征管中存在的问题也不少，主要集中在两个方面。一是对土地交易的税收管理不到位。城镇化建设过程中一个显著的特点就是大量的农业用地转化为城镇建设用地，在这个过程中涉及大量的土地征用、转让、置换、租赁等行为。这些行为有些是免税的，而有些是要交纳营业税和土地增值税的。在实际操作上农村城镇化建设中土地交易、租赁、置换等行为有征税的为数极少，从而造成了税收政策执行不到位和税款流失。二是建筑安装营业税征管手段缺乏，效果不明显。在城镇化建设过程中，无论是道路，上下水道，输变电线，通讯网络等基础设施的建设，还是房屋、工厂、商店等建筑物的建设都涉及建筑安装营业税问题。与老城市相比，农村的小城镇建设在项目上体现为零星分散，在建设资金上体现为资金缺乏、总量小，在建设主体上体现为多是农民自建。由于以上这些特点，加上在小城镇税务征管力量相对薄弱，征管基础相对较差，导致了在这一税收征管政策上，普遍存在征管办法不多，征管效果不好的问题。

为使城镇化进程中的税收工作做得更好、更到位，一是要加强税法宣传。城镇化进程中的税收征管，对税务部门的来讲是个新问题，对参与这个过程中的老百姓来讲更是新问题。他们原来从事的主要是农业生产，所交纳的主要是农业税和特产税，对营业税、增值税、个人所得税、企业所得税等工商企业税收了解甚少，所以对他们加强税法宣传是十分必要的，这不仅有利于城镇建设初期的税收征管，对城镇建设之后的税收征管也是大有裨益的。二是要采取多样的征管手段来加强征管。[1] 针对城镇化进程中存在的税收问题，单纯地依靠税务部门自身的力量很难达到严格管征的目的，一定要广泛地依靠社会力量，根据不同的对象采取不同的办法，特别是广泛采取代征的手段才能做到事半而功倍。比如土地交易方面的税收可以委托土地部门代征，如建安营业税可以委托建设局、房管所代征等。

三、改革征管模式，实现税收高效管理

顺应城镇化建设的潮流，改革税收征管模式，提高效率是必然选择，为此要抓好以下几项工作。

第一，要改变观念。以往我们强调的是“应收尽收”，“既抱西瓜也捡芝麻”，考虑税收任务多，考虑征收成本少，不太讲究征管效率，采取的是没有中心、没有重点撒大网式的税收管理。随着城镇化进程的加快，随着税源迅速向城镇集中，我们在税收观念上也要与时俱进及时变革。我们应当以城市为中心部署组织税收工作，采取集约化的方式进行管理，要紧紧抱住“西瓜”，在效率允许的前提下才去捡“芝麻”，在成本允许的前提下“应收尽收”。

第二，要改革征管模式。20 世纪 90 年代以来，我们在税收征管模式上进行了大胆的尝试，取得了一定的成绩，同时也走了些弯路。根据我国的经济和税收的发展形势，笔者认为应对现有的税收征管模式进行一些调整，采取“以电脑网络为依托，以纳税人自行申报为基础，以城市为中心，多元化申报征收，管理加稽查”的税收征管模式。与旧的模式相比，新的模式主要有三个变化。一是以城市为中

---

[1] 张茂林．城镇化建设中的几个税收问题［EB/OL］．三明市政府门户网．

心，要建立集约型的，效率型的税收管理模式，这是根据经济集中、税源集中的客观实际而做出的调整；二是采取多元化的申报征收方式，而不是单纯的集中征收，这是顺应信息化这个时代潮流的必然选择，也是我们提高征收效率的必然选择；三是管理加稽查，即管理与稽查并重，这是对近十年征管实践的总结，也是税收工作以收入为中心的体现。

第三，调整机构设置。当前，我国税务机构设置的基本模式仍是与行政机构相对应来进行的，最底层的机构是在乡镇设税务所或分局。虽然近几年来，各地采取了按经济区域设分局或所的措施，撤销了一些税源小的分局（所），但总体而言力度还不大，基层单位还是太多，战线还是太长，效率还是太低，成本还是太高。随着城镇化进程的发展，税务机构有必要进行调整，要以城市为中心，逐步建立一个集约化的高效率的征管体系。大致到2020年前后，随着城市化和城市经济进一步发展，我国社会经济达到中等国家水平，各省（市、自治区）将以省会城市为中心，带动全省范围内的税收实行集约化管理。展望更远的将来，甚至可能实现以经济区域内的大型城市为中心，突破行政区划的按大区来实施的税收集约化管理。

第四，加强网络建设，实现多元化申报。现代化的、高效率的税收征收管理中，信息网络的建设是基础。要充分运用电子技术，进一步加强和完善税务信息网络建设，为实现税收集约化管理提供技术保障。要加大技术与资金投入的力度，不仅要使税务部门自身的各项工作在网络上能顺畅运行，而且要让纳税人通过网络能轻松地获取税法信息，方便地完成申报缴纳税款的各项操作。要积极争取政府的支持，并加大协作力度尽快为税收信息化服务提供统一的技术平台，使税务部门能够更加充分地利用社会信息资源，更有效地加强税收管理。

实行税收集约化管理，应以多元化申报为基础，尽可能减少申报大厅的设置。在申报方式上，可以采取上门申报、电话申报、邮寄申报、银行划缴、互联网申报等多种纳税申报方式，积极推广使用支票、银行卡、电子结算等方式缴纳税款。对一些偏远地区的零散税源，可以采取报缴同步的征管方式，实行定额定期申报，以缴代报，按季、半年或年度申报纳税，也可以委托财政所、供销社等机构代征。服务中心（申报大厅）要尽可能精简，以节约固定资产投资、减少运行成本。服务中心可以和现在的征收局、信息中心、税收评估中心合署办公，以加大服务中心的功能，提高工作效率。

总之，城镇化进程的加快是我国经济社会发展所呈现的一大特点，研究并掌握其脉搏，及时调整税收政策、改进税收征管是我们与时俱进实现税收现代化并促进经济现代化的必然选择。

第四节　城镇化进程中的水资源问题及对策

水生态是整个自然生态系统中重要的一个重要组成部分，按照它固有的规律实现着动态平衡。但人类社会在逐步地发展过程中，在开发和改造自然的过程中，水生态系统受到自然和人类的双重影响导致变化。相比较而言，近一百年来，因为人类活动导致的变化已经远远超出了自然力量引起的变化，而且，这种变化往往是负面的、不可逆转的。在我们今天进行的城市化过程中，如何来避免对生态环境的破坏，恢复、重建适合新的形势下的水生态系统，是我们必须认真加以研究和解决的问题。

一、中国水资源问题堪忧，原因之一快速城市化

据美国《华尔街日报》报道，中国高级官员警告认为，中国的水污染和清洁水的短缺正在阻碍国家的经济发展，而造成上述现象的重要原因在于快速的城镇化。

住房和城乡建设部原副部长仇保兴曾表示：总的来说，中国城镇的水环境仍然处在整体恶化的过程中。中国政府对这个问题非常重视，并承诺在水务市场的投入将超过 1 万亿元人民币（约合1 250亿美元），但水污染的问题依然变得更加严重。中国的城镇化造成了水资源危机。中国每年相当于增加一个纽约。他指出每年进入城市地区的人口高达1 300万至1 500万。在这个阶段，中国将面临严重的水污染。这个阶段至关重要。

中国大多数城市都有污水处理厂。但由于资金短缺，许多城市污水处理厂的运行负荷率只有30%，或根本没有运行。

中国大多数的河流、湖泊和运河都受到了排放的未经处理的工业和生活污水，以及农场中含有杀虫剂的污水的污染。政府称，约有3亿人无法获得清洁的饮用水，北京等北方城市则常年面临水短缺的问题。中国北方水资源的严重短缺甚至已促使政府开始重新修复古代建设的大运河。耗资人民币数十亿元的一条新运河也已经开始兴建，目的是把长江一条支流的水调往北方。这条计划中的南水北调工程将以管道的形式从黄河下面通过。

还有一个问题是泄漏。中国的城市一般约有20%的自来水因为管道严重老化而漏失了，这个比例是西方城市的两倍多。

中国正在逐步上调水价，以鼓励节约和补贴水处理的成本。政府将提高工业用水的价格，对先处理后排出的企业实行优惠水价。尽管前景不容乐观，但一些大城市已开始努力降低用水量。

二、城镇化进程中的水生态问题研究

生态系统是由一切生物群落及其生存环境共同组成的一个动态平衡系统。在这一系统中，生物群落和他共同生存的环境之间以及生物群落内部不同种群生物之间不断进行着物质交换和能量流动，并且处于互相作用和互相影响之中。自然界的生态系统就是由各种各样大小不一、形态各异的系统组成，小至一颗水滴，大至河流、湖泊、草原、森林、海洋，直至包罗一切生态系统的地球。构成这些生态系统的各种子系统，按照他们固有的运动规律相互之间达成了平衡。

1. 水生态系统的特征、内涵

水生态系统，顾名思义，就是由与水有关的各种生物与环境所构成的系统。广义来说，水和空气、阳光一样是构成一切生命的要素之一，因此，水生态系统严格意义上包罗了大部分生态系统。狭义来说，水生态系统包括两方面的内容，第一是水的自然循环生态系统，也就是自然界中各种形态的水由于自然和人为因素的影响处于不断运动和相互转化的过程中形成的动态平衡系统。其次是河流湖泊生态系统，由水流、河道、湖泊、滞蓄洪区、滩地、沿河土地以及水中和陆地的植物动物所构成的一个完整的生态系统。在漫漫的自然进化长河中，无论是水的自然循环还是总体的或某单一的河流湖泊生态系统，都依据其自身的规律运行着，而且始终处于动态平衡之中，这种平衡包括了以下四个方面：第一是自然循环中的平衡。大气中的水通过降雨、降雪，一部分形成径流，进入湖泊或地表径流，一部分渗入地下，补充地下水；还有一部分被地表植被和土壤截留，进入湖泊或地表径流的水，通过地表径流排泄，汇入江河、海洋，又通过水面、地面蒸发、植物蒸腾等形式返回大气层再形成降水，如此周而复始。第二是某一特定流域范围内部的水资源平衡，即流域的降水与水的容蓄、排放能力之间的平衡，当降水超过流域的容蓄和排放能力时，就会形成洪水，当降水不足时，又导致干旱缺水；第三是地表水和地下水的相互补给平衡，当地下水位下降时，地表水通过地面入渗、河道下渗补给地下水，而当河道水位下降时，地下水也可以通过出渗补给河道；第四是沿河周围的陆地和水中的生物平衡，他们通过水提供的食物链达成此消彼长的动态平衡。

人类社会发展史的核心实际上就是一部人与自然的斗争史。人类要维持生存，就必须从自然界取得能量，同时排放废弃物。人们通过砍伐森林建造栖居的住所、获得火种和能源。这种近乎原始的生存方式对自然生态的破坏几乎可以忽略不计，因为任何自然的生态系统都具有一定的自我修复能力。但随着人口的膨胀和人类自身需求的增长，渐渐的这种平衡被打破，自然生态系统的自我修复能力已经不足以抵御人类的破坏，生态系统开始从有序和平衡走向无序和混乱。植被被破坏导致水土流失、地球的“温室效应”导致两极冰山融化海平面上升，大气污染导致酸雨日趋严重、物种灭绝加速、陆地沙漠化程度加剧、包括水资源在内的各种资源面临枯竭危险等生态问题，给人类的生存和社会的发展提出了严峻的挑战。尤其是近一百年来，工业革命的兴起更是带来了前所未有的冲击。工业的发展促进了城市的发展，科学技术的迅猛发展使人类获得了前所未有的改造和征服自然的能力，人类通过征服自然来获取自身最大的利益，进行大规模的资源开发而忽视资源的枯竭，更谈不上对资源的保护和循环再生，在享受工业文明及现代科技带来的福祉的同时，也面临着人口、资源、环境之间的不协调所带来的严重危机，其中最大、影响最深远、制约力最强的莫过于人类面临的生态危机。

因为水的特殊性质，使它在整个自然界中具有不可替代性和广泛性，可以认为水生态系统是整个生态系统的核心。洪涝灾害发生频发，水资源短缺甚至枯竭，河流湖泊水体污染，生物多样性减少物种灭绝速度加快是水生态系统被破坏的主要表现。

2. 城市化进程中对水生态的影响及破坏表现

城市是工业革命和科技文明的重要载体和具体表现形式，工业化带动了城市的迅猛发展，每一次工业技术的巨大变革都给城市发展打下了深刻的烙印。而每一次的城市化进展，又都是人口、资源、环境的重新配置和整合。从人类历史尤其是近百年来的历史来看，城市化进程的不断发展导致的人类活动对水生态环境的影响已经远远超过了其数百万年的自然演进带来的影响。

（1）对自然水循环生态系统的影响。

随着人口的急剧膨胀和在工业化巨大动力推进下的城市化的快速发展，人们消耗比以往任何时候更多的能源，排放更多的废气、废水和废弃物。为缓和人口增加所需要的消耗与供给矛盾，在河流上游开荒造田，破坏了森林植被，导致严重的水土流失。人与水争夺土地，对湖泊、河滩、行蓄洪区进行大规模围垦，挤占了水面积和湿地，改变了整个水的自然循环条件，使得原来平衡的水循环机制遭到了意想不到的破坏，以至洪涝灾害比以往更加频繁。城市化对自然水循环生态系统的影响主要表现在增加或减少了城市的降水强度、减少城市下垫面包气带的水的蒸发。

（2）对水资源的承载能力的影响。

城市化的显著标志之一是人口大规模地向城市及周围地区集聚，给某一地区的城市水资源的消耗增加了负担。人们过度地从江河湖泊或地下吸取可用的水资源，消耗在各类产品的生产和日常生活中。而在消耗越来越多的可用水的同时也排放更多的污水，这些污水又使水资源的质量下降，使可用水量下降。当环境所能够提供的资源量小于需求量时，毫无疑问将面临水资源的短缺，致使河流本身的流量又无法满足维持其本身的生态平衡用水的需求，水资源呈现总量上的缺乏与质量上的退化甚至恶化，极大地制约了社会经济的健康、协调发展。

（3）对水环境的承载能力的影响。

水环境的承载能力一般意义上包括了两方面的功能，第一是由水体的自净能力决定的水体承载污染物的能力，第二是由水体、河道、河岸所构成的特定的水环境服务功能，包括引水、排水、航运、发电以及保持生物多样性和维持物种延续的能力。[1] 随着工业化的发展和城市化的加快，人们向河流湖泊排放越来越多的废水。尤其是在工业化和城市化的初级阶段，人们往往把人力、财力、物力更多地投入到产品的前期生产中去，而不太愿意花更大的精力用在环境的改善上，再加上传统的污水处理的指导思想和技术无法使经过处理的“污水”变“清洁”，往往导致水环境的承载能力超过了足以使水环境结构破坏、生态功能的丧失的极限。

3. 城市化进程中对生态系统影响的具体表现形式

我国城镇化在建设时虽没有统一的模式，但是在城镇化建设过程中的共同特点就是人口迅速增加，城市规模迅速扩大，工业发展迅速，这对城市的生态系统提出了巨大的挑战。

（1）随意填没水面、湿地，蚕食河道、滩地，减少了城市的水面积。

水是生命之源，也是城市发展的立足之本。但由于城镇化进程的推进，我国城镇人口迅速增加，增加速度最为明显的在20世纪70年代，我国城市人口的数量和城镇规模几乎是在成倍增加。为了容纳更多外来人口，就需要占用大量土地，于是开始占用水面用地。在城市建设过程中，城市中裸露出来的水面不属于共有财产，而且开发成本较低，成本收益较高，缺乏相应的制度管理。向河道倾倒垃圾导致了河道拥挤甚至堵塞，更有甚者开始填河造地，将之前的明渠更改为暗道。虽然在城市建设中并没有对一个城市的水面占城市总面积的百分比做出明确规定，但是水面率至少应符合当地的水文条件，不能强加更改，以免造成生态失衡。而且一个城市的水面率还直接影响着这个城市的抗涝能力，在城市面对特大暴雨的时候，城市下水道系统很难应对，容易发生事故。

（2）水污染问题突出。

城市在建设过程中给城市河道带来了毁灭性破坏。随着城市的工

---

[1] 张承中. 环境规划与管理［M］. 北京：高等教育出版社，2007：1.

业化进展以及城市居民生活水平的提高，城市水污染问题越来越严重。其主要污染源为工业废水、农药化肥残留、生活污水排放、养殖业排放和饲料残留，其中对城市水污染最大的就是工业污水排放。

（3）地下水枯竭，造成了严重的生态性地质灾害。

目前，大部分城市的供水来源是地下水，这主要是因为地下水资源较为优质，而且开采方便，成本较低。在我国的一些干旱地区，甚至还有一些企业将地下水作为工业用水。由于最近几年的过度开发，我国地下水资源已经由之前的十分充足，渐渐地开始枯竭，有的城市因为过度开采地下水资源，导致了地下水位急剧下降，出现了降落漏斗的现象。

虽然地下水是存在于土壤缝隙中的，但是它也是大地的组成部分，过度抽取用水，却没有物质去补充，对地下结构将有很大影响，严重的还会引发一定的地质灾害，如大面积的沉降、局部塌陷、地裂、地下水水质恶化等。补给地下水是一个非常漫长的过程，由于过度开采地下水造成的环境污染、打乱平衡等问题，很难通过人为的力量去弥补。

（4）不适当的人为整治和工程建设。

城市的发展离不开水资源，城市中的河道不仅仅在暴雨时发挥了排涝功能，还组成了城市的自然景观。由于疏忽了对城市的河道管理，导致现在河道臭气熏天，垃圾遍地。如何治理城市水系已经成为“经营”城市的重点工程之一。在实际管理中，为了巩固河岸，使用了大量的混凝土以及硬石料，隔绝了地下水和地表水之间的混流，打破了之前的渗入渗出平衡，降低了水的自净化能力，而且河岸硬化，水底很难生长生物，这打破了水的生态平衡，直接导致水生生物的死亡和灭绝。

4. 城镇化过程中水生态系统的恢复和重新构建

没有城镇化就没有一个国家的现代化，城镇化是我国正在实施的一个重要的社会经济发展战略。但城镇化的发展必须首先以“可持续发展”为原则，以“人与自然和谐相处”为核心，采取一切手段，恢复和重新构建水生态系统。

（1）规划先行。

城市的逐步形成、发展与其具有的集聚和辐射功能有密切的关系，如何从生态的和可持续发展的角度出发，规划城市、发展城市、达到人与自然和谐相处的目的，已经成为摆在我们面前的紧迫任务。

城镇化并不仅仅是大城市化，更不是绝对的把城市特大化。城镇化本身应该是一个自然而缓慢的过程。中国的国情是城镇化水平低，经济发展不平衡，如果不顾及当地的资源、环境、经济发展等自然条件，一味地搞城市建设“摊大饼”，这种发展模式已经带来了越来越多的“城市问题”，诸如城市结构失衡，交通拥塞，不透水面积扩大，城市热岛效应增强，河流湖泊被填没、缩窄、改道，城市集中暴雨的发生概率和暴雨强度与广大乡村相比有增加增大的趋势等。

城镇化的显著特点是人口的高度密集，尤其在中国，许多大城市的人口密度已经处于世界前列。但城市的许多问题诸如环境、交通、住房等也正是因为人口的高度密集引起的。面向未来的生态的城市规划，必须将人与自然的和谐放在首位，城市的规划以及发展不应该再局限在摊大饼式的模式上，而尽可能是以城市的各个功能分区、小城镇的形式有机联结为主要形式。虽然从传统意义上来说，城市集聚功能使人们能够更方便、快捷、经济地得到生产、生活所需要的一切资源，但现代科学技术的发展已经使这种资源的获得可以用另一种更方便、经济的方式来替代。在这样的生态城市规划中，各功能小区之间或小城镇之间的联结能够通过城市高架或轨道、道路交通、四通八达的地下铁路、纵横交错的光纤通信实现着人流、物流、信息流的交换。各功能小区之间以自然的森林、湖泊、河流、山川、田野相互间隔错落，城市和乡村的区别与界限不再明显。这种面向生态的多中心城市规划，能够最大限度地利用、维护城市或依山或傍水的整体自然山水格局，避免了城市盲目扩张造成对自然景观基础的破碎化，更主要的是能够充分利用自然的河流、湖泊、湿地，对恢复和重新构建水生态环境系统起了决定性的作用。

(2) 按“人与自然和谐”相处的理念优化管理水资源。

城市发展离不开水资源。对城市水资源的开发控制在适当的范围内，那么包括水资源数量在内的水生态系统将实现自我调节、恢复并保持动态平衡，但当对水资源的开发超过系统的承载能力时，就会对生态环境造成不可逆转的破坏。因此，必须按照“人与自然和谐相处”的原则，对城市区域内的河流进行防洪分析，结合社会、经济发展的特点、状况，科学合理设计洪水治理标准，改变过去那种一味强调提高防洪标准的做法，事实上，防洪标准也并不是越高越安全。从控制洪水发展到管理洪水，既要给洪水出路，又要充分利用洪水，尽可能使洪水资源化；其次，对枯水季的河流进行水资源分配计算，确定水资源开发的极限值，以满足河流系统的生态用水量。

（3）治理水体污染源头。

水体污染和洪涝、干旱一起成为城镇化过程中面临的三大水生态问题之一。水体污染不是水体、甚至不是河道本身的问题。不合理的产业结构、不健全的污水处理、不严格的管理制度甚至不完备的法制约束都是水体污染的原因。

水体污染问题的严重性已经到了刻不容缓的地步了。水作为水生态系统中流动的主体，它对污染的承载能力即自净能力取决于水体的流动能力以及土体、水中微生物的相互交换作用能力。正所谓“流水不腐，户枢不蠹”。治理水污染，首先必须从治理污染源头入手，才能够达到事半功倍的效果，否则无疑是缘木求鱼。其次是合理布局水处理设施及处理措施，根据城市区域的河流流量特点，选择最优化的尾水排放方式，最大限度利用区域水体的自然净化能力，一味地将污水集中处理排放进入特定的大水体，从对生态环境的维护出发是不科学的，经济上也是不合理的。再次，是将生态的理念贯彻到一切生产生活领域，废水与废弃物通过生态处理把污染控制在最低程度；最后，是建立健全“水权”制度，严格用水、排放的法律责任。只有这样，才能够恢复和保持水体自然、清洁的本来面目，恢复河流湖泊的水生态系统。

（4）科学整治河流水系。

随着城镇化进程的加快和经营城市理念的不断深入，城市水系的整治已经作为一项建设的重点工程逐步开展。但由于规划设计观念落后，又因土地、拆迁等方面的制约因素，许多城市河道往往被人为地渠道化甚至暗渠化，河岸功能单调，采取的工程措施又过于传统，即拓宽河道、裁弯取直、水泥衬底、石砌护坡、绿化栽树、景点建设，这些措施虽然能够产生立竿见影的效果，但从生态建设的角度，却带来了许多负面影响。如何整治河流水系，恢复和构建河流的水生态环境，可以从以下几方面考虑。首先从规划入手，根据城市的地理环境和河流山川的自然条件以及各分区之间的有机联系，审视和把握整个河流水系的特点，从防洪、除涝、引水、环境、生态的角度，整体规划城市水系，河流的平面曲线既不完全按照自然的或现状的格局，也不是机械地简单裁弯取直，而是充分结合城市规划布局，顺应水势的自然流畅。改变那种单纯为了配合道路建设、地块开发等而形成的僵直的平直线性的规则，赋河流以生气，赋水流以灵性，因为蜿蜒弯曲的水流更有利于生物多样性的保护。河道断面设计应改变那种仅仅为了追求水力经济性而采用的规则几何形状，代之于集河堤、滩地、深泓于一体的复合断面；河道堤防的建设，更应体现“生态”这一新的理念，河岸的功能要跳出单一的保稳定、防冲刷的旧框框，在考虑一定的强度安全、耐久的同时，改变以往河堤护砌形式，代之于土体、植物及其他材料组合而成的有利于生物生长的准自然状态的护堤，在一些航运冲刷很少的地区甚至考虑根本就不用护堤，最大限度地使水、土体、生物植物构建成相互涵养、依存的生态环境，畅通水体与土体之间的物质能量交换，提高水体的自净能力；河堤的景观设计，在保证河岸公用、敞开的同时，还应在河道堤防与人类活动区域之间保留一片自然的生态过渡带，使人、生物、环境能够和谐相处。尽可能少的建设拦河大坝、水闸、泵站，保持水流的自然流动顺畅。

城镇化过程在我国目前还仅仅处于起步阶段。人类在从农耕文明走向工业文明、从农村文明走向城市文明的过程中，毫无疑问是以生态环境的改变为代价的。发达国家在跨入后工业时代和信息时代后已经对过去城市化过程中的经验和教训进行深刻的反思。可以预见，在机器文明、信息文明之后，人类必将进入生态文明时代。生态文明既是可持续发展的基础又是核心，在我国的城镇化过程中，必须把生态建设尤其是水生态建设作为“可持续发展”的重点，坚持“人与自然和谐相处”的发展观念，只有这样我们才能够拥有更美好的明天。

三、发达国家城市水资源管理的若干经验

（一）日本的水资源管理概况

1. 日本水资源概况

日本在气候带上属于亚洲季风气候，降水量比较充沛，多年平均

降水量在1 700毫米到1 800毫米，接近于世界平均年降水量 970 毫米的两倍。但由于日本是一个狭长的岛国，地形特征决定了其河流长度短而比降大，最长的河流信浓川不过 367 公里，河水从源头到入海所需时间较短。同时由于降水量的季节分布不均衡程度较大，河流的最大流量与最小流量之比普遍比较悬殊。因此，洪涝灾害发生比较频繁，干旱缺水也偶有发生。从人均水资源占有量来看，全球平均为7 045立方米，日本为3 323立方米，日本尚不到全球平均水平的一半。

从水资源利用的情况看，以 1998 年数据为例，总用水量 887 亿立方米中，农业用水为 586 亿立方米占 66%，城市用水为 301 亿立方米占 34%。如果把城市用水进一步分解为工业用水和生活用水（包括家庭用水和城市活动用水），则工业用水为 137 亿立方米占 15%，生活用水为 164 亿立方米占 19%。从总用水量的经年变化来看，1975 年为 850 亿立方米，1990 年达到峰值的 894 亿立方米，其后略有下降。❶ 下降的主要原因是工业用水量的减少，与此同时农业用水保持稳定，生活用水略有增加。这里需要加以说明的是，工业用水量实际上是“淡水补给量”的概念。由于大部分工业用水都被回收重复利用（1999 年工业用水的回收率达到了 78. 1%），工业实际用水量远远大于淡水补给量。1999 年工业实际用水量是 564 亿立方米。由此可见，日本工业用水的循环利用达到了相当高的水平。

2. 日本水资源管理体系的基本现状

（1）法律体系。

日本的水资源管理法律体系以《水资源开发促进法》为龙头，主要包括《水资源开发公团法》《水源地域对策特别措施法》《河川法》《特定多目的大坝法》《电源开发促进法》《工业用水法》《水道法》《工业用水道事业法》《工厂排水规制法》《水质保全法》《水质污浊防止法》《湖泊水质保全特别措施法》等法律。其中，《水资源开发促进法》公布于 1961 年，以促进河流水系的水资源综合开发利用的合理化为目的，对水资源开发水系的指定、水资源开发基本规划的制定、水资源开发审议会制度、与国土综合开发计划的协调等内容做了规定。《水资源开发公团法》同样公布于 1961 年，它专为设立

❶ 林家彬. 日本国土整治体系考察报告——水资源管理篇［EB/OL］.［2003-3-1］. 国务院发展研究中心信息网.

以实施水资源开发项目为目的的水资源开发公团而制定，对水资源开发公团的地位、项目实施的方针和规划、具体运作方式、监管机制等做了比较详细的规定。《水源地域对策特别措施法》公布于 1973 年，其目的是为水库周边地区居民进行利益补偿提供法律依据。《河川法》公布于 1964 年，是关于河流管理的重要法律，对河流管理的原则、中央与地方政府在河流管理上的分工、河流利用的规制、河川审议会制度等做了详细的规定。其他法律从其名称就可以清楚地看出，分别涉及多用途大坝的建设和管理、水力发电、工业和生活用水、水质保护等方面的内容。

（2）组织体系。

日本中央政府中与水资源管理工作有关的机构较多，在 2001 年 1 月政府机构大规模改革之前涉及 6 个部级（日本称为“省”）机构，分别是环境厅（水质保全局负责水质的保护）、国土厅（水资源部负责水资源规划）、厚生省（生活卫生局水道环境部负责饮用水的卫生）、农林水产省（林野厅指导部负责河流上游的流域治理）、通商产业省（环境立地局负责工业用水，资源能源厅负责水力发电的规划管理）、建设省（河川局负责河流的治水和利水，都市局下水道部负责下水道的规划和综合协调）。2001 年 1 月政府机构改革之后，因国土厅和建设省都被合并在国土交通省之内，相关的部级机构减少为 5 个，分别是环境省、国土交通省、厚生劳动省、经济产业省和农林水产省，但从具体负责的局级机构来看并无实质性变化。

（3）规划体系。

日本的水资源规划分为全国规划和水系规划两个层次。但无论从规划的制定还是实施来看，两个层次之间的联系并不紧密。从规划的沿革来看，则是先有水系规划，后有全国规划。

水系规划是根据《水资源开发促进法》的规定，以“水资源开发水系”为对象，从 1962 年开始制定的。根据该法的规定，凡是在产业发展和城市人口增加迅速、需要制定紧急用水对策的区域，作为该区域主要供水水源的河流水系将被指定为“水资源开发水系”，并对该水系制定水资源开发基本规划。自《水资源开发促进法》颁布实施以来，先后有利根川、淀川、筑后川、木曾川、吉野川、荒川、丰川等 7 条河流的水系受到指定，并制订了各个水系的“水资源开发基本规划”。规划的基本内容包括：各部门用水量的预测及供给目标；为了达到供给目标所需要兴建的设施的基本情况；其他有关水资源综合开发利用合理化的重要事项。

日本的规划体系中重视对水系的规划，实际上可以追溯到 20 世纪 50 年代初日本战后国土规划的起步阶段。当时美国的田纳西河流域（TVA）综合开发的成功经验对日本的国土规划工作者的影响很大，使得日本战后最初的国土规划工作是从制定重要河流流域的综合开发规划开始入手的。其具体体现，就是 1953 年制定的“特定地区综合开发规划”，全国共有 19 个地区被指定为“特定地区”，包括的地域范围占到了日本国土总面积的 1/3。规划的基本思路就是以重要河流的流域为单位，综合考虑资源开发、国土整治、产业振兴、防灾减灾以及城市建设等多方面的目标。因此，日本对于河流水系的规划工作实际上早在立法形成之前就已经开始了。

截至 2002 年，全国规划共制定了 3 次，每一次都是在新一轮的全国综合开发计划公布后的第二年，以全国综合开发计划为基础制定的。第一次制定于 1978 年，名为“长期水供求规划”。第二次制定于 1987 年，名为“全国综合水资源规划”。第三次制定于 1999 年，名为“新全国综合水资源规划”。以最新的全国规划为例，它包括以下内容：日本水资源的现状与问题；上一轮全国规划的基本目标及实现情况；对未来社会的展望及与水资源相关的主要问题；构筑水资源可持续利用社会的基本目标；实现目标的对策措施；规划实施方面需要注意的问题。

对于都道府县一级的地方政府是否制定本地区的水资源规划，日本没有统一的规定和要求，由各地方政府根据需要自行制定。目前，在全部 47 个都道府县中，有 20 个县拥有自己的水资源规划，另有一些地方是将有关的内容反映在当地的综合规划中。

（4）政府资金投入体系。

日本的水资源管理方面的政府资金投入分为确保生活用水、确保工业用水、确保农业用水、促进水资源开发、促进水资源有效利用、水源和水质的保全、地下水利用的合理化、水源区对策等八个项目。这些资金投入分散在政府的各有关部门，如确保生活用水在厚生劳动省，确保工业用水在经济产业省，确保农业用水在农林水产省。2001

年的水资源管理政府资金投入额为23 956亿日元，占当年政府一般会计预算支出的3.0%。

3. 日本水资源管理若干重要方面的做法

在我国目前关于水资源管理的探讨中，水权、水价、河流管理中中央与地方政府的分工、对水源区的利益补偿机制、地下水的管理等方面属于热点和难点问题。因此此次考察中对这些方面的问题进行了重点了解。

（1）水权。

在日本，水权的原始形态是在漫长的农业社会时期村落共同体之间出于利益协调的需要而自然形成的。1896年日本第一部河川法（旧河川法）制定时，在形式上对水资源的利用采取许可制，但实际上是对既成事实加以认定，由此而形成的水权被称为沿袭水利权。1964年日本对河川法进行了根本性的修改，将过去以治水对策为核心的旧法修改为水资源开发利用与治水并重的新法，但新河川法对沿袭水利权未做触动，一律视为在新法下仍得到许可。根据有关统计，目前在一级河流（主要由国家管理的、比较重要的河流）上共有取水点约10万处，其中的8.2万处属于沿袭水利权。沿袭水利权的主体一般是村落共同体，取水规模一般不大，绝大多数都是取水量在每秒1立方米以下、灌溉面积在30公顷以下的小规模用水。沿袭水利权之外的水权，则都是工业化和城市化发展进程中，为满足工业用水和城市用水的需要而通过水资源开发工程（水库和引水工程等）形成的，水权的所有者是水资源开发项目的管理者，一般为中央或地方政府。也有一些农村地区根据1949年制定的《土地改良法》对农田进行了包括修建引水和灌溉设施在内的大规模农田改造，水权形态也相应地发生了变更，从过去村落共同体所拥有的沿袭水利权过渡为以“土地改良区”（仍是农民的自治性组织，其地域范围一般与村大体一致）为拥有者的水权。除水力发电以外的水权每10年进行一次调整和重新认定，水力发电的水权每30年进行一次调整和重新认定。

从上述的水权制度形成过程来看，日本的水权制度安排隐含着尊重已经形成的权属格局、后来者主要通过另辟来源满足自身需要的原则。

（2）水价。

日本的水价按生活用自来水、工业用水和农业用水分为三个不同的体系。

生活用自来水的供给者是各地方政府设立的自来水公司，均为公营企业。1999 年，日本全国的自来水平均价格（按各公司供水量的加权平均，下同）为每立方米 141 日元，而平均供水成本为每立方米 181 日元。供水成本由水资源费、折旧费、贷款利息、维修费、动力费、人工费等组成。水价低于成本的部分由地方财政负担。2001 年 3 月经修订后重新颁布的《水道法》中对自来水公司规定了公开其成本信息的义务，目的在于增进消费者的理解。

工业用水的提供者同样是地方政府的自来水公司。2000 年，日本全国的工业用水平均价格为每立方米 24.07 日元，大大低于生活用自来水的价格。造成这种巨大价格差的原因主要有以下三点：第一，供水成本本身的差异。由于生活用自来水对水质要求较高，管线进入千家万户，因此设施成本和处理成本都要高于工业用水。第二，中央政府从促进产业振兴的角度出发，对地方政府的工业用水设施建设费用给予补贴，中央政府的负担比例可达到 50%。第三，许多地方政府出于吸引投资的考虑，实行工业用水的优惠价格，由地方财政对自来水公司进行补贴。[1]

农业用水的使用者——农民由于本身拥有水权，因此不是按用水量支付费用，而是以支付水利设施的建设费用（分期还贷）和维护管理费的形式付费，这些费用均以农户所拥有的土地面积作为分摊标准。1998 年，日本水稻种植农户的水利费平均支付标准为每公顷 79 330日元，相当于农户生产成本的 5.9%。

此外，城市居民除负担水费外还须负担污水处理费。1999 年，城市居民所平均支付的污水处理费价格为每立方米 121 日元，而实际平均处理成本为每立方米 206 日元。

（3）河流管理中中央与地方政府的分工。

日本的《河川法》中对河流管理中中央与地方政府的分工有着明确的规定。首先，河流按照其重要程度被分为“一级河川”“二级河川”和“准用河川”。“一级河川”由中央政府（国土交通大臣）指定，其重要程度最高。其中又分为两类，即特别重要的区间由中央

---

[1] 戴冬梅，韩铁军. 日本水循环经济发展中的经验和做法及对我国的启示［J］. 区域经济与产业经济，2014（7）.

政府直接管理，称为“直辖管理区间”；其余区间由中央政府委托都道府县政府进行管理，称为“指定区间”。“二级河川”由都道府县知事指定并管理，其重要程度次于“一级河川”。其余的河流均为“准用河川”，由市町村级地方政府负责管理。按不同主体所管理的河流长度占总长度的比重来看，“直辖管理区间”占 7%，“指定区间”占 54%，“二级河川”占 14%，“准用河川”占 25%。也就是说，日本河流总长度的 68% 是由都道府县级地方政府来管理的。

《河川法》中专门有一章对河流管理所需费用的负担原则作了详尽的规定。限于篇幅，这里无法对这些规定一一介绍，而只能比较笼统地说，“受益者负担”的原则在这些规定中有比较充分的体现。

近年来，日本正在对河流管理中中央与地方政府的分工进行新的探讨，以使河流的管理体系能够与经济和社会的变化相适应。1999 年 8 月，日本“河川审议会”针对这一问题提交了一份中间报告，其中对管理的分工问题提出了两条基本方针。其一是，根据国家只管理对于国土整治和国民经济具有重要意义者的原则，需要定期对一级水系和直辖管理区间进行重新划定。其二是，为了形成各具特色的自立型区域社会，需要流域内的各种主体广泛参与河流的管理，因此在各类河流都要促进地方政府、市民和非营利组织（NPO）对河流管理的参与。

（4）对水源区的利益补偿机制。

对水源区的利益补偿是区域利益补偿的一个比较典型的情形。水源区要承担库区淹没损失、因保护库区生态环境和水质的需要而使生产和生活活动受到限制等影响，而因此受益的是下游地区，所以通过恰当的利益补偿机制对水源区进行补偿是必不可少的。以下是日本在这方面的做法。

日本迫切地感到建立水源区利益补偿制度的需要，是在 20 世纪 60 年代经济步入高速增长时期以后。当时工业和城市用水急剧增加，需要大量修建水库以开发新的水源。但水库的建设主体与库区居民之间往往就补偿问题旷日持久地争执不下。人们开始认识到，仅仅靠水库建设主体能够承担的经济补偿是不够的，需要采取更为综合的对策。在这种背景下，1972 年制定的《琵琶湖综合开发特别措施法》

在建立对水源区的综合利益补偿机制方面开了先河。以该法为基础，琵琶湖综合开发规划中包括了对水源区的一系列综合开发和整治项目，国家提高了对这些项目的经费负担比例，同时下游受益地区也负担水源区的部分项目经费。1973 年制定的《水源地区对策特别措施法》则把这种做法变为普遍制度而固定下来。[1] 目前，日本的水源区所享有的利益补偿共由三部分组成，即：水库建设主体以支付搬迁费等形式对居民的直接经济补偿；依据《水源地区对策特别措施法》采取的补偿措施；通过“水源地区对策基金”采取的补偿措施。

根据《水源地区对策特别措施法》的规定，当建设水库或湖泊水位调节设施时，均需由所在地的都道府县政府制定综合的水源区综合发展规划，对于根据规划实施的项目（包括土地改良、治山治水、上下水道、道路、义务教育设施等公共工程），国家依法提高经费负担的比重。各级政府和水库建设主体并对因水库工程而失去原有生活基础的居民负有妥善安置的义务。从截至 1999 年年底为止的水源地区综合发展规划的实施情况来看，道路建设是项目经费支出的大头，仅此一项就占了总支出的近 50%。其次是土地改良，占总支出的 11. 3%。从经费的负担主体看，中央政府占 47%，都道府县政府占 24%，市町村政府占 27%，其他主体占 2%。

“水源地区对策基金”是与《水源地区对策特别措施法》基本上同时形成的另一种利益补偿机制，其基本定位是作为《水源地区对策特别措施法》的补充。基金的构成主体是流域上下游各有关地方政府，以财团法人的形式进行管理。如果河流是《水资源开发促进法》所指定的“水资源开发水系”，则中央政府对基金的原始资金给予一定的资助。“水源地区对策基金”的用途主要包括：库区移民的安置对策（对购买替代房地产提供贷款贴息、设置生活咨询员等）、地区振兴对策（建设道路和生产性基础设施等）、开展上下游交流（举办各种活动）等。也有一些流域的基金对水源区营造水源涵养林予以资金援助。

除此之外，还有一些地方开展了具有独创性的探索。如丰田市于 1994 年在全国率先建立了“丰田市水道水源保全基金”，用于上游水

[1] 日本国土厅编：《新全国综合水资源规划》，1999 年 6 月。

源涵养林的维护和管理。该基金从丰田市民交纳的水费中按每立方米 1 日元提取，每年年度积累额的一半用于对上游 5 个町、村发包的人工林间伐工程支付工程款。

（5）地下水管理。

日本在工业化的初中期阶段曾因过量开采地下水而造成大范围的地面沉降和海水入侵等突出问题。在最为典型的关东平原地区，地面沉降的高峰期从 20 世纪 30 年代开始到 20 世纪 70 年代为止持续了 40 多年时间，有的观测点累积沉降值达到了 4 米多。针对这种状况，日本的对策主要是通过立法手段对地下水的开采进行限制，此举收到了比较明显的效果。

日本专为限制地下水的开采而制定的法律有两项，一项是制定于 1956 年的《工业用水法》，目的在于限制地面沉降严重地区的工业企业对地下水的开采，其限制对象区域包括 10 个都府县的 17 个区域。还有一项是《关于限制建筑物取用地下水的法律》，限制对象区域是地面沉降极端严重的地区，涉及 4 个都府县的有关区域。在限制对象区域内，建造和使用动力抽水水井均须经过地方政府的批准。除非申请者能够证明地下水的用途难以被地表水替代，申请将不会被批准。

除了上述法律手段之外，还有三个地面沉降严重的地区制定了《防止地面沉降对策大纲》，分别是名古屋周边地区、福冈县及佐贺县部分地区、关东平原北部地区。这三个大纲分别对各自对象区域的地下水开采总量提出了限制目标。

此外，关于人工涵养地下水的研究和尝试目前在日本各地开展较多。主要方法包括：在地表水的丰水期进行人工回灌；建造渗透池；对城市路面使用透水性材料；在有条件的地方建造地下水库等等。

（6）行政主管部门之间的沟通与协调。

如前所述，日本中央政府中与水资源管理有关的部级机构在机构改革之前多达 6 个。这些机构各自为政、彼此之间缺乏沟通和协调的弊端受到来自各方面的批评。但是改变这种状况的努力已经开始。在原国土厅水资源部水资源规划处处长的倡议下，以 6 个有关部级机构的 9 个相关处为成员的“构筑健全的水循环体系相关省厅联络会议”于 1998 年 8 月组成。该会议以构建健全的水循环体系为目标，首先开展了各部门之间的信息沟通和意见交换，并研究相互之间开展合作和协调的方式和途径。该会议组成以来基本上每个月举行一次例会，并在 1999 年 10 月形成了一份关于构建健全的水循环体系的中间报告。该报告涉及了下列的内容：对水循环体系的现状和存在问题的认识；对健全的水循环体系的定义；构建健全的水循环体系的政策方向；水循环体系存在问题的主要根源及其对策。

4. 日本水资源管理经验对我国水资源管理的启示与建议

我国的水资源基本态势较日本远为严峻。我国的年均降水量为 650 毫米，只相当于日本的 1/3 强；我国的人均水资源量为2 220立方米，只相当于日本的 2/3。而且水资源的空间分布的不均衡程度远甚于日本，国土面积的 45% 是年降雨量在 400 毫米以下的干旱半干旱地带。西北地区面积占全国总面积的 1/3，水资源量仅占全国的 4.6%；黄河、淮河、海河三大流域的河川径流量不到全国的 6%，而耕地面积却占全国的 40%。我国的水资源目前面临着水资源紧缺、洪涝灾害频繁、水质污染严重和水生态环境恶化四大问题。由此可见，我国需要比日本更加严格和科学的水资源管理体系，非此不足以应对我们所面临的极其严峻的水资源态势。

从这样的基本认识出发，在借鉴日本的有关做法的基础上，对完善我国的水资源管理体系提出如下思考和建议。

（1）强化以大江大河流域为单位的水资源管理。

大江大河流域其本身形成了一个完整的生态系统。同时，大江大河流域又存在着众多的利益相关者，这些利益相关者围绕水资源的利用和保护在很多方面都需要进行利益的协调。因此，无论是从自然的角度还是从社会的角度出发，把大江大河流域作为一个完整的单元进行水资源管理都是非常必要的。但从目前的实际情况看，我国的大江大河流域实际上处于分割管辖的状态，由不同行政区划的不同主体分别行使管理权。我国虽然设有七大流域的管理机构，但这些机构只是水利部下属的副部级或局级事业单位，没有独立的管理职责，缺乏统一调度和管理流域水资源的功能，没有能力协调流域内部各个行政区之间的水资源管理工作，因而水资源实际上无法真正实现流域统一管理。由此而引发的问题很多，最突出的表现就是黄河的断流和淮河的严重污染。特别是淮河的例子中，为了理顺流域的管理体制，不得已在《淮河流域水污染防治条例》中设立淮河流域水资源保护领导小组，授予该小组以行政权，行使淮河流域水资源的行政管理职能。这充分说明了现行流域管理体制的软弱和缺位。[1]

为改变这种状况，亟须强化以大江大河流域为单位的水资源管理。当务之急，是建立必要的法律和制度保障。包括为大江大河专门立法，以法律为依据大幅度强化流域管理机构的职能，赋予其对全流域的水资源的开发、利用和保护实施统一监督管理的权限，目标是实现以流域为单元的水资源统一规划、统一调度、统一监测和统一管理。同时，需要建立有效的参与机制，使流域众多利益相关者的意见能够得到充分的反映和协调。

（2）建立和完善对水源区的利益补偿机制。

前面已经提到，日本从实践中认识到建立对水源区的利益补偿机制的重要性，通过专门立法以及建立流域共同基金等形式实施了比较有效的利益补偿，从而有利于全社会围绕水资源利用的“帕雷托最优”[2] 的状态实现。

相比之下，我国长期以来对这个问题缺乏明确的认识，虽然已经存在一些局部性的探索，但就总体而言还没有制度化的利益补偿机制。目前正在审议过程中的《水法（修正草案）》提出要建立饮用水水源保护区制度，也只是要求省级政府“划定饮用水水源保护区，并采取措施，防止水源枯竭和水体污染”，而对水源保护区的利益补偿问题只字未提。很显然，如果水源区保护的实施主体——当地居民只有付出而得不到恰当的补偿，那么保护水源区的愿望就无法实现。借鉴日本的成功经验，建议我国采取以下方式尽快建立对水源区的利益补偿机制。第一，制定《水源保护区法》。该法除规定水源保护区的划定办法、各类主体对保护水源保护区的责任和义务之外，还应规定国家对水源保护区实行利益补偿的原则，作为实施利益补偿的法律依据。第二，根据该法规定，各个水源保护区应制定“水源保护区

---

[1] 关于构建健全的水循环体系的相关省厅联络会议：《构建健全的水循环体系（中间报告）》，1999 年 10 月。

[2] 帕累托最优（Pareto Optimality），也称为帕累托效率（Pareto Efficiency）、帕累托改善、帕累托最佳配置，是博弈论中的重要概念，并且在经济学，工程学和社会科学中有着广泛的应用。帕累托最优是指资源分配的一种理想状态，即假定固有的一群人和可分配的资源，从一种分配状态到另一种状态的变化中，在没有使任何人境况变坏的前提下，也不可能再使某些人的处境变好。换句话说，就是不可能再改善某些人的境况，而且不使任何其他人受损。

综合发展规划”，国家和省级政府共同分担实施规划所需的资金。第三，根据该法规定，各水源保护区所在流域的有关地方政府共同组建流域共同基金，出资比例由有关各方按主要在水资源利用中的受益程度协商确定。基金的用途主要用来支持和鼓励对水源区和上游地区的生态环境保护和水质保护行动。

（3）加快推行一元化的水资源管理体制。

长期以来，我国实行的是分级分部门的水资源管理体制，造成了城乡分割和部门分割的体制特征，被称之为“多龙治水”体制。在这种体制下，管水量的不管水质，管水源的不管供水，供水的不管排水，排水的不管治污，治污的不管回用，其结果是难以制定统一、规范、配套的管理法规和政策，不利于水资源的合理配置。同时，由于多部门管理，导致职能交叉、政出多门、推诿扯皮、行政效率低下的问题。

由于上述这些明显的弊端，我国一些地方已经探索建立了水资源统一管理的水务局模式。深圳市于 1993 年组建了全国第一个城市水务局。2000 年 5 月，上海水务局挂牌成立，到 2001 年 11 月，全国已经有 804 个县级以上单位成立水务局或由水利系统实施水务管理，占全国县级以上行政单位总数的 44%。深圳和上海等地的实践表明，这种对涉水事务进行统一管理的模式既提高了行政效率，也提高了水资源的利用效率，改革是成功的。但是，由于这种改革牵涉到多个部门之间的利益协调，实施的障碍也不少。建议有关部门对已有的探索进行深入的调查研究，认真总结正反两方面的经验，鼓励各地方尽快建立水资源的统一管理体制。

在国家层次上，水法（修订草案）的表述为：“国务院水行政主管部门负责全国水资源的统一管理和监督工作”，“国务院有关部门按照职责分工，负责水资源开发、利用、节约和保护的有关工作”。这实际上是对我国目前水资源的管理和监督主要由水利部负责，但其他一些部门的工作也与水资源的开发、利用、节约和保护分别相关这种格局的客观描述。我们认为，在国家层次上的确是难以实现如地方上那样的涉水事务在机构上的一元化。但日本通过建立部际联络会议的方式来加强各部门之间的协调和沟通的尝试非常值得我们借鉴。建议水利部在这方面应主动牵头、出面组织。[1]

（二）新加坡的城市水资源管理模式

新加坡水资源管理模式获得了“斯德哥尔摩工业水资源奖”，其公用事业局在水资源管理上可谓用心良苦。新加坡在管理本国的水资源和污水及废水再利用方面非常成功的一个主要原因是其重视水资源的全方位管理，包括管理水资源的供应和需求、污水废水和暴雨洪水的管理、制度有效性的研究和创造一个有利的环境，例如强有力的政策决策机制、有效的法制框架和有经验且积极性很高的人力资源等。

1. 水供应管理

新加坡利用海水淡化技术和循环再生水技术，以及暴雨收集利用技术来扩展本国可以获得的水资源，并且利用技术的发展来获得更多水源，改进水质管理并逐步降低产出和管理方面的花费。海水淡化技术正在成为扩大和多样化可获得水源的重要途径。在 2005 年，投资 11.9 亿新元的 Tuas 海水淡化工厂正式成立。其淡化流程采用的是先进的双向渗透技术。

通过收集、处理废水再利用是增加新加坡水供应的第二个措施。新加坡实现了 100% 的下水道的连通，所有的污水都得到了收集和处理。新加坡也许是世界上少有的几个使用再生水的国家，污水通过先进的双向渗透膜和紫外线消毒技术处理以后成为再生水，这些处理以后的再生水主要供给工业和商业用水户，因为这些部门对再生水水质的要求不高。新加坡目前有三个工厂生产再生水。

水源获得扩展的另一个途径是减少不可计量的水损失，例如由滴漏、渗透造成的实际损失等，以及不精确的水表造成的一些用水无法计量等。在 1990 年，新加坡的水资源的不可计量损失占总量的 9.5%，即使是这个水平也可能是世界上不可计量损失最少的水平。然而，新加坡的公用事业局最近几年已经通过努力将这个数字降为 5% 左右。而在亚洲的一些城市中心地区的不可计量损失可能达到 40%～60%。[2]

---

[1] 杨健强. 水资源与城市可持续发展：昆明水资源研究［D］. 北京：清华大学，2001.

[2] 童国庆. 新加坡，一个可供我们学习借鉴的城市水资源管理模式［N］. 中国水利报，2007-07-04.

新加坡的公用事业局现在有一个高级水资源管理技术中心，由50个专家成员组成，提供必要的研究和发展支持。

在防治污染方面，新加坡的不少做法也值得我们借鉴。对于1976年新加坡出台的排污规定，政府给予了严格地执行。例如，当养猪场流出的污水成为主要的污水来源时，新加坡推出了“养殖行动法案”来严格限制牲口的养殖以保护公众的健康，将这些牲口指定在一定区域养殖，保护了流域不受所养殖牲口的排泄物的污染。

2. 水需求管理

对来之不易的水资源，新加坡的公用事业局对水需求制定了深层次的管理制度。利用水资源税收政策进行水需求管理，对居民的用水需求用经济杠杆来调控。

在新加坡，用水户除了交纳水费、水保费以外，还要交纳污水处理费和清洁费等。这些费用收取的标准根据用水需求的不同而不同。例如，家庭用水和非家庭用水每月不足40立方米时收取的水费标准是1.17新元每立方米。如果每月超过40立方米，水费将会达到1.4新元每立方米。

对用于该国水资源保护方面的建设征收的水保费，月用水少于20立方米的用户免收水保费，月耗水超过20立方米的用户收取水费30%的水保费，如果用户耗水量超过40立方米，则水保费将上升为水费的45%。

统计数据表明，在1995~2004年，新加坡的居民用水需求呈稳步下降的趋势，同时居民的月水费上涨了一倍。这说明政府新制定的水资源政策对控制居民的用水需求有着直接和明显的影响。这种影响是有利于该国的水资源管理的。

新加坡的水资源税收政策很有特色，对水需求管理很有帮助。对所有的用水户收取的水保费，对促进用水户节约用水和从总体上控制水需求有着重要作用。水的排污费主要用于污水的处理和公共排污管理的维护和保养等方面，对于非居民用水收取的污水排放费是居民用水的两倍，因为对非居民排放的污水的处理有着更大的难度和花费。新加坡收取的水费主要用于水资源系统的维护和对新兴项目的投资，然而这部分资金是由政府操作而不是公用事业局操作。

出于水资源取费的公平和合理，政府对低收入家庭还进行了政策上的扶持。对不能支付水税收的低收入群体能够从政府那里得到一定的津贴，而不是将津贴转变为给每个居民一定的水量，这个政策对社会经济方面很有效益。对居住两室或者一室的家庭在水费的收取方面可以得到较多的折扣，一些特别困难的家庭还能从该国的社区发展青年和运动部门获得相应的资助，以获得生存用水的需求。

3. 管理特点

新加坡的水资源供应和污水处理系统无论在表现形式、透明度和效能等方面都是可以效仿的。新加坡的公用事业局的管理经验值得世界上的发达国家和发展中国家学习。

公用事业局通过竞争性报酬和奖励机制调动了员工的工作热情。此外，还推出一系列有力措施，包括对员工进行职业培训、良好表现的奖励机制以确保水资源管理队伍的良好发展。

新加坡的公用事业局采取了多种措施控制腐败现象，包括对员工进行管理典范和管理规则的培训、有效的内控程序、定期审计和对有可能产生腐败问题的及时处理等。公用事业局的职员要定期述职，述职内容必须包括资产变动情况、投资情况和廉洁情况等方面。公用事业局在国家级的反腐法律法规的监控下运作，公众对水管理官员的腐败现象的抱怨可以直达新加坡反腐调查局。

4. 高度裁决权

水资源管理机构缺少一些重大事项的自我裁决权，是困扰亚洲一些发展中国家的一个基本问题，由此产生一些影响水资源管理机构效能的其他问题。

新加坡的公用事业局具有高度的裁决权和自治权，有坚实的政治和公众的支持，这使他们可以制定合理的、利于管理水资源的水税收政策。1997~2000 年，新加坡的水税收数量在合理有序地上升。这种水税收的合理上升不仅降低了居民的月用水需求，也增加了公用事业局的收入，使他们有足够的资金进行现有系统的维护和操作，也能够对未来系统进行投资。

其他发展中国家的水资源机构由于缺少必要的裁决权，结合其他一些相关因素，水资源管理实体所获得用于水供给和水卫生的资金在逐年减少。这也使其他所有水资源管理行为都受到了损失。

新加坡的管理经验表明：给予水资源管理机构一定的裁决权、自治权和其他一些必要的环境条件，不仅在经济上对这些水资源管理实体是可行的，也有利于这些实体进行其他的项目活动。

5. 新加坡水管理座右铭：节省、珍惜、享用

在新加坡这个没有地下水的城市国家里，雨水是珍贵的，但没有足够的土地来储存雨水又是令人头疼的。而新加坡的降雨量是可观的，这里每年的降雨量有2 400毫米，降雨是不是可遇而不可留呢？尽管新加坡未能占尽天时与地利，但新加坡水管理机构使出浑身解数，做到了“人和”。在收集雨水方面，新加坡政府修建了很多蓄水池，还利用许多河流来作为蓄水池。现在，新加坡总土地一半已被划为蓄水区，到 2009 年，新加坡两个大型蓄水池工程完成后，蓄水面积扩大到全国土地面积的三分之二。

新加坡的供水主要有四个途径：海水淡化、新生水、国内蓄水区的水、外来水供应，如向马来西亚购水等。在这四大水源中，蓄水区的水所占地位相当重要，直接影响到国家对其他三类水源的依赖程度。因此如何利用好天之甘露，对新加坡人来说意义重大。水资源来之不易，新加坡人对水资源就格外节省、珍惜。

节省、珍惜、享用是新加坡水资源管理的座右铭。在水资源管理方面新加坡也实现了全民水源。政府通过各种宣传努力让人们意识到，水资源管理不仅是政府的责任更是每个人的责任，公共机构和私人要各尽所能。在一些方面，政府可以强制执行，但要顺利执行很大程度上还需要公众的支持和配合。例如，新加坡政府以合理的水价强制节水措施：政府也强制要求，到 2009 年年底，所有新建筑或新装修的建筑，都必须安装双排档节水马桶水箱，供使用者选择全冲模式或节水的半冲模式。

对新加坡政府倡导的节水行动，市民也在积极响应，对于节水可算功不可没。诸如每次少冲凉一分钟、使用大小档双排档省水马桶、对目前暂不能更换的马桶，利用更换马桶冲水配件及在马桶水箱内放入装满水的塑料袋来减少冲水量、安装节水龙头等等活动。这些活动新加坡的居民都积极地参与。市民还积极参与讨论，为节水出谋划策，一些市民还提出设立了公众参与节水的信息平台。

针对市民提出的问题，新加坡公用事业局能很快拿出解决方案。目前，新加坡公用事业局正在与新加坡环境保护理事会合作，建立一

个展示节水小窍门的网站。以此帮助市民们在节水方面进行沟通，方便市民发布点滴的节水经验。同时，公用事业局还组建了“节水志愿者组织”，组织成员深入各个家庭，进行帮助居民安装节水装置，减少水龙头的水流量等等节水活动。

在新加坡，水资源利用的一大原则就是“将一滴水变成两滴水用”。由此可以看出水资源的宝贵。在这个国家，由于宣传到位，人们的认识程度也达到了一个很高的水平。一个良好的水环境还需要公众的自觉保护，不要污染水源。新加坡大部分的水库靠近居住区，他们利用水库创造很多娱乐功能，给人们一个良好的亲水环境，开展一些清洁的水上活动，通过这些活动可以让人们更加珍惜和爱护水源，自觉保护拥有的良好水环境。让公众认识到真正享用水资源的还是公众自己，何乐而不为呢？

6. 对我国的启示

不管用什么标准来评定，新加坡的公用事业局在水资源的管理方面都可以算得上是名列前茅，位列世界上水资源管理实体总数的5%的少数几个较好国家之中。

在新加坡公用事业局对水资源的有效管理下，新加坡100%的人口获得健康饮用水和卫生条件，并通过污水处理后的回用、海水淡化、增大集水区等手段，来实现水源多样化；整个的供水系统，从水厂到用水户，都100%地安装了水计量系统；在2004年，不可计量的水量损失只有5.18%；在2004年，为每个新加坡公用事业局的职员提供服务的资金账户数为376个；2004年的水税收的收取率达到99%。

以上一些统计表明：作为一个缺水的城市国家，新加坡的公用事业局在管理总体的水循环方面有了革命性的进步。公用事业局执行综合的水事务职责，制定国家水资源发展战略，并得到了政府的强力支持。公用事业局职能的扩大。使它能够联合土地规划与水资源利用等部门进行水污染控制和城市集水区管理，使得水资源的管理更具有可操作性，形成了全方位的管理模式，效率有了很大提高。通过技术革新，进行废水回用和海水淡化扩大了水资源范围。鼓励私人投资的水务公司加入到水设施商业活动中，进一步改善了投资效率，促进了地方水工业的发展。

实施了广泛的经济手段，如多样化的水费的收取、用于维护排污管道的取费、清洁取费等，鼓励使用再生水系统、节水减免税、超标排污罚款、鼓励私有公司投资和加入水设施商业活动等，都发挥了非常好的效果。

公用事业局通过实行高薪高报酬制度、反腐败制度和拥有较高的裁决权等方式来有效地管理水资源。除水资源管理和供水外，还扩展到包括废水处理和回用、洪水控制和废水系统等领域。这样的综合性水管理机构使得行政管理效率大大提高。

强有力的公共宣传和教育，特别值得注意的是，新加坡在强化了公众的水资源和环境保护的意识后，采取严格执法来具体落实相关的法律法规，因而效果十分显著。

新加坡不仅具有完善的水资源管理方面的法律法规体系，而且特别强调法律的严格执行。大的方面包括水资源管理、水污染防治，甚至是反腐败等，都取得了非常好的效果。

此外，他们投入巨资在水处理技术方面进行研发和深层次的研究，在海水淡化、污水收集和处理、水库联调、冰源扩展等方面，都取得了良好的效果。

第五节　城镇化建设带来的环境污染问题及对策

当今世界城市化进程飞速发展带来的环境污染和生态破坏问题日趋严重，已经成为制约人类经济社会持续发展的重要因素、随着经济的持续、快速增长，我国的城镇化已进入加速发展阶段，而且这种快速增长的势头将持续较长时期。如何在城镇化进程中解决环境污染和生态破坏问题，探索一条适合我国国情的城镇化发展道路，是我国环境保护领域的一项重大课题。城市垃圾的无害化处理，是城市环境保护工作的重要方面，是关系到保护和改善生活和生态环境，防治污染，改变传统发展模式，使经济发展与环境保护相协调的重要问题。为了推动城市生活垃圾处理技术的发展，指导各城市选用适宜的垃圾处理技术，尽快解决城市生活垃圾污染环境的问题，中国政府组织有关部门、科研单位和专家学者进行了积极探索，一些城市生活垃圾处理适宜技术得到了有效利用。但是中国城市化过程中的环境问题仍将面临巨大挑战。

一、我国城市垃圾的处理技术

中国城镇化过程中的环境问题的基本情况是：中国各城市在经济承受能力、土地资源、垃圾质量等方面差别很大，各城市根据本地的实际情况，相应采取了填埋、堆肥、焚烧等三种垃圾处理形式，三种处理技术的成熟程度差距较大。目前，在我国城市垃圾处理上主要采用的是填埋技术。

1. 卫生填埋技术

填埋是处理生活垃圾不可缺少的主要方式。我国卫生填埋技术已具较大规模，千吨/日以上规模的卫生填埋场已不鲜见。填埋防渗和人工防渗等技术在填埋场中得到应用，建立了渗滤液排导系统，基本解决了渗滤液的渗漏问题。甲烷气的收集排放技术基本上控制了甲烷气引起的危害。目前，我国的填埋正从单纯处理转到资源利用方向。

2. 堆肥技术

堆肥是实现城市垃圾资源化、减量化的一条重要途径。我国垃圾中可堆肥有机物含量较高，比较适合堆肥处理。目前，我国垃圾堆肥处理已具有一定的规模，技术日趋完善，已能设计建造 100 吨/日～200 吨/日规模堆肥处理厂。堆肥是传统的工艺与有机复合肥的制造工艺相结合，烘干技术的应用要保证了无害化的实现。有机复合肥得到广泛应用，对改良土壤、恢复生态环境、实现生态农业发挥了作用。

3. 焚烧技术

焚烧因其减量幅度大，能将废物变为能源，可以节约大量土地资源而倍受关注。目前，我国深圳、重庆等城市已经利用了焚烧技术处理垃圾。我国垃圾焚烧装置的研制已经取得积极进展，但部分设备的

技术还需要进一步提高。❶

众所周知，填埋、堆肥和焚烧三项技术各具优缺点，有些技术彼此之间是不可缺少和替代的。从发达国家的情况来看，也不存在某一项技术一统天下的状况。中国各城市在经济承受能力、工地资源、垃圾质量等方面差别很大，因此，中国关于城市生活垃圾处理的技术政策要求各城市一定要结合本地的社会、经济、文化特点，甚至生活习惯，因地制宜地选择生活垃圾处理技术。目前，我国垃圾无害化处理率为 58.5%。

今后，我国的城市垃圾治理要本着“因地制宜，综合处理”的原则，根据各城市的具体情况，从源头抓起，推进城市垃圾处理向减量化、无害化和资源化方向发展。并继续贯彻对外开放政策，对于垃圾处理设备等采取市场准入制度，允许国外企业与国内企业平等竞争；进一步提高我国垃圾处理水平。

二、我国城镇化进程中的环境问题及其对策

（一）农村城镇化进程中面临的主要环境问题

我国的基本国策包括优先发展农村城镇化，优先发展我国的小城镇以及农村非农产业。虽然我国的小城镇和农村在整体上还是健康、迅速发展的，但出现了很多环境污染问题以及生态问题。

1. 城镇化速度不合理造成小城镇人口压力过大

我们在衡量一个城市的城镇化水平时，不能够仅仅通过城市人口所占全部人口比例来判断，农村人口向城市转移应符合城市工业的容纳量。一些地区以出售城市户口为手段，加快农村人口向城市转移。这不仅造成了城市人口饱和，而且使城市中闲杂人员增多，给当地住房、交通、社会安定带来了很大压力。

2. 小城镇建设缺乏宏观规划，土地资源浪费严重

很多小城市在建设时缺乏科学合理的城市规划，城市建设过程非

❶ 沈静珠. 城市进化过程中注重解决环境污染和生态破坏［EB/OL］.［2004-5-8］. http://www.people.com.cn/GB/14576/33320/33329/2483649.

常随意，造成了城市功能区混乱，政府配套的基础设施不能很好服务于大众。在浪费大量土地资源的同时，也浪费了大量人力、物力、财力。

3. 乡镇企业造成的环境问题

农村城镇化发展的核心是乡镇企业。经济体制改革给我国乡镇企业的迅速发展提供了机遇，使得乡镇企业成为农村经济的主要支柱，这在很大程度上增加了农村的就业岗位，增加了农民收入，提高了农民生活水平。我国乡镇企业的发展，进一步推进了我国改革开放的进程，促进了城乡一体化的发展。但是我国的乡镇企业还布局太过于分散，不方便相关的工商部门进行管理，并且存在环境污染、生态问题。很多乡镇企业只注重短期经济效益，设备老旧、员工缺乏专业的操作知识，管理人员只注重经济效益，忽略了环境污染问题，企业应该加强环境保护意识，并建立相配套的污染防治措施，与此同时，乡镇企业的拥有者和管理者都应该加强环境保护意识。

乡镇企业造成的污染问题主要包括：(1) 乡镇企业主要能量来源是燃烧煤炭，但是煤炭的燃烧利用率很低，并且污染严重。石材加工、水泥等企业的粉尘也严重污染环境，危害工人的身体健康。(2) 水资源污染。小造纸厂、皮革厂等低效益、高污染的企业排放大量了污水，这些污水基本上未经处理直接排放，严重破坏了当地的生态环境，影响了当地居民的身体健康、生活发展。(3) 固体废物污染。大多数乡镇企业在处理固体废物时，基本上都是将其堆放在田间地头或倾倒在江、河、湖边，这些固体肥料中的有毒物质会随着时间的推移逐渐渗入土壤或水中，这给当地的生态环境造成了很大的破坏。(4) 噪声污染。乡镇企业很多都分布在生活区附近，平时噪声给附近居民的生产生活带来了很大影响，甚至还影响着附近居民的身体健康。

(二) 解决城镇化进程中环境污染的思考和对策

1. 加强教育，增强环境意识

解决我国乡镇企业所造成的环境问题，最根本的手段还是教育，让企业的所有者和管理者树立环境保护意识，在推动经济发展的时候不能以牺牲环境为代价。环境如果被破坏了，人类也就失去了赖以生存的基础。

2. 确定合理的城镇化速度

我国实施城镇化的宏观发展战略与各个地区自身的经济基础、地理位置、历史内涵和自然资源等有很大的关系。在推动城镇化进程时应该结合城市的自身经济水平，不能操之过急，也不能妄自菲薄。

3. 加强宏观规划，强化功能分区

随着城乡一体化的推进，小城镇建设的功能越来越齐全，在建设小城镇时应该提前做好统筹规划，以长久的眼光来建设城市，最好请专业人员提供相应的规划意见。根据小城镇在地区中的功能，调整完善小城镇规划，注重小城镇规划和乡村居民点、农田规划的结合，注重规划的深化，使规划具有可操作性。在城镇建设的规划中，注意要把每一项建设都包含进去，尽量避免在建设过程中的重复施工现象，另外，在城镇建设过程中要做好城市功能的分区，划分城市的功能区不仅能够方便管理，还能尽量减少生态平衡破坏，保护城市生态环境，结合城市本身的自然环境，开发布局进行合理划分，形成城镇合理的功能分区。

4. 解决乡镇企业造成的环境问题

（1）建立相应的乡镇企业集中区：在乡镇建设的规划中，最好根据乡镇企业的分布，建立相应的工业区，这样能够将企业排污集中起来，集中治理。（2）优化产业结构：不断给企业增加环境保护压力，加快企业推进技术改革，提高企业的环境责任感，减少企业污染排放。严禁开办高污染企业，对“十五小”企业加大监督力度，对于污染大的企业马上责令停关。通过优惠政策或资金支持让其加快技术转型，减少污染排放。（3）实行清洁生产：加快技术转型，提高企业的生产工艺，对整个生产过程进行控制，进一步提高资源的利用率，减小排污率，尽量减少或者不使用有毒原料。

5. 加强环境管理

在推行城市化进程中，最容易忽视的就是小城镇和农村建设，主要表现在：环境监管力度缺乏，环保机构不全面，技术人员不到位，只注重经济发展，而忽略环境保护的重要性等方面。我国的小城镇和乡村应该加快对相关人员的培养及加强设施建设，改善城市化进程的硬件措施。

三、发达国家城市环境治理的若干经验

发达国家城市环境治理的经验总结下来主要有：完善环境保护法律制度，保证治理措施的有效实施；健全环境管理体系，强化环境行政管理；注意推动自愿性行动来保护环境，积极推动公众参与环境治理；运用经济手段，制定激励奖惩措施，提高环境治理的效率；合理划分环境治理权限，建立权威性的管理机构；大力发展环境教育，通过民众的环境保护意识，形成民族心理；加大科技投入，注重科技进步，发展环保产业。

城市环境治理是指各级管理者依据国家和当地的环境政策、环境法律法规和标准，运用法律、经济、行政、技术和教育等各种手段，调控人类生产生活行为，协调城市经济社会发展与环境保护之间的关系，限制人类损害城市环境活动的有关行为的总称。城市环境治理具有综合性、区域性、群众性与动态性等特征，其本质是影响人的行为，转变城市经济发展模式❶。发达国家在20世纪五六十年代发生了严重的环境污染问题，但通过投入大量人力、物力和财力进行治理后，如今城市环境污染得到有效控制，环境质量得到根本性改善。发达国家积累了不少城市环境治理的经验，这些经验及其教训留给人们诸多启示，值得中国学习与借鉴。

（一）完善环境保护法律制度，保证治理措施的有效实施

市场经济体制下，企业和个人的目标都是追求个体利益最大化。由于环境是公共物品且环境污染具有外部性，因此企业和个人总是想方设法地逃避环境责任，避免环境成本的内部化。所以通过设计完备周密、可操作性强、适时进行调整的环境法律制度，规范人们和企业的行为，降低生产和消费活动对环境的影响，就成为保护环境最重要的手段。美国自1970年，环境立法开始大规模展开。经过30年的发展，到目前已形成了较为完备的环

❶ 姜爱林，钟京涛，张志辉．发达国家城市环境治理的若干经验［J］．内蒙古环境科学，2008，10（20）．

境法律体系，仅在污染控制方面，就先后制定了《清洁空气法》《清洁水法》《固体废物处置法》《安全饮用水法》《联邦农药法》《有毒物质控制法》《综合环境反应、赔偿和责任法》《海洋倾倒法》和《噪声控制法》等。除联邦一级法律外，各州也制定了相应的法律，有的比联邦法律还要严格。

发达国家的环境保护法律不仅系统完备，呈不断强化、细化趋势，而且能够有效地实施。荷兰的环境立法涉及了污染控制和自然资源保护的各个方面。从1960年开始，荷兰陆续制定了大量的环境法律法规。针对各种环境污染和环境问题的法律，如地表水污染控制法、地下水法、海域污染控制法、空气污染防治法、土壤污染治理法、危险物质法、化学废料法、杀虫剂法、噪声治理法、废弃物污染防治法、核能法等，构成了荷兰环境法比较完整的体系。

发达国家环境治理历程表明，政府对于环境保护发挥了不可替代的作用并肩负着不可推卸的责任。政府主要利用法律、法规、制度和标准等强制性手段来约束人们的行为。发达国家各种环境保护措施都是依据相关法律政策来发起和推进的。中国在20多年的环境保护进程中，建立了一套法律政策体系，对防止环境恶化起到了一定的作用。然而我国环境法律制度在领域完备性、可操作性和执行强度等方面还有待进一步完善。因此，在环境立法方面，我们应该借鉴发达国家的经验，加强环境保护法规体系建设，走依法管理的道路。

（二）健全环境管理体系，强化环境行政管理

美国的环境管理体系较为健全。联邦政府中除设有环境保护局外，在总统办公厅之下还设立了总统环境质量委员会。委员会由三人组成，委员人选须由总统任命并经参议院批准。该委员会是总统的一个环境咨询机构，协助总统编制国家环境质量报告，收集、分析和解释有关环境条件和趋势的情报，向总统提出有关改善环境的政策建议，帮助总统起草有关对外环境政策的报告。同时该委员会还是一个行政机关间的协调机构，帮助总统协调解决行政机关间有关环境影响评价的意见分歧。总统环境质量委员会在美国环境事务中起着举足轻重的作用，它协助总统对外处理环境外交事务，对内协调行政机关间

的意见分歧和提出环境政策建议，是总统的高级环境助手和参谋。这一点很值得我们借鉴，随着环保工作在国家事务中越来越重要，建议在国务院下设一个环境委员会或环境领导小组，协助总理处理对内对外的环境事务。

法国的环境管理体系也颇具特色。法国环境保护部的行政部门分为以下几个机构：行政管理和发展总局、水利局、预测污染和公害局、自然和风景局、经济和国际事务研究局，专业化的环境考察团、最高防务官、前景预测办公室、部级办公厅和新闻局。法国全国划分为6个流域区，每个区设立一个水流域管理局。❶ 水流域管理局的主要职责是保护和改善法国水流域的水环境。具体做法是：一方面依法征收各种排污费；另一方面通过补贴、贷款等形式，鼓励污染防治设施建设及其工艺设备的合理选择。1995年，法国6个水域管理局征得税款达72亿法郎，总经费达82亿法郎，除去其中5%~9%用于支付机构运行、测量网络管理及有关研究费用外，其余的全部用于治理水污染和改善水资源。

环境保护工作是政府各部门的共同责任。大家都管，而不是环保部门一家来管，政府的各个部门都设有环保机构，都负有保护环境的法定职责。相比之下，中国的环境管理体系还不够完善，除国家环保局外，其他政府部门环境管理机构还相当薄弱，与其所承担的环境保护任务不相适应，亟待加强和完善。

（三）注意推动自愿性行动来保护环境，积极推动公众参与环境治理

1. 注意推动自愿性行动来保护环境

自20世纪90年代开始，以环境标志、ISO14000认证以及各种环境计划等为形式的自愿性环境保护行动，成为发达国家环境管理中的一种新兴的趋势。这种行动对企业而言，有利于树立企业环境保护形象，提高企业产品的市场竞争力和市场占有率；对消费者而言，有利于提高消费者的环境意识，促进绿色、环保产品的购买和消费；对于政府而言，有利于弥补强制性管制手段的不足，降低环境治理的成本

---

❶ 姜爱林，陈海秋. 发达国家城市环境治理的若干政策措施［J］. 钦州学院学报，2009，4.

等。总之，倡导企业和公众通过自觉行动来保护环境，是发达国家保护环境的一个重要经验。

2. 积极推动公众参与环境治理

在发达国家环境政策的制定和实施过程中，社会公众始终是一支重要力量，发挥着关键作用。社会公众推动环境保护运动发展，积极参与环境治理已经成为发达国家环境管理中的一个重要的发展趋势和特征。实际上公众参与环境治理也改变了传统的只有政府和企业的“二元”污染控制结构，形成了政府、企业和社会公众的“三元”污染控制结构。在这种结构中，公众在环境保护中起到非常重要的作用，处于既监督企业又监督政府的位置，而且也能通过市场消费行为直接影响企业的环境行为。在这种情况下，为使公众能有效参与环境保护，发达国家一方面是政府公开有关环境信息和政策信息，企业公开有关污染物排放信息，保证公众的环境知情权；另一个方面是在制定、实施环境保护规划、计划和相关政策时，通过听证会、说明会等形式，接受公众质询，征求意见和建议，为公众参与环境保护提供相应的制度安排。在中国，虽然近年来公众参与环境管理有所加强，但与发达国家相比还有很大差距，存在参与渠道少、参与程度较浅等问题。

因此，我们应借鉴发达国家的经验，重视公众在解决环境问题过程中的重要作用，强化公众参与环境保护，主要应从以下方面入手：一是建立健全公众参与环境保护的渠道。要加强立法，为公众参与环境保护提供法律制度支持。使公众能通过正当有效渠道，了解环境问题的状况，为环境问题的解决提供意见、建议以至提出环境诉讼，从而促使环境问题的解决。二是公开环境信息，保护公众环境知情权，公众只有了解环境问题现状及其可能造成的影响和危害，才会积极主动地参与解决环境问题，因此，必须实施环境信息公开制度，让公众了解真实情况，这是公众参与环境保护的重要前提。三是加强环保教育，提高全民环境意识。要通过各种形式和手段，宣传环境保护的政策、方针和环境知识，提高公众的环境意识和素质，形成全社会都关心和参与环境保护的良好社会风气和机制。

（四）运用经济手段，制定激励奖惩措施，提高环境治理的效率

强制性的法律法规和环境制度标准，是发达国家治理环境的根本

手段。但是强制性的手段，具有成本高、相对僵化、不利于激励企业进行技术创新等缺点。因此，发达国家也越来越重视通过排污交易、征收生态税、财政补贴等经济激励性手段来解决环境问题，以降低治理成本和激励企业持续进行技术创新，达到提高环境治理效率和灵活性的目的。

欧盟及其所属成员国的环境保护在世界上起步较早。其中环境税收、排污收费和押金返还这三种有关环境的经济手段比较典型：

1. 环境税收

环境税是对有害环境的产品征收的费用，目的在于通过提高有害原料的成本，鼓励生产者和消费者使用对环境更为安全的产品。环境税除了具有筹资功能外，对改善环境资源还有着显著的刺激作用。

2. 排污收费

排污收费是对向空气、水或土壤排放的污染物，或噪声征收的费用。这种收费设计通过使污染者偿付至少一部分对环境造成危害的代价，来削减污染物数量并改善环境质量。

3. 押金返还

押金是对可能造成污染的产品的销售征收的附加费。当符合某些条件时，如把用过的或废弃的物品送到集中地，从而避免了污染，这笔费用就可退还。押金退款制有助于防止有毒物质从电池的处理、塑料的焚化或农药容器的残余物中释放到环境里，值得推广和提倡。

中国较多运用行政命令手段来解决环境污染问题，经济激励手段相对不足，目前以排污收费为主的经济手段标准太低，效果有限。所以，我国应借鉴发达国家的经验，注重利用经济激励方法来实施环境治理政策措施，当前除了进一步完善已有的排污收费（税）政策外，要引进和推广排污权交易、押金退款等发达国家行之有效的经济手段，来强化环境治理的成效。

（五）合理划分环境治理权限，建立权威性的管理机构

1. 合理划分中央政府和地方政府在环境治理中的权限

在环境治理中，为解决跨地区或跨国环境问题以及保持全国环境保护法律制度和标准的相对一致性，需要中央一级政府具有统一管理

和协调的职能和权力。同时，许多环境问题同各地自然、经济和技术状况密切相关，具有地域性特征，这需要地方自主、灵活地采取相应的治理措施。因此，在环境治理中，应该明确中央政府与地方政府之间的权限及各自发挥作用的空间，才能协调二者的行动，形成共同治理环境的合力。发达国家在环境治理中重视根据环境问题所涉及的范围和层次，来划分各级政府权限，实现中央统一管理和地方自主实施的有效结合。如在美国环境治理体制下，联邦机构制定污染控制基本政策和环境标准，各州负责实施，这种集中、强制的管理模式有利于摒弃地方保护主义、加强各地之间的分工合作，有利于对跨界污染问题进行统一整合治理。在中国，由于各级政府部门间的利益冲突，使得许多环境管理政策和目标不能顺利执行和实施，这是造成环境污染问题的重要原因，如地方政府为追求政绩，不惜以资源破坏和环境退化为代价来换取经济增长，不同地方政府对于跨界污染问题相互推诿，地方政府为财政收益放弃对污染严重企业的环境管理等。因此，我国在环境治理中应该学习发达国家的做法，合理划分各级政府的权限和职能，形成中央统管和地方政府自主管理的有机结合，避免地方为了局部的、短期的经济效益，而牺牲整体的、长期的环境效益。

2. 建立权威性的管理机构，进行行政直接干预

建立权威性的管理机构，进行行政直接干预是西方发达国家解决环境问题的重要经验。大多数国家环境管理体制都有一个从分散到集中、从松散到强化、从低级到高级，强化总体协调的过程，从而使环境监管体制逐步得到加强。日本在 1960 年就成立了“公害对策特别委员会”，但面对日益严重的环境问题，它表现得软弱无力。为强化环境管理，日本政府于 1970 年取消了“公害对策特别委员会”，成立了由总理大臣直接领导的日本环境厅，对环境问题进行行政的直接干预，从而在投资量不多的情况下，使日本环境状况大为改善。美国于 1970 年 12 月成立了环境保护局，直属联邦政府。其他一些国家如法国、英国、加拿大也相继成立了相当于我国部一级的环境保护机构。据不完全统计，发达国家中建立部一级环境管理机构的占 85%。

（六）大力发展环境教育，通过民众的环境保护意识，形成民族心理

环境教育措施或手段是落实城市环境治理内容的思想保障。所谓

环境教育就是使学习者认识和理解人同自然环境之间的关系，防止环境污染，将系统的环境科学知识予以大众化，提高全社会的环境意识。环境教育内容涉及自然、社会、技术、管理、政法等多种学科的知识，各学科领域都与环境科学兼跨、包容，具有较强的综合性。1972 年联合国《人类环境宣言》指出“教育是环境发展过程的核心”，提出了“发展环境教育”的口号。环境教育由此已经成为世界各国学科教育的重要主题。

美国环境教育立法始于 1970 年，该年 10 月美国通过了《环境教育法》。《环境教育法》将环境教育定义为：围绕着人们的自然环境和人为环境与人之间关系的理解过程。其中包括人口、污染、资源分配和枯竭、自然保护、运输、技术、城市及乡村的开发计划、人类与环境具有怎样的关系等。环境教育涉及学习生态的概念以了解人类行为与环境质量之间的关系，并获得分析环境问题和找到解决方案的知识和能力。1990 年美国重新制定了《环境教育法》，这部法律重申了国家对公众进行环境教育的责任和任务；确认了国家对教育和培养有环境保护知识和技能，有环境保护责任感和正确的环境决策能力的高素质公民的迫切需求；对提高美国公众环境道德水准、促进经济社会协调发展发挥了主要作用。

中国应该制定专门的环境教育法规，用具有国家强制性的法律手段来确保环境教育的开展。环境教育法规的内容，应当具体，具有很强的操作性，应包含以下内容：设立专门的行政管理、监督机构，保障并监督环境教育法规的实施；设立环境教育基金，吸收政府拨款和社会各界捐助，用以资助重点环境教育项目和环境教育科研活动；设置环境教育奖项，认可做出突出贡献的团体和个人的努力，调动全民投身环境教育的积极性；将环境教育设定为学校的必修课程。

（七）加大科技投入，注重科技进步，发展环保产业

经济发展、产业结构的提升离不开科技进步，环境问题的解决同样也离不开科技进步。发达国家在环境治理中也很重视通过技术研究，开发污染控制、节能、节水等新工艺和技术，在降低污染的同时，提高产品质量和生产效率，使企业在经济和环境保护上实现“双赢”。而环保产业的兴起，不仅为发达国家经济注入活力，也成

为发达国家经济的新增长点。发达国家的经验表明，重视科技进步，加快环保技术和产品的研发，积极发展环保产业，是治理环境、实现可持续发展的重要途径。美国大约有700个联邦实验室，每年花费近206亿美元对专门的环境问题进行研究。同时，根据环境问题研究的进展，对机构及经费也不断地进行调整。此外，还有大量的民间环境科研机构，由于联邦政府对环境科研的支持，能为其提供较为充足的经费来源。因此，几乎所有大学都设立了环境研究机构。1996年德国政府用于环境保护和改善环境领域的经费约为192亿马克，占GDP的1.8%。德国认为，应通过技术和立法促进环境质量的提高，而环境技术必须成为整个工商业的一部分，由市场带动它的发展。

第六节　城镇化进程中的教育问题及对策

21世纪头20年，是我国城镇化的快速发展期。在城镇化进程中，难免发生产业转型、人口转移等问题。这些问题在较大程度上影响着农村和城乡接合部教育，迫使农村和城乡接合部的义务教育也要在这个大背景下关注改革与调整的问题。

一、农村城镇化进程中的农村教育问题

全面繁荣农村经济，加快城镇化进程是农业经济改革的战略选择，是我国实现工业化和现代化的必然趋势。近年来，结合我国实际，在坚持大中小城市和小城镇协调发展的过程中，中国特色的城镇化道路取得了一定成就，但进展缓慢。在现实生活中，农村人力资本的匮乏、农村教育的不配套，成了农村城镇化发展的巨大障碍。因此，有必要对农村城镇化与农村教育的关系进行分析，针对我国农村城镇化的阶段差异与地区差异，加快农村教育改革。从而更好地把握农村教育的发展方向，为加快城镇化进程创造有利条件。

（一）农村教育对农村城镇化的意义

1. 农村教育通过提高农民的科技文化素质来稳定农村城镇化的基础

农村城镇化基于规模经济，对农业来说就是农业的规模经营，农业的规模经营又必须以农业生产力的发展为前提。在我国基本国情矛盾——人地关系高度紧张的矛盾制约下，只有充分提高农业生产率，增加单位面积的产量，才能解决9亿人为4亿人搞饭吃的现状，只有充分提高人均劳动的农产品产出，才能积累更多的农产品的剩余，农村城镇化才会有物质基础。以为“三农”培养人才和发展农业科技的农村教育必将在农村城镇化的进程中发挥不可替代的作用。

2. 农村教育加速农村劳动力向城市的转移

农村城镇化要求大量农村劳动力进入非农产业工作，要胜任非农产业的工作，就必须提高广大农村劳动者的科技文化素质。主要体现在以下方面：第一，农村城镇化对农民的知识化、技术化要求。第二，农村城镇化对农民观念的现代化、科学化的要求。初步研究表明：农村劳动力转移与受教育程度呈正相关。以江苏省农村劳动力转移状况为例，在2000年，江苏省农村经济调查局所调查的全部农村劳动力中，转移的劳动力的文化指数为8.98，比全部劳动力的文化指数高出1.01。由此可见，转移出去的农村劳动力的文化构成明显高于农村整体劳动力的文化构成。在被调查的全部劳动力中，接受过专业培训的劳动力占14.07%；在转移劳动力中，接受过专业培训的劳动力占转移劳动力的30.39%，高出整体劳动力结构16.32个百分点，逐步呈现出的专业化特征，劳务输出人员素质不断提高。江苏农村劳动力转移与劳动力文化程度之间的关系还表明：文化程度越高的劳动力转移的人数越多。这表明，教育有助于农村劳动力的转移。

3. 农村教育促进农民到市民的转变

农村城镇化还必将引起农民生活方式的急剧变迁，“农民”与“市民”“乡下人”与“城里人”的界限将越来越模糊，农民的生活方式随着新的生产方式的出现而不断发生变化。也就是说，农民变市民，除居住地域、居住环境、工作条件等硬件方面的转变外，还有更为重要的一个方面，就是人们的价值观念、思维方式、生活方式等精神层面的转变。而精神层面的转变则往往是潜移默化、循序渐进的，农村教育要很好地实践其为“三农”服务的宗旨，既要发挥其农业科技方面的作用，还要在提高农民的综合文化素质、在农村的精神文明建设中发挥更重要的作用。这既是农村城镇化对农村教育提出的客观要求，也是农村教育适应社会、适应市场经济、适应农村城镇化自身发展壮大的必然选择。随着农民个体素质的不断提高，农村文明程度也在不断提高，乡村文明只有与现代城市文明相融合，才能完成农民向市民的演变，农村城镇化才能真正实现。❶

（二）农村城镇化中农村教育的现状及分析

1. 农村人力资源丰富，但人力资本匮乏

改革开放后，我国的农村教育有了很大改善，农村教育无论在教育规模、教育水平，还是在教育数量方面，同之前相比，都有了很大提高。但是，从人口普查来看，我国农村人口素质的相对水平和绝对水平都偏低。在农村有大量初中生辍学，其根本原因就是初中毕业后教育机会少。一方面，各高校普遍扩招，大量用人单位对应聘者有较高学历要求等，导致了我国高中教育正在走向一个畸形的发展道路。另一方面，大量职业中专、职业高中招不到学生，很多农村学子选择了普通的高中。另外在很多乡镇是没有高中的，而且县城高中费用较高，普通的农民家庭很难承担得起。

2. 农村教育与农村城镇化的阶段差异和地区差异不配套

人类的生存方式由农村转向城市的必经之路就是农村城镇化，这是历史发展进程的必然选择。由微小的量变到跨越式的质变是一切事物发展的必经之路。城镇化水平在30%以下为初期平缓发展阶段；30%～70%为中期高速增长阶段；70%以上为发展的后期，这段时期发展比较平稳。在2002年，我国城镇化的水平是30%左右，其中，农村城镇化的差异最直接的表现就是南北差异和东西差异，在我国对比最为明显的就是我国的东南沿海和西南边陲，这两个地区差异最大。城镇化发展离不开城镇工业的推动，我国京津沪这三个老牌的直

❶ 刘迪平. 浅析农村城镇化进程中的农村教育问题［EB/OL］.［206-1-14］. http://m.chinavalue.net/Finance/Aritide/2006-1-14/28430.html.

辖市现在已经进入了城镇化的后期阶段，主要原因是：第一，在我国的社会主义建设中，最先开始发展的是我国的重工业，重工业由于自身的工业性质，不能很好地吸纳更多外来人口；城乡二元户籍制度制约了农民人口向城市转移，导致我国现在的城镇化进程远远地落后于其他国家。第二，农村教育没有普及，各个地区的自然资源分配不平衡，很大程度上制约了我国城镇化进程。第三，人才培养模式比较单一，不能根据地区的实际需求培养相应人才。第四，农民文化程度各不相同，在有些地区，农民已经开始使用机械化农业，但是也有的地区农业化水平还停留在原始水平上，生产效率较低。

3. 农村教育投入不足，且投入结构不合理

经济贫困的根源在于教育贫困，长期以来我国教育投资在国民生产总值和财政支出中所占的比例一直很小，农村教育的投入更少。和发达国家相比，我国教育投资不仅仅低于发达国家，还低于很大一部分发展中国家。我国的农村基础教育不仅经费缺乏，教育资金投入比也不合理。二元结构是我国的基本国情，涉及经济、社会以及文化很多个方面，并且这种现象在短时间内很难改善。除了经济社会存在二元差异，我国现在的教育也存在二元差异，我国现在实行的教育模式，很大一部分是偏向城市的发展，没有为农村的发展培养相关人才，不符合我国在未来一段时间内的发展需要。

（三）发展农村教育的对策、建议

1. 农村教育必须全面深刻改革和创新

（1）营造一个宽松的学校环境，是造就创新人才的关键。

①建立创新教育的新型教学环境。创新教育不仅仅是教育方式创新，更重要的是培养孩子的创新意识，提高孩子的创新能力，同时还要进一步开拓学生的思维与学习能力，能够让受教育者在文化、心理和精神三方面都能够全面发展。②为学习者营造一个良好的学习环境，能够激发学习者的创新能力，培养学习者的学习兴趣，打破之前的垂直式管理，构建一种全新灵活多变的教学模式。③转变教育思想观念。在教育思想上，要转变单纯以继承为中心的教育观念。教学的目的不仅仅是传授，更重要的还是教会学习者学习的方法，培养学生的能力。在管理上，要改变之前一成不变的统一管理模式，注重因材

施教，灵活制定相应的培养方案。④创新人才培养模式。为学生提供灵活自主的学习空间，课程设置分层次、按模块，满足不同专业、不同层次学生的要求。⑤创新教学内容方法。构建综合化的课程体系，重组相关学科知识，创立跨学科、边缘学科课程，增加新知识和现代科学内容。⑥创新教育质量评价体系。要针对学生的创新能力作出相应的考核评价体系，打破只是通过成绩来排名次的习惯，加强素质培养以及创新能力的培养。

（2）均衡发展城乡高中阶段教育。

党的十六次会议曾经指出，高中阶段的教育普及是衡量我国是否进入全面小康社会的重要标准。高中阶段的教育对学生来说是至关重要的，目前，导致我国农村贫困最主要的原因并不是土地的贫瘠，而是农民知识的缺乏。目前最值得我们关注的是，农村学生初中毕业以后很难再接受教育，与城市相比，农村在高中阶段的教育方面还是存在巨大差距的。

2. 因地制宜，采取合理的农村教育政策

近几年来，我国城镇化发展迅速，但是地区之间还存在巨大差异，为了缩小地区之间的差异，我们应该采取相应的措施。

（1）农村教育布局需做重大调整。

我国农村教育是按照行政区进行划分的，这种方式已经不能满足城市化发展的需要。农村教育应该尽快按照科学的方式来重新划分，结合人口分布以及人口未来转移的趋势来对学校的规模和位置进行合理调配，并且进一步地集中资金和师资建立重点中学，提高教学水平。

（2）加强对农村居民的“离农教育”。

“离农”指的是农民在生产和生活方式上发生转变，而不仅仅是在空间的转移。已经搬迁到城市生活的农民首先要改变生活的态度，从内心真正发生改变；另外，现在还在农村居住的农民要做好向城镇转移的准备，准备应对迁进城市所带来的新问题。继续加快农村人口向城镇人口转移，同时还要加快人口向城市转移。农村中有一定文化知识、懂得使用现代科技方式种植农作物的务农人员，很大一部分是之前的“离农”，他们在城市中学会了比较先进的农业规模生产的方法，后来返回家乡。另外对于进城打工的“民工潮”，我们一方面要对其加强相关业务技能培训，另一方面也要进行合理地疏导，实现有序流动。

（3）有差别地应对农村教育格局。

在城市化发展过程中，应以县城为主要发展单位，以县城为主要教育根据地，将职业教育和基础教育向县、乡、村全面推广，组成相应的教育网络，对于一些新兴的城镇，我们在发展时要适当留出一定的发展空间，以便能够随城镇化进程而与时俱进。京、津、沪这三个地区的城镇化水平达到了70%，已经能够稳定发展。建立大、中、小三级教育制度，将教育和现代经济的发展结合起来，提高办学质量和效益，在闽、粤、江、浙等城镇化发展水平较高的地区，除了把义务教育做好之外，还应把非义务阶段的教育向城市经济建设的方向靠拢，发挥其作为经济文化教育中心对周边城镇和乡村的示范与带动功能。

（4）全面建设小康社会，应当坚持可持续发展的科学发展观，推动社会主义现代化的建设，促进我国经济文化的全面发展，对经济、文化、政治的建设，应该相互协调共同发展。当一个城市的精神建设取得一定成果的时候，该城市的文明程度以及人民的整体素质将会有一个更大的发展。虽然我国现在的城镇化建设发展还不够均衡，一些地区的城镇化建设还有很多的不足之处，但是各地区也应该加强教育基础建设。

3. 扩大投资渠道，加大农村教育投入力度

为了保证农村经济的可持续发展，我们应该进一步加大对农村教育的投入。虽然对农村教育的投入在短时间内可能不会有太大的回报，但是从长久来看，有利于农村经济发展的持久力，当然这需要大量的资金支持。

在当前农村教育上，前期投入大、回报低，在很短的时间内需要大量的资金投入教学设施的建设上，这就需要进行融资。为了保障融资所投入的资金能够有所回报，并且能够可持续性发展，这就需要：（1）寻求多种融资渠道，使用低成本的资金，比如政策资金、财政资金等，最大程度上降低融资成本。（2）实行教育产业化，寻求更多的利润增长点。（3）合理利用现有资源，在农村开展针对性教育，满足城市化对人才的需求。

二、城镇化趋势下农村教师素质的提高与教育现代化

改革开放以来，随着经济的发展和教育投入的增加，我国农村的教育问题得到了很好的解决，文盲半文盲人口也逐步减少，但由于二元的教育体制和农村经济文化的落后，农村劳动力中未能完整接受基础教育的比例仍然很高。农村较低的知识储备或者说知识贫困，不但会影响农村的发展和繁荣，而且会影响劳动力的流动和迁移，导致城乡一体化难以实现。因此，只有了解农村教育贫困的程度，才能制定正确的推进教育扶贫和促进农村发展的政策，才能真正构建一个和谐的社会。

从世界各国教育事业发展的历程来看，几乎无一例外的是，城市教育资源占有的质与量都显著高于农村，城乡间教育差距很大。在我国，农村教育不公平已经不是一个新问题，学术界关于农村基础教育不公平的理论解释形成了两种主流观点。

第一，城乡二元教育体制分割，被认为是造成城乡教育不公平的主要原因。新中国成立初期，国家实行城乡分治的策略，以工业发展为先，带动城市发展，同时限制人口在城乡间的流动，主要是限制农村人口流入城市。在这一城乡分治的二元制度下，城乡教育由不同的管理主体负责，形成了城乡二元分割的教育资源供给体制。这一体制在1986年《中华人民共和国义务教育法》中“地方负责，分级管理，谁办学谁掏钱”的原则下得到加强。1989年财政体制改革中乡级财政预算的建立，实际上把农村教育经费的负担全部落到乡镇和农民身上。1992年《中华人民共和国义务教育法实施细则》中规定新增教育附加费一项用于举办教育事业，城镇教育附加费向企业单位收取，而农村则直接向农民收取。显然，这一系列政策的实施逐渐强化了农村教育的边缘化地位。城镇教育实行国家办学，而农村教育则实行农民办学。在20世纪90年代，农村通过直接向农民收取教育费用来维持学校运转，其经费占到整个农村义务教育经费的70%，与此同时还要支付个人上学费用，而城市学生则只需支付个人部分。此外，在义务教育推进过程中，城市义务教育先于农村义务教育实施并采取有步骤推进的策略。如果说义务教育体现了一种权利，那么这种制度

安排就意味着城市的适龄儿童有优先接受义务教育的权利；如果说义务教育是一种责任，那就意味着政府首先是对城市儿童承担责任。

关于农村基础教育不公平形成的第二种解释则是“教育资源等级式流动”理论。郭建如对国家教育资源的流动过程进行政治学分析之后，得出这样的结论，即无论是新中国成立前的传统社会还是新中国成立后的计划体制，现代教育的推行都是自上而下的，教育资源基本上是沿着首都——省府——中心城市——县城——乡镇——农村不均匀地向下流动的。[1] 这种流动方式强化了从上到下、从城市到乡村的等级差异。在这种体制下，县以上城市学校所需的教育资源能够得到保障，而乡以下农村学校得到的资源则较少。

“城乡二元教育体制分割”与“教育资源等级式流动”两种理论的核心就是农村、城镇教育资源分配的不公平现状。农村、城镇教育资源分配不公平是制约农村教育城镇化的根本因素，推进农村教育城镇化改革，构建和谐社会的公平教育体系，必须要解决的就是教育资源分配不公平这一现状，城镇化趋势下解决城乡教育资源分配不均，实现农村教育现代化的首要方面就是要解决城乡学校教师资源的差距问题。

（一）农村教师素质的提高是农村教育城镇化的首要条件

近几年，为了促进教育的发展，国家采取了许多措施，例如，普及九年义务教育，优化教育资源配置，加大边远地区教育投入，免除农村中小学生杂费、书费，补住宿费。极大地推进了教育的公平、公正。其实，教育上最大的不公正，是城乡之间或者是经济发达地区与偏远地区之间的学生不能拥有同样水平的教师。我国农村教师素质普遍不高，很难达到新课程对教师素质的要求。具体表现在：一是学历偏低；二是老教师比例大，年轻教师少；三是职称偏低，一定程度上影响了农村教师的工作积极性；四是知识结构上，不少教师的知识仅限于本学科或书本知识，部分学校还存在代课教师和非师范学校毕业教师，而这一批教师的整体素质较低。教育的发展靠教师，学生的成长靠教师，教师是影响学生发展最主要的因素之一。党和国家对此也

---

[1] 郭建如. 国家——社会视角下的农村基础教育发展：教育整治学分析［J］. 北京大学教育评论，2005（33）.

高度重视，教育部原部长周济同志在2006年度工作会议上指出："要统筹城乡教师资源，大力推进城镇教师支援农村教育。城市、县镇公办学校教师要到农村学校或薄弱学校至少任教一年，并作为晋升高级职务，参评优秀教师、特级教师的必备条件。"笔者认为，仅靠"支教"，远远不能满足农村对优秀教师的需求，不能从根本上改变农村优秀教师缺少的现状。一般而言，同一个教师在城市任教比在农村任教，除了子女受教育条件好，医疗条件好，物质文化生活水平高而外，非工资收入也高，部分教师非工资收入比工资还高。这就造成了好教师不愿去农村，农村优秀教师往城里挤的现状，因此，提高农村教师素质也是非常困难的一项任务。

提高农村教师素质，保证农村教育质量，现阶段我国农村教育中最迫切需要解决的问题应该是提高农村中小学教师的质量。

（1）要认真做好教师定岗、定员、分流工作。要严格执行国家颁布的中小学教职工编制标准，认真做好教职工定岗、定员、分流工作。在核定编制时，一定要充分考虑农村中小学区域广、生源分散、教学点较多等特点，保证农村地区教学编制的基本需求。

（2）建立稳定的供给渠道。针对教师不足问题，可采取以下有效措施。一是聘用师范类大中专毕业生；二是鼓励教管站人员重返课堂；三是面向社会公开招考教师；四是从城镇学校富余人员中，选派教师下到边远穷乡支教2年，还可以面向全体教师开展教师资格认定工作，专门成立教育人才交流中心，统一管理，随时向各中小学和各级政府提供推介服务，使教师队伍建设有了"源头"。

（3）建立向农村流动的教师调节制度。国外实行的城乡教师"轮岗制"[1]，可以为我们所借鉴。引导和鼓励具有相应教师资格人员到农村中小学任教，建立城镇中小学教师到乡镇定期服务制度。城镇中小学教师评聘高一级教师职务的，应当有在乡村中小学任教一年以上经历。

（4）加强教师教育培训。教育行政部门和业务主管部门要认真完善机制，强化管理，实施全员培训，使教师培训实现规范化、制度

---

[1] 所谓教师轮岗制，是指各级教育行政部门对所属区域内的教师有计划地进行组织，在不同学校开展定期或不定期的交流任教，通过推进义务教育阶段教师合理有序流动来实现义务教育均衡发展的一种制度设计。

化、网络化，建立和完善终身教育体系。以新课程、新知识、新技术、新方法为重点，以提高教师实际教学能力和接受计算机基础知识为主要内容，开展好教师全员培训和继续教育，推动农村基础教育改革。

（5）减轻负担，提高教师待遇。在解决好教师工资县级统一发放之后，有条件的县区、乡镇可实施教师安居工程，在县城、乡镇政府所在地或农村中心集镇兴建教师公寓或教师住宅小区，实现农村中小学教师生活城镇化，使他们安居乐教。要妥善解决好教师的就医、保险、养老等问题，吸收农村教师中的优秀代表入党，参加各级党代会、人代会、政协会。要像宣传劳动模范、科学家那样，大力宣传农村优秀教师的先进模范事迹，以待遇留人，以事业留人，以感情留人。

只有政府为农村教师提供等同于城镇，甚至优于城镇的条件，才能为农村教育事业吸引高素质的教师力量，才能真正实现农村教育现代化。

（二）加强现代化教育技术在农村学校教学中的应用

随着现代教育技术的发展和应用，使教育教学工作的各个方面都产生了巨大变化，加快了教育教学改革的进程，同时对教师的教学工作提出了新的挑战，对教师的能力素质提出了更高的要求。要加强农村教育城镇化进程，实现教育机会均等，构建和谐社会的教育环境，必须加强农村学校现代化教育技术的应用。

（1）更新教育观念。教育观念的更新是适应教育现代化环境，提高教师能力素质的重要条件。农村学校可以通过开展“新时期教育思想观念”大讨论活动和有关资料的学习，提高广大教师学习掌握现代教育技术的意识，使教师对由教育技术的发展而引起的教育思想、教学模式、教学方法的重大变革有明确的认识，认识到教师是现代教育技术的使用者和受益者，现代教育技术的发展为教师施展才华提供了契机。如果不把握住这一历史机遇，就会成为时代的落伍者。转变观念不是一朝一夕的事，它是长期的、逐渐的过程，还需要在长期的学习、应用的过程中逐渐提高对现代教育技术的认识，才能彻底改变观念。

（2）积极开展现代教育技术培训。面对新的教育技术对传统教育的挑战，基础教育特别是农村中小学教育必须积极开展现代教育技术的培训工作：培训方式可多样化，既可以在校内由专门的现代教育技术人员对教师进行分批培训，又可以通过“走出去”“请进来”的方式组织有关教师向现代教育技术开发应用较好的先进单位学习经验，同时还可以在校内定期或不定期开展现代教育技术应用成果研讨会，给教师创造一个相互启发、相互学习、取长补短、开拓思路的交流研讨平台。通过培训使教师感受到现代教育技术所具有的魅力和广泛的应用前景，进一步促进了教师教育观念的改变。同时对教师进行现代教育理论和学习理论的培训，切实提高教师根据现代教育理论和学习理论，利用现代信息技术进行教学设计和教学实践的能力。

（3）积极开展教学研究与课件制作的开发工作。面临现代教育技术的挑战，农村教师应结合自己的教学实践工作与对象，积极开展教学研究与课件制作与开发工作。如可申报教研教改或“精品课程的建设与开发”等一些科研立项，或各专业都要组织一个专业课程的课件制作与开发小组，将多媒体技术比较高的教师与在学科专业上有丰富经验的教师组织起来，作为现代教育技术应用的“先行者”，发扬团结协作精神，共同打造精品课程或进行课件制作与开发工作。对于研究的阶段成果可随时通过教研活动或观摩教学活动，不断进行试运行、调试、完善，形成模式后再大范围推广。对于教师个人来讲，应积极参加教研教改工作，从我做起，从点滴做起。如可选择教材中的部分内容或一门课的内容试着进行课件或电子教案的制作工作等。[1] 通过对现代教育技术的不断实践、提高和完善，对新的教育问题、思想、方法进行探索和研究，可以纠正一些陈旧的教育观念，形成新的教育观念，从而逐步培养应用现代教育技术进行教学教改的能力。

（4）营造良好的环境氛围。良好的环境氛围对新技术运用于教学起着积极的促进作用。农村学校要在政策上应鼓励教师应用现代教育技术，在教学环境上提供优质的媒体教学平台和教学课件，同时鼓励学科教师开发课件，在技术上成立专业部门给予支持。学校还应制定相应的激励措施，从物质上到精神上都给予从事新教育技术的教师

---

[1] 于艳华. 现代教育技术与教师的能力素质［J］. 防灾科技学院学报，2006，12（8）.

以鼓励，从而使教师的能力素质得到充分提高、发展和发挥。这样，才能加快农村教师对现代教育技术的掌握和熟练应用，缩小与城镇学校教学资源方面的差距。

（三）远程教育对于农村师资队伍建设的意义

远程教育通常指的是网络教育，是指凭借教育技术媒体，师生不面对面接触所进行的教育。现代远程教育，也就是以现代信息技术为媒体的远程教育，是继函授教育、多种媒体教学的远程教育之后的第三代远程教育，是以双向交互电子通信技术充分应用于教育而演绎出的新型教育模式。现代远程教育以计算机网络和卫星数字通信技术为支撑，具有系统开放、资源共享、时空自由、便于协作等优点。而以计算机通信技术为核心的现代信息技术的充分应用，使现代远程教育在新技术支撑下呈现出新的特征。现代远程教育是通过网络进行知识传输和知识学习的新型教育形式，其特点和优势是教师和学生能够跨越空间进行实时或非实时的交互。现代远程教育作为一种崭新教育学习形式，是人们获取知识和培养能力的一种重要途径，其对于农村教师职业素质的培训有重要的意义。

以信息和现代网络技术为基础的现代远程教育打破了传统的课堂教学模式，可以做到信息、资源共享，具有典型的开放性特点，在缩小城乡差距和体现教育均等上表现出其无比的优越性，在我国是成人在职继续学习的主要方式，也是教师进行继续教育的一种有效形式。利用远程教育进行继续教育和在职培训，可以让所有的教师自由安排自己的业余时间进行深造，而且不受地域的限制，这样既提高了自身素质，又保证了在学校所教课程的正常进行，有利于丰富教师视野，获得各类信息。特别是在农村，由于农村教师缺乏继续教育和在职培训的机会，而现代远程教育以其突破时空限制和根据需求进行自主学习的优势，为农村和边远地区的教师提供了紧跟时代步伐的教育，使其可以与发达地区教师一样共享优质的教育资源，更新教育理念、教学模式、教学方法，提高教学效率和教学质量，从而成为目前农村师资队伍建设的重要途径，是农村师资建设可依托的教学模式之一。

2003 年 9 月，国务院召开的全国农村教育工作会议，下发了《国务院关于进一步加强农村教育工作的决定》，明确提出“实施农村中小学现代远程教育工程，促进城乡优质教育资源共享，提高农村教育质量和效益”；同时，我国教育部提倡远程教育将覆盖我国所有农村中小学。这对于我国农村教育来说是一个挑战，对农村教师来说也是一个挑战。因为远程教育要给农村教育带来变化，首先需要农村教师必须适应和跟上这种变化。现代社会是一个不断发展的、提倡终身学习的社会，任何一个人仅仅接受在校教育是远远不够的，必须不断地学习才能跟上时代的步伐。随着科技的发展和知识的不断更新，教师只有自己不断了解所教课程的最新动向、最新成果，不断拓展知识面，提升自身的学术水平，才能在教学中不断提高教学质量、培养出更高素质的人才。教师都是有一定学历、阅历和教学经验的成年人，和在校大学生相比，有更强的学习自觉性和学习创新性。除了学校对教师提出继续教育目标，引导农村教师自身主动求发展，倡导终身学习理念外，教师还必须自身主动参与继续教育，熟悉远程教育技术，主动运用现代媒体和现代设备进行学习和交流，要给自己制定出发展计划、学习的进度、需要完成的任务和目标，以扩展知识和提高能力。只有具备了一定的专业水准和远程教育所需要的技术水准，农村教师才能真正完成农村中小学的远程教育教学。因此在这种情况下，农村教师加强业务学习，不断通过继续学习或在职培训来提高自身素质、在学习中更多地去学习新的知识和提高能力、促进全面发展势在必行。

构建社会主义和谐社会，教育是基础，是前提，是保障。因为和谐社会将是人充分、全面发展的社会，而教育的普及和高度发展是人的全面发展的前提。因为和谐社会是全体人民各尽所能、各得其所而又和谐相处的社会，需要全体人民思想道德素质、科学文化水平的普遍提高，而教育是提高全民族的思想道德素质、科学文化水平的最直接手段。[1] 因为教育的发展程度是和谐社会的重要标志，没有教育的发展，就没有经济社会的全面协调可持续发展。还因为教育公平是社会公平的起点和核心环节，没有教育机会的均等，就谈不上社会公平，和谐社会就难以构建。

---

[1] 周济. 正视教育困难和问题　并通过改革予以解决 [N/OL]. [2006-5-2]. http://www.npjy.gov.cn/newsInfo.aspx?pkId=497684.

三、城镇化进程与人口迁移对区域义务教育的影响及应对策略

下面以辽宁省为例分析城镇化建设中区域教育存在的问题及策略。

(一) 城镇化进程与人口迁移对农村义务教育影响的现状及分析

1. 对农村义务教育阶段布局的影响

辽宁省农村小学一般包括中心小学（设在乡镇驻地）、村小学和教学点。随着城镇化的推进，农村小学教育的生源正在逐渐减少。2002~2006 年全省农村小学在校生减少了 966 905 人，年均减少 193 981人。通过布局调整，全省农村小学减少了 3 277 所（基本上是村小学和教学点），平均每年减少 655 所村小学及教学点。以此为试点，可以看出我国农村教育存在以下问题。

（1）我国的农村小学教育开始显现边缘化的问题。长期以来，农村普遍存在村小学、教学点多分散、教育资源不足、难以兼顾等问题。在建成九年一贯制的学校后，学校由于缺乏相应的管理经验，暴露出很多问题。随着农村小学的撤并，有限的财力、物力、人力和管理都投入中心小学等合并后的小学，从而使村小学处于边缘化状态。如果不能很好地解决村小学边缘化问题，会导致农村区域性义务教育发展失衡状况的发生，出现新的农村义务教育的不公平问题。

（2）当撤出农村小学之后，大量的空闲学校房产被当地的村委会私自变卖或者挪用，造成了大量的教育资源流失。由于撤并后闲置校舍产权所属各有不同，情况比较复杂，需要核定。因此，妥善处理和利用好原有教育资源，是农村义务教育布局调整中值得关注的问题。

（3）在实行撤校并点后，有的新建九年一贯制学校无住宿条件，不能满足学生住宿需要，有的学生上学路途距新合并的学校较远，客观上给学生上、下学造成困难。在我国大部分山区，交通十分不便利，学生上下学只能依靠步行；条件好一点的家长便集资买一辆摩托车方便接送，或由多名学生家长合租一辆微型面包车接送学生。这几种方式都有学生人身和交通安全方面的隐患。

2. 对农村义务教育阶段办学模式的影响

为了解农村义务教育阶段学校办学模式现状，我们对具有代表性的3个县5所农村初中学校“十五”期间的毕业生去向和毕业后的社会适应状况做了调查。调查统计分析表明，农村初中学校十分缺乏基础性的职业技能渗透教育内容，面对40%以上不能继续升学者的现实，农村初中学校仍继续坚持城市化的初中办学模式，显然不利于学生今后的发展和生存，也不利于城镇化建设。在现阶段农村初中升学率较低的现状下，农村初中学生毕业后接受职业教育的意识不强，缺少“技能改变命运”的观念。由于在初中阶段缺乏职业生涯教育，毕业后接受职业教育的欲望不强，必然出现创业能力低，从事技能型工作人数少等现象。农村学生及其家长在教育观念上的局限性和狭隘性，导致对义务教育认识的偏颇。在他们看来，升高中、上大学是“离农”、是改变命运的唯一出路，一旦升学失败，只有打工和务农选择。这是农村初中辍学现象时有发生的原因之一，也反映出农村初中缺乏办学吸引力。

3. 对农村义务教育阶段留守儿童教育的影响

从我们的调查来看，家长外出务工对留守儿童教育有很大影响。首先，表现在孩子心理方面。留守儿童长期没有父母的关怀，没有亲人的陪伴，和父母之间唯一的交流方式只是偶尔的电话联系。其次，留守儿童在学习和生活方面也受到一定程度的影响。调查表明，他们当中有64.7%的人是由祖辈人（祖父母、外祖父母）照看；有19.9%的人由单亲照看；有11.8%的人（初中生）处于无人照看状态。调查表明，祖辈人中多数对孙辈的教育不严格。由于留守儿童在学习和生活上无人督促和正确指导，良好的学习习惯与生活习惯很难养成，这必然给学校教育带来不利影响。

（二）城镇化与人口迁移对大中城市城乡接合部义务教育影响的现状及分析

1. 对城乡接合部义务教育阶段学校布局的影响

调查得知，大中城市的城乡接合部是外来打工者及其子女比较集中的地区。其主要原因是随着城市发展速度的加快，大城市的劳动力市场需求量加大。由于大城市住（租）房价格昂贵，农民工收入较低，只好选择在房价低廉的城乡接合部租（购）房，其子女也只好就近入学。这大大加大了城乡接合部地区小学收纳学生的压力，这些学生大都是来自外省务工人员的子女，尤其在一些经济发展较快的地区，外来的民工子女数量更多。

在城镇化与人口迁移过程中，大中城市的城乡接合部义务教育学校所承受的学额激增的压力，主要来自于外省和省内贫困偏远的农村地区。这说明我国城乡接合部区域已经吸引了大量的流动人口及其子女，这给当地教育系统带来了巨大的压力。

农民工大多来自经济不发达地区，他们中只有很少一部分人能把户籍落在工作、生活的城市。从当前来看，农民工落户的最大阻碍不是户籍制度，而是经济方面的制约，农民工大多从事简单的体力劳动，没有专业的知识技能，收入较低，加之城市生活成本偏高，收入微薄的农民工在去除生活支出以后，所剩的资金已经寥寥无几。工作的不稳定导致了农民工在城市生活状态的不稳定，农民工的子女也在不停地退学入学，不停地更换学校。

2. 对城乡接合部义务教育阶段学校办学条件的影响

据调查统计显示，有近半数学校的办学条件在满足农民工子女入学方面存在困难，这表现在：随着农民工子女入学人数的增多，教师数量却没有变。空间有限，教室、操场都满足不了日益增长的学生数量的需要，有的学校已经把专用教室改为上课的教室，即使如此，也出现了班型过大（一个班级近 60 人）、不符合卫生标准等方面的问题。学校的硬件设备，如计算机等教学设施的配备数量不足，一定程度上降低了办学标准。现在很多城乡结合地区的学校办学条件逐渐退步，教师的素质和教师的数量都在不断下降。在实际教学过程中出现很多难题，增加了老师在教学中的工作难度和工作量。虽然现在很多学校响应上级领导的要求，尽量满足农民工子女在入学时的需求，但是在满足学生需求的时候，不能以牺牲教学质量为代价，应该保持原有的教学质量。

3. 对城乡接合部义务教育阶段学校教育、教学工作的影响

由于大量的学生涌入城市，学校压力比较大，学校的操场、食堂、教室都出现了非常拥挤的现象。老师在教学过程中压力很大，不能顾及到每一个学生，教学的效率偏低。在学校管理过程中，学生的

安全、卫生、交通、纪律、教育等都让任课老师和学校十分困扰。另外由于学生家长自身工作的性质，流动性比较高，孩子退学、入学如家常便饭，甚至还会出现辍学的现象，这给教育部门的学籍管理以及学校的教学工作带来很大麻烦。之前农民工子女就学的学校大多在农村，教育水平相对较低，且几乎没有开设相关计算机课程以及英语课程，使得农民工子女在进入新学校、新环境后，还需要很长一段适应时间，这段时间学习效率很低。此外，农民工子女从农村进入新校区以后，由于自己的普通话水平比较低，很难和老师、同学进行交流。老师为了兼顾新来的同学必要时候还要更改自己的教学计划，增加了老师在教学时候的难度。有些农民工子女由于缺乏良好的家庭教育和环境教育，身上有着诸多不良习惯，任课老师需要投入大量的时间、精力去帮助其改正。

很多外来务工人员的文化程度都不是很高，而且每天都要忙于工作，缺乏家庭教育意识，他们认为教育学生是学校的工作，他们要做的就是把孩子送进学校，家长跟学校之间很少交流，没有时间去配合学校的工作，或者是根本不想去配合，增加了学校的工作阻力。

4. 对处于流动状态的学生及其家庭的影响

大多数农民工在城市从事的都是简单、劳累的体力劳动，收入微薄，是整个城市中的弱势群体，也是所谓的“边缘人”，这些情况都对孩子的学习、教育产生了不好的影响。

由于家庭经济压力较大，很多农民工子女为了减轻家庭负担，很早就选择了辍学。这些学生辍学之后，家长和社会很难控制，很容易对孩子的成长产生负面的影响。

（三）城镇化与人口迁移影响下，农村及城乡接合部义务教育的应对策略

1. 强化政府在相关政策及财政方面的支持，克服社会变革对区域义务教育的消极影响

（1）出台农村中小学布局调整后原校产处理的相关规定。

闲置校舍是农村教育资源的组成部分，不仅在历史上对农村的义务教育有过贡献，也能够在今后的新农村建设中发挥作用。从功能看，可以作为农村科技教育、社区教育、文化宣传教育的场所，也可

作为留守儿童业余活动和课外教育的场所，还可以作为农村学前教育的场所。在目前多数农村还不富裕，没有能力新建此类场所的条件下，保留学校撤并后的闲置校舍，是节约开支、实现资源二次利用的可行之举。为此，应由教育、财政、建设、民政等相关部门联合出台"关于农村中小学闲置校舍处理、开发和利用的暂行规定"，在对全省农村中小学校撤并后闲置校舍的数量、使用面积、使用年限做深入调查的基础上，对房屋所有权、使用范围等做出明确规定，以保证其在新农村建设中继续发挥作用。

(2) 对城乡接合部接纳农民工子女义务教育学校，制定改善办学条件的实施细则。

根据"十五"期间以来城乡接合部义务教育学校生源剧增和人口迁移持续发展的现状，城乡接合部义务教育学校办学条件的改善已成为制约这些地区教育发展的瓶颈问题。要解决好中小学农民工子女的接收问题，改善办学条件，还需要在现有的政策下，出台"关于接收农民工子女中小学校改善办学条件的实施细则"等相关文件，对学校校舍的扩建、改建、设施、设备投入等前提条件和经费来源，及应增加师资的数量、科目等问题，从政策上做出科学界定，对资金来源做出明确规定，从责任上做出明确分工。对于接纳农民工子女的学校，其专项经费应由省、市、区三级政府共同承担，以解决因区级财政无力独自改善办学条件而使教育质量下滑的问题。

2. 实施三项工程，应对城镇化进程与人口迁移对城乡义务教育的影响

(1) 实施农村留守儿童教育关爱工程。

如果将农村留守儿童教育问题划分为校内、校外两部分，对留守儿童的文化知识教育、行为习惯养成教育、心理健康教育等，则是农村学校责无旁贷的义务。从目前留守儿童教育状况看，虽然各级妇联组织和各级教育部门做了大量工作，但针对留守儿童这一特殊群体的特殊教育机制还没有真正建立起来。应着手实施"农村留守儿童教育关爱工程"，整合教育、妇联、乡（镇）政府三方力量，在留守儿童比较集中的农村地区建立相应的教育机制。如共同建立留守儿童档案，明确各方的工作责任，建立留守儿童托管教育基地，制定留守儿

童校内外教育工作计划和工作目标，建立并完善各职能部门联系工作机制，使留守儿童教育关爱工作，在横向上有教育部门、妇联组织、基层政府三方协调，在纵向上有学校、家庭、社会三方保障，形成立体化、全方位的教育网络❶。

（2）实施农村初级职教渗透模式实验工程。

随着国家对农村教育重视程度的不断加大，农村义务教育的办学质量持续提升，农村初中的升学率也不断提高。尽管如此，在一些地区还是存在近半数的初中毕业生不能继续升学这样一个事实。在城镇化与人口迁移的背景下，不能继续升学者面临着三个基本选择：返乡务农、进城务工、接受职业教育。与过去相比，这种多元化的选择，不仅需要具有一定的职业技能基础，也需要具有一定的职业意识。为了实现这个目标，使农村义务教育与城镇化和人口迁移相适应，继续探索新的农村职教渗透模式将十分有益。其意义在于有助于强化课本知识与实践相结合；树立学生的职业意识；为学生奠定职业技术基础知识；使升学无望的学生及其家长看到希望。为此，建议在人口输出量较大的农村地区初中，实施以适应城镇化与人口迁移为目的的“初级职教渗透模式实验工程”。研究确定初级职教渗透的内容和形式，培训双师型教师，制订教育教学计划，开发具有地方特色的校本课程，以三年为一个周期，对毕业生做跟踪调查。在建立九年一贯制学校的地区，以九年一贯制学校为实验基地，在行政部门和科研部门指导下开展实验。

（3）实施城乡接合部地区农民工子弟学校规划建设工程。

在改善办学条件的同时，应该在那些学额趋于饱和状态，且不具备自身改建、扩建条件的学校所处地区增加新建学校，建议实施“城乡接合部地区农民工子弟学校规划建设工程”，工程可按计划、分步骤实施。在“十一五”期间，对省内大中城市农民工子女集中的、入学矛盾比较突出的城区，率先规划建设九年义务教育学校，缓解入学压力。政府在规划城市建设规划用地时，要预留义务教育学校建设用地，经费筹措以市、区两级财政为主渠道，省财政按一定比例给予补助。新建学校要在充分调研、论证的基础上进行，通过对几年内农民工随住子女流动情况的调查统计，掌握人口分布的一般趋势，

❶ 《关于开展城镇化趋势下教育改革发展与布局规划调研工作的报告》，紫阳县教育体育局。

预测未来五年左右的生源数量，规划学校布局和建设规模。

3. 加大研究力度，科学应对城镇化进程与人口迁移对城乡义务教育的影响

各级政府及教育行政部门应高度重视城镇化进程与人口迁移背景下城乡义务教育发展问题。在部署教育工作时，把城镇化与人口迁移对教育的影响问题纳入工作计划统筹考虑，高度重视城镇化与人口迁移和区域教育发展关系的科研工作，鼓励和支持各级教育科研部门开展相关研究。

在选题时，要把城镇化进程与人口迁移对教育影响的重点、难点问题作为科研工作的重点。就目前而言，城镇化和人口迁移背景下农村与城乡接合部的义务教育布局和建设问题、接纳农民工子女学校的办学条件和教育质量问题、农村小学的边缘化问题、农村留守儿童的教育问题，是需要深入研究的重点和难点。为此，各级教育科研单位和部门应着力从这些问题入手展开研究。

在城镇化进程与人口迁移对区域义务教育影响研究的基础上，要深入思考其对其他各级各类教育的影响，以促进各类教育的和谐发展。例如，城镇化与人口迁移与发展职业教育的关系问题；迁移人口素质提高与中等职业学校的课程结构调整；社区教育在迁移人口素质提高中的作用等。通过此类研究，强化教育在城镇化与人口迁移过程中的服务功能。

第七章

结论——中国新型城镇化的历史必然性

新型城镇化是指，以城乡统筹、城乡一体、产城互动、节约集约、生态宜居、和谐发展为基本特征的城镇化，是大中小城市、小城镇、新型农村社区协调发展、互促共进的城镇化。新型城镇化的“新”就是要由过去片面注重追求城市规模扩大、空间扩张，改变为以提升城市的文化、公共服务等内涵为中心，真正使我们的城镇成为具有较高品质的适宜人居之所。新型城镇化的核心在于不以牺牲农业和粮食、生态和环境为代价，着眼农民，涵盖农村，实现城乡基础设施一体化和公共服务均等化，促进经济社会发展，实现共同富裕。

中国在改革开放 30 年中，城市空间扩大了二三倍，2014 年城镇化率也达到了 53.7%。但是，空间城市化并没有相应产生人口城市化。中国有 2.6 亿农民工，户籍问题把他们挡在了享受城市化成果之外，他们是被城镇化、伪城镇化的。如果挤掉水分的话，我国只有 36%的城镇化率。

中国的新型城镇化，是确凿无疑的大方向。这是世界最多人口的城镇化。仅此观之，正如 2013 年温家宝总理在政府工作报告中所言：五年转移农村人口8 463万人，城镇化率由 45.9%提高到 52.6%——中国城乡结构发生了历史性变化。这种变化得益于两个因素：一是工业化、信息化、农业现代化的推动，二是有关户籍等政策逐步调整，公平的“城门”在制度层面逐渐打开。

城镇化是中国发展的重头戏。这不仅因为美国城镇化率达到90%、韩国达到80%等现实差距，更因为城镇化背负着扩大内需、拉动增长的重任。党的十八大明确提出了“新型城镇化”概念，中央经济工作会议进一步把“加快城镇化建设速度”列为2013年经济工作六大任务之一。

据《中国新型城镇化建设路径与投资战略规划分析报告》分析，城镇化当然要圈地扩容、要盖楼建房，但是，中国的新型城镇化，显然不是房地产化。以城镇化的方向来修复地产股估值等逻辑，显然忽略了以下几层思考：

第一，1995年以来，我国城镇化经历了历史上最快的发展阶段，同时也带来一个更令人头痛的问题——市场房价进入快速上涨甚至暴涨期。房价问题的背后，还有以下值得注意的数据：2000～2010年，国内城市建设用地扩张83%，但同期包括农民工在内的城镇人口仅增长45%，土地城镇化与人口城镇化速度极不匹配。那么，政府工作报告中“积极稳妥”之意，当然在于纠偏类似失衡，在平抑房价的同时，引导地产业理性归位。

第二，新型城镇化之“新”，就是要区别于“造城运动”，真正将工作重心转移到进城人口权益的市民化上来。有数据显示：全国人户分离的人口为2.79亿人，其中流动人口为2.36亿人。今日中国城镇化的发展速度，恐怕还要再等等“市民化”的进程。换句话说，“城镇化”固然是指农村人口转化为城镇人口的一个过程，但这种“转化”不仅要有“广度”，更要有“深度”——即中央经济工作会议提出的“提高城镇化质量，使之健康发展”。

第三，城镇化固然是农民进城的过程，但这个过程绝不仅仅停留在盖房子层面。中国社会科学院发布的蓝皮书称，按照世界城市的发展规律，当城镇化率达到40%～60%的时候，标志着城市进入成长关键期，“城市病”进入多发期和爆发期。此时，继续推进城镇化将面临更为严峻的挑战。因此，即便是硬件而言，我们更需要对城市交通、环境、社会等方面统筹安排，还得考量城市群内部的协调发展问题。

真正的城市化，或者说我们吁求的新型城镇化，正如国家行政学院决策咨询部主任慕海平所言，不仅要有“人口的城镇化”，更应是产业、人口、土地、社会、农村五位一体的城镇化。城镇化不是给“房地产化”代言。新型城镇化的本质是用科学发展观来统领城镇化建设。

中央经济工作会议2012年12月15日至16日在北京举行。会议提出了2013年经济工作的主要任务。积极稳妥推进城镇化，着力提高城镇化质量。城镇化是我国现代化建设的历史任务，也是扩大内需的最大潜力所在，要围绕提高城镇化质量，因势利导、趋利避害，积极引导城镇化健康发展。要构建科学合理的城市格局，大中小城市和小城镇、城市群要科学布局，与区域经济发展和产业布局紧密衔接，与资源环境承载能力相适应。

要把有序推进农业转移人口市民化作为重要任务抓实抓好。要把生态文明理念和原则全面融入城镇化全过程，走集约、智能、绿色、低碳的新型城镇化道路。

2013年7月9日，中共中央政治局常委、国务院总理李克强在广西主持召开部分省区经济形势座谈会并作重要讲话。李克强说，要推进以人为核心的新型城镇化。

第一节　新型城镇化是实现现代化的关键之举

坚定走中国特色农业现代化道路，加快转变农业发展方式，加快推进农业现代化，是党中央主动适应我国经济发展新常态，促进农业持续健康发展的“三农”工作重大战略指引，也是在“四化”同步发展中克服农业现代化“短板”和薄弱环节的重要战略举措。而新型城镇化是强调人的城镇化和城乡统筹、注重生态环保和可持续发展的城镇化，是带动我国经济转型升级、促进创业就业、改善民生和实现城乡公共服务均等化的重要动力。

新型城镇化为农业现代化提供优质要素资源。首先，现代农业生产所需的物质装备来源于城镇。城镇中第二产业主要为农业提供基础设施、机械设备、农用物资等硬件服务。其次，现代农业所需的农业科技来源于城镇。最后，现代农业所需的经营理念来源于城镇。现代农业生产的组织形式、经营模式、保障体系等制度设计同样萌生于商业、工业、服务业的经验积累。[1] 新型城镇化道路能够克服传统城镇化对农业发展的消极影响，为农业现代化提供优质的要素资源。

新型城镇化和农业现代化在发展中存在互动关系，新型城镇化带动农业现代化。首先，新型城镇化的发展会促进农业经营方式的转变。城镇化通过承接农村剩余劳动力到城镇就业，必然会加快农村土地流转，使耕地集中到种粮大户手中，为适度规模经营创造条件，进而推进农业生产经营专业化、标准化、规模化、集约化，提高农业综合生产能力、抗风险能力和市场竞争能力。其次，新型城镇化的发展会促进农业产业结构优化。城镇化通过把大量的农村人口转变为城镇人口，将巨大的潜在消费需求转变成现实消费需求，必然带动农产品市场需求结构的变化，拉动农产品消费需求质与量的提升，进而优化农业内部产业结构和产品结构。最后，新型城镇化的发展会给农业发展注入新的活力。城镇作为资金、技术、信息的聚集地，随着规模不断扩大，资金和技术积累到一定程度以后，基于市场机制的作用，会自动向广大的农村腹地流动，为农业现代化发展提供技术和资金支撑，注入发展活力。

有效发挥新型城镇化对农业现代化的辐射带动作用，加快推进农业现代化，实现城乡共同繁荣，主要体现在以下几个方面：

1. 发挥新型城镇化的市场辐射作用，带动农业“产业”现代化

由于城镇化是产业集聚和人口聚集的结果，所以新型城镇化是以产业为支撑、以人为核心的城镇化。也正是由于新型城镇化中的产业集聚和人口聚集，从而带来了城镇化的工业生产性市场、农产品消费性市场和三产服务性市场的繁荣，而市场是产业发展的基础，市场越广则产业发展潜力就越大。所以在推进农业现代化进程中，如果将新型城镇化中的工业产品生产性市场、农业产品消费性市场、三产服务业市场着力向农业农村辐射延伸，则可通过城镇化的农产品消费市场带动促进农业特色产业壮大发展、通过城镇化的涉农加工工业带动农

---

[1] 胡守勇. 新型城镇化与农业现代化的内在逻辑 [N]. 农民日报，2014-08-01.

村涉农产品精深加工、通过城镇文化商贸物流旅游等三产服务带动农村物流运输、中介营销、信息咨询、文化传承、乡村旅游等三产服务业的发展，从而延长农业产业链条，拓宽农村产业业态，促使农村形成特色农业产业、涉农产品加工工业、三产服务业的一二三产业协调发展，可优化农业产业结构、促进农业产业升级，构建现代农业产业体系，带动农业“产业”现代化，而加速推进农业现代化。

2. 发挥新型城镇化工业辐射作用，带动农业“装备”现代化

由于农业现代化的重要特征是实现农业生产条件的现代化，而农业生产条件就涉及农业生产的水电路气网、通讯、农机等设施“装备”，故农业现代化的硬件现代化就是农业生产设施“装备”现代化，而农业设施装备都需要依靠现代工业进行生产、研发和武装，因此新型工业化是农业现代化的装备支撑。而现代工业经济大都属于城镇经济，即大量的工业技术人才、设施设备均集中于城镇，所以新型工业化是新型城镇化的发展动力，引领着新型城镇化的发展。故在农业现代化的推进过程中，要着力发挥新型城镇化中的工业优势，采取以工促农、以城带乡的措施，把新型城镇化中的工业水电路气网等基础设施大量向农业农村延伸辐射，把城镇工业生产的农机电气设备大量装备于农业，这样在提高农业生产效率和产出率的同时，促进带动农业“装备”现代化，从而依靠新型城镇化的工业辐射，改善农业生产条件，推进农业现代化的发展。

3. 发挥新型城镇化的技术辐射作用，带动农业“科技”现代化

由于推进农业现代化的核心是发展现代农业，而现代农业就是以现代科技为支撑、用现代科技武装起来的农业，因此要实现农业现代化首先就要推进农业科技现代化。而在我国现实科技人才资源队伍中，城镇与农村相比拥有相对集中和丰富的科技人才队伍和科技工作者。故在农业现代化的建设推进中，要统筹城乡科技人才资源，充分发挥新型城镇化的科技人才技术优势，采取切实有效的激励机制和科技推广应用措施，促进城镇涉农科技人员大量将农业科技创新推广应用于农业生产实际，发挥科技在农业增产提质增效中的作用，提高科技对农业增产增效的贡献率。如果当大量的农业现代科技运用于农业生产，则可带动实现农业“科技”现代化，使农业真正依靠科技走上高产、优质、生态、安全、高效的现代农业发展道路，从而推动农

业现代化的实现。而且通过农业科技的广泛应用，还有利于提升农民科技素质，对培养新型职业农民、促进农业可持续发展将起到巨大影响和推进作用，如果再将农业科技与信息化结合，则更能高效地推动现代农业发展，加快农业现代化进程。

4. 发挥新型城镇化的文化辐射作用，带动农业“经营”现代化

因为农业现代化的进程是传统农业生产经营向现代农业生产经营模式转化的过程，而在农业经营模式转化的过程中需要用先进的理念、先进的思维、先进的组织创新形式来管理和经营农业，从而提升农业经营现代化水平，推进农业现代化。而在新型城镇化中，由于城镇的现代生活方式和先进文化的影响，从而使城镇拥有先进的文明文化理念和先进的现代管理方式，因此在农业现代化建设发展中，要充分发挥新型城镇化的文明文化辐射作用，把城镇中的先进产业经营理念、先进市场竞争观念、先进产品营销模式、先进产业合作协作方式，广泛大量向农业农村的产业生产、产品营销、市场竞争、规模经营、合作组织等生产经营领域进行辐射渗透与延伸扩展，从而促使农业生产经营逐渐向适度规模化、市场化、产业化、合作化、专业化、标准化的现代农业生产经营方式转变，改变传统农业经营模式，带动农业“经营”现代化，而推动农业现代化发展。

5. 发挥新型城镇化的管理辐射作用，带动农业“治理”现代化

由于农业现代化内涵包括农业产业现代化、职业农民现代化和农村社会现代化，而农村社会现代化就要求农村社会事业发达、农村公共服务全面、农村法制健全公正、农村基层组织稳固、农村经济主体活跃、农村人居环境优良，从而使农村农业“治理”体现出现代社会的现代化特点，实现农业“治理”现代化，推进农业现代化。而在新型城镇化中随着城镇的市场经济的发展和现代管理水平的提高，使城镇形成较为完备的产业发展、设施建设、公共服务、环境保护、文化传承、社会治理等一系列现代规范管理方式方法和模式，如果将新型城镇化中的现代管理方式模式，结合我国农业农村社会的实际特点，大力向农业农村进行辐射覆盖，使城乡一体治理、一体发展，则可有效提升农业经济社会治理水平，带动农业“治理”现代化，而加速推进农业现代化。并且通过这种城乡统筹带动的治理模式，还有利于缩小城乡差别，这对建设美丽乡村和新农村建设将起到良好的促

进和推动作用。从而通过新型城镇化的市场辐射、工业辐射、技术辐射、文化辐射和管理辐射，带动农业产业、装备、科技、经营和治理现代化，进而整体推进农业现代化，使农业现代化与新型工业化、信息化、城镇化的“四化”同步发展，加速我国现代化进程，为加快实现民族伟大复兴中国梦发挥农业农村应有的最大贡献与作用。[1]

第二节 新型城镇化是深化改革的必然之路

新型城镇化是中国现代化的一个大战略，中国的经济发展趋势正在发生深刻的变化，依靠传统发展模式发展经济已经难以为继，要避免新型城镇化的陷阱，促使新型城镇化高质量的发展，决不能用传统的理论思路和操作模式去指导推行，而是要始终坚持中国特色社会主义的发展方向，始终坚持五位一体总布局的指导原则，始终坚持社会主义市场经济配置资源的模式，始终坚持以人为本的治理方式，在深化体制和机制的改革中，以创新的方法去推进。

深化体制改革，需要建立同国情相适应的城镇化层级结构模式。传统小城镇发展到今天表现出迫切需要通过改革设市模式，建成一批小城市，才能显现新型城镇化巨大活力的意愿，并为建立“镇级市”，变三级城市行政管理体制为四级管理体制提供完全可以操作的实践基础。

深化体制改革，需要统筹城乡发展规划和布局。把市区和城镇作为一个整体，互相衔接、互相促进；以同城均等、城乡均等为指导，同步提升产业发展、公共服务和基础设施配套水平。从空间功能科学布局的视野出发，中国新型城镇化，推进小城市发展，应借鉴瑞士达沃斯发展小城市的有益经验。

深化体制改革，需要注重传承历史文化。整合各类空间景观资源，塑造保护和创造为一体的新型城镇特色，全面提高空间品质和宜居宜游的环境质量。并以绿道、蓝道、慢行步道、特色街道等串联整

---

[1] 吴德义. 怎样有效发挥新型城镇化对农业现代化辐射带动作用［N/OL］.［2015-3-26］. http://www.china.com.cn/opinion/think/2015-03-26/contents_35159566.htm.

合各类资源，形成能够延续历史文脉、彰显新型城镇特色的空间网络体系。

当前，我国正处于全面深化改革的关键时期。选择一些重点领域和关键环节作为突破口，是深化体制改革，促进新型城镇化建设发展的应有之义。例如，大规模推进棚户区改造等，既有利于惠民生、扩内需、保持经济合理增速，也有利于促改革、调结构，同时也是转变经济增长方式和社会治理理念、创新体制机制、增强社会活力的治本之策。[1]

走新型城镇化道路，可以有效改善农村区居民的居住条件，使群众从“忧居”到“宜居”，促进城市全面协调可持续发展，对于推动城镇化建设由注重数量增长向注重质量提升转变具有重要意义。

新型城镇化是优化城市布局、改善人居环境的关键点，也是提高城市承载能力、增强可持续发展能力的突破口。通过推进新型城镇化发展，可以统筹考虑经济社会发展水平、区位特点、产业聚集等客观条件，合理有序配置空间资源，对城市基础设施进行集约化改造，使城市规划更趋合理，土地利用结构更趋优化，进一步提升城市综合承载能力、拓宽城市发展空间，实现城市的可持续发展。

十八届三中全会提出，经济体制改革是全面深化改革的重点，核心问题是处理好政府和市场的关系。在全面深化改革大背景下铺开的新型城镇化建设，不仅有利于改善居民住房条件和基础配套服务设施，更可通过改革措施的落实和市场机制的引入，助推经济体制改革，激发经济发展内生活力。

推进新型城镇化有助于促进政府转变职能、实现政策支持和市场机制的有机结合。城镇化建设发展涉及城市规划、项目投融资、公共服务、社会福利、人口流动、土地流转等多个环节，既需要政府的组织协调，又需要调动社会力量广泛参与。地方政府要加强规划、政策、标准的制定和实施，从政策上调动社会力量参与建设的积极性，制定市场主体参与建设的规则，保证新型城镇化建设工作高效率、高质量推进。目前，针对城镇化建设过程中的行政审批、公共服务等方面问题，各地政府纷纷建立城镇化建设项目行政审批快速通道，出台简政放权的具体措施，促进了政府职能的转变。

---

[1] 2013 年《中共中央关于全面深化改革若干重大问题的决定》。

新型城镇化建设为改革创新城市建设投融资机制搭建了实践平台。城镇化的推进是智慧、创新和经验的汇集。目前已建立起了多元化、可持续投融资机制，一是中央加大财政投入，发挥政府投资“四两拨千斤”的带动作用；二是地方政府通过发债等方式进一步拓宽融资渠道，为建立透明规范的投融资体制提供了有益实践；三是国家开发银行发挥开发性金融机构的“供血”作用，创新实施“统一评级、统一授信、统借统还”融资模式，提高了整体融资能力和效率，保障了项目建设资金的安全运行。此外，各地还通过探索设立建设专项基金、开展项目融资、特许经营等方式吸引社会资金，用于城镇化发展及公共配套设施建设。这些经验与实践，作为城镇化发展中形成的智慧成果，都将有利于我国投融资体制改革的进一步深化。新型城镇化为引入市场机制、改革城市管理方式、激发经济增长内生动力提供了有利条件。新型城镇化是一项涉及城市空间规划设计、配套基础设施建设、公共服务提供、生态文明保护和文化传承的系统工程。在这一系统工程推进中，通过引入公私合营（PPP）等市场化的管理运行机制，带动大量社会资源进入城镇建设及配套设施建设和公共服务产品供给等公共行业，改变传统上行政化、非经济手段主导的“建管合一”“重建轻管”的城市管理模式，有助于发挥市场在资源配置中的决定性作用，提高城市资源的利用效率和城市管理质量。

新型城镇化的核心在于人的城镇化。关键是发展产业，要靠发展实体经济创造更多就业岗位。一方面，要着力扩大就业，因地制宜发展劳动密集型产业，让更多人口稳定就业，向城镇集中；另一方面，还可以创造大量就业岗位，增加当地居民就业机会，调整和改善因资源配置不均衡等原因导致的收入分配不合理等问题，促进形成合理有序的收入分配格局和公平可持续的社会保障制度。同时，新型城镇化还有助于基层政府转变治理理念，增强执政能力。城镇化进程中的复杂性和艰巨性是对基层政府管理能力的一次重大考验，但也是促进政府转变治理理念、打造服务型政府的重要推动力。

随着新型城镇化建设工作的不断深入，要切实发挥城镇化对深化改革、助推经济社会发展的积极作用，一是需要站在区域发展的战略高度，结合整个城市的发展规划制定科学的城镇化发展方案；二是需要发挥市场机制的作用，抓住城镇化建设契机优化完善社会管理机制；三是需要从长期发展着眼，统筹做好资金保障。按照国务院第43次会议精神，国家开发银行成立住宅金融事业部，进一步发挥开发性金融对城镇化建设的支持作用，为建设提供金融支持。同时，也要进一步加强政策支持，鼓励社会资本和各类金融资金的参与，拓宽融资渠道，创新融资模式，为推进大规模新型城镇化建设提供充分有力的资金保障。

第三节　新型城镇化是解决“三农”问题的根本路径

中国共产党第十八次全国代表大会上胡锦涛同志作了题为《坚定不移沿着中国特色社会主义道路前进　为全面建成小康社会而奋斗》的报告，报告将“三农”的发展作为推动中国特色社会主义事业发展的一项重要内容，并把解决好“三农”问题放在了重要的战略位置上。报告指出，解决好农业、农村、农民问题是全党工作的重中之重，要坚持走中国特色农业现代化道路，并要把走新型城镇化道路，推动城乡发展一体化作为解决“三农”问题的根本途径。

以人为本，城乡一体是新型城镇化区别于传统城镇化的核心。城乡二元结构是制约城乡发展一体化的主要障碍。走新型城镇化发展道路，必须健全体制机制，形成以工促农、以城带乡、工农互惠、城乡一体的新型工农城乡关系，让广大农民平等参与现代化进程、共同分享现代化成果。

城镇化水平是衡量一个国家和地区经济、社会发展水平的一个重要指标，也是衡量我国建设全面小康社会水平的重要标准。党的十七大报告指出：解决好农业、农村、农民问题，事关全面建设小康社会大局，必须始终作为全党工作的重中之重。加快推进新型城镇化发展，是现阶段解决“三农”难题最直接、最有效的方式，是统筹城乡区域全面协调可持续发展的重要枢纽，也是实现工业化、城市化和现代化发展的必然趋势。

（一）加快推进新型城镇化发展有利于促进农业的发展

“三农”的源头在农业，解决“三农”难题的前提在农业。农业是一个社会存在和发展的根基，起着支撑整个国民经济发展的重要作用，充足的粮食供应和高效的农业经济是整个社会发展重要的物质基础和核心。农业一直是经济社会发展体系中最复杂的部分，加快城镇化建设有利于解决农业存在的根本问题以及解决由此引起并激化的一系列其他问题。

1. 加快城镇化发展有利于提高农业生产效率

邓小平在谈论农业问题时曾指出："中国社会主义农业的改革和发展，从长远的观点看，要有两个飞跃：第一个飞跃，是废除人民公社，实行家庭联产承包为主的责任制。这是一个很大的前进，要长期坚持不变；第二个飞跃，是适应种田和生产社会化的需要，发展适度规模经营，发展集体经济。这是又一个很大的前进，当然这是很长的过程。"在改革开放初期，以家庭联产承包为主的责任制，极大地解放了生产力，推动了农业的发展。但是，随着改革的不断深入和开放水平的不断提高，逐渐暴露出生产规模小、经济成本高、产品价格低等问题，严重束缚了生产力的发展。加快城镇化发展有利于整合土地等农业生产资源、加速生产要素流转、推广先进生产管理技术开发应用、提高农业生产效率，有利于推动农业产业化、规模化、市场化、现代化进程，提高农业内在竞争力。

2. 加快城镇化发展有利于拓展农业发展空间

自 20 世纪 90 年代以来，由于农业发展和城镇化水平过低的矛盾，我国农产品出现了买方市场，几乎所有的农产品都出现阶段性、结构性、区域性供过于求，农产品价格持续走低，成为制约农业的发展"瓶颈"问题。加快推进城镇化发展，有利于促进农业生产效率提高和农村剩余劳动力转移，减少农业人口，进而改善农产品的供求关系，扩大农产品消费市场，提高农产品的价格，促进农业的良性发展。加快推进城镇化发展，有利于增加农业投入，提高生产流通的组织化程度和农业的经济效益，进一步完善农村市场和农业服务等社会化体系，有利于实现农业部门调整不合理产业结构，合理规划，使农业生产多样化，减少生产结构高度雷同，避免农产品相对过剩现象。加快推进城镇化发展，有利于拓展农产品前后产业链发展空间，发展涉农经济部门，增加农产品附加值，使政府、民间合作组织、乡镇企业等互相协调、发展完善，为农业产业化向深层次的发展提供载体，拓展农业发展空间。

3. 加快城镇化发展有利于实现农业的可持续发展

农业与其他经济部门相比处于劣势地位，农业经济的生产过程持续时间较长，农业产量极大地依赖自然环境因素。现阶段，乱砍滥伐等掠夺式开发，使森林植被破坏，水土流失、沙漠化严重，空气污染、自然灾害频繁、生态环境严重失衡，严重影响了农业的可持续发展。加快推进城镇化发展，有利于促进农村剩余人口转移，协调经济发展与人口、环境、资源的矛盾，实现退耕还林等生态建设，提高土地等资源利用率。加快城镇化发展，一方面有利于提高农业生产效率，给予农业不断发展以推力；另一方面有利于改善农产品的供求关系，给予农业不断发展以拉力。农业是一个社会存在和发展的根基，为整个社会发展奠定物质基础，必须处理好农业与生态环境、非农部门、涉农部门的良性互动，才能实现农业的可持续发展。

（二）加快城镇化发展有利于解决农民增收问题

解决“三农”难题的关键在农民，农民问题的关键是农民增收问题。加快推进城镇化发展，在数量上，有利于拓展劳动力转移路径，减少农民数量；在质量上，有利于发挥农民人力资本优势；在效果上，有利于提高农民的增收效益。

1. 加快城镇化发展有利于拓宽农村劳动力的转移路径

改革开放以来，随着农业劳动生产率的不断提高，农业内部需要的劳动力数量逐渐减少，使农业内部积累了大量的剩余劳动力。但是，由于我国城乡二元结构的长期存在，缓慢的城镇化发展水平限制了农村人口的转移，使农村出现了越来越多的剩余劳动力。乡镇企业曾一度容纳了大量农村剩余劳动力，但是“离土不离乡”和“过度分散”的劳动力转移模式阻碍了现阶段城市化的进程。加速推进城镇化发展，有利于建立和完善劳动力市场，带动乡镇企业向城市集中，发展第三产业，提高资源利用率，形成规模效应，提高对农村剩余劳动力的需求。加速推进城镇化发展，不仅为农村劳动力转移提供了有效载体，还为拓宽农村劳动力的转移路径营造了良好的外部条件和政策环境。[1]

2. 加快城镇化发展有利于发挥农民人力资源优势

解决农民增收问题，最大资源是劳动力，提高人力资源开发力度、配置农村劳动力最直接、最有效的办法就是加快推进城镇化发展。在我国，农民在数量上占人口的大多数，在生活上却居于社会的最底层，很大一部分原因是人的因素。即使现有的劳动力既缺少技能又缺少知识，增加较为传统的资本仍可能导致某种增长，但是，增长率将受到严重的限制。不向人类大量投资就完全不可能获得现代农业成果和实现现代工业的富足。人口素质的高低，既有先天的遗传因素，又有后天的培养等因素的影响。加快推进城镇化发展，一方面有利于控制人口数量，降低经济发展对人口增长的路径依赖；另一方面，有利于完善教育培训体系，加强思想教育工作，提高农民的教育文化程度，促使农民思想观念的转变。

3. 加快城镇化发展有利于提高农民的增收效益

提高农民增收效益，是解决增加农民收入问题的关键所在。长期以来，为实现较大限度地从农民手中获得低价的农产品，维持和限定城市人口低工资和低消费，以得到更多的积累资金来支撑国家工业化、城市化发展，我国采取以牺牲农村发展为代价的城市发展战略，城乡发展的“剪刀差”，导致了我国的农村经济基础薄弱。加快推进城镇化发展，有利于农村人口向城市集中、农村土地和资金等生产要素向少数人集中，减少农民数量，改善供求效应以及农产品成本高、价格低等问题和增产不增收的局面。加快推进城镇化发展，有利于全面推进综合配套改革，合理配置农村各类资源，优化农村经济发展的内外部环境，改善非农岗位就业不足、剩余劳动力输出不足和就业、农民负担过重、基层组织机构臃肿、社会保障体系不健全等抑制增收效益的深层次体制问题。

（三）加快推进城镇化发展有利于农村经济社会的全面发展

农村问题不仅仅是经济问题，还是制度问题、社会问题。加快城

---

[1] 干启明，梁俊思，王小元. 论加快城镇化发展对解决“三农”问题的重要意义［J］. 经济与社会发展，2008，12.

镇化发展，推进社会主义新农村建设，有利于清除农村发展的制度性障碍，对城乡经济社会的和谐发展以及“三农”难题的彻底解决具有重要的意义。

1. 加快城镇化发展有利于促进社会主义新农村建设

加快推进城镇化发展与促进新农村建设虽然在资源分配等方面存在着一些矛盾，但从宏观层面上讲，两者是共同解决“三农”问题相辅相成的手段。农村基层组织是落实农村政策、做好“三农”工作的重要组织基础。加快城镇化发展，有利于推进深化农村综合改革，有利于推进农村金融体制改革和创新，稳定和完善土地承包关系，探索集体经济有效实现形式，改善农村基层组织机构臃肿、效率低下、负债严重等问题。党的十七大报告强调：以促进农民增收为核心，发展乡镇企业，壮大县域经济，多渠道转移农民就业。加速推进城镇化发展，促进小城镇基础设施、服务设施等相关城市建设，不仅直接带动小城镇经济发展和就业需求，还有利于推进农村基础设施建设，改善农民住房、交通、生态环境等生活环境，发展农村公共事业，提高农村公共产品供给水平，完善教育、医疗、社会保障等体系的物质支持。

2. 加快城镇化发展有利于促进城乡经济社会和谐发展

城乡分割“二元结构”的长时期存在，是“三农”问题产生的社会根源，大量农村富余劳动力和有限城镇吸纳能力的矛盾将长期存在。城镇化作为城乡政治、经济、文化融合过程的最直接、最有效的途径，有利于实施“工业反哺农业、城市支持农村”、实现城乡资源的共享和城乡结构的战略性调整，对农村、城市以及社会的发展和稳定有着重要的意义。事实证明，城镇化是解决我国“三农”问题、启动国内市场需求、促进经济社会发展的有效途径。加快城镇化发展有利于打破以户籍制度为代表的城乡“二元结构”制度性障碍，有利于开拓农村市场、扩大国内需求，实现促进经济增长依靠消费、第三产业、科技进步、劳动者素质提高、管理创新转变的关键。走中国特色的城镇化道路，按照统筹城乡、布局合理、节约土地、功能完善、以大带小的原则，促进大中小城市和小城镇协调发展。加快推进城镇化发展，对于大、中、小城镇发展合理布局，促进城乡区域经济社会和谐发展以及构建社会主义和谐社会具有重要意义。

第四节　新型城镇化是全面建成小康社会的强力支撑

推进新型城镇化建设是促进经济社会健康发展的强大引擎，推进城镇群建设是贯彻落实中央新型城镇化战略部署、率先全面建成小康社会的必然选择。城镇化是扩大内需的最大潜力所在，扩大内需是中国经济保持长期健康稳定发展的根本动力。目前，我国城镇化率刚超过53%，按户籍人口算仅为36%左右，不仅远低于发达国家80%的平均水平，而且也低于发展中国家60%的平均水平，我国城镇化发展空间巨大、前景广阔。中国城市居民的消费需求明显高于农村居民。据有关部门统计，城镇化率每提高1个百分点，就有1 300多万人口从农村转入城镇，这些人口必将持续释放巨大内需，将带来1 000亿元以上的消费增长以及各种基建投资的需求，如对衣食等日用消费品、住房和汽车、城镇公共服务和基础设施，都会形成巨大需求，必将为经济可持续发展提供强劲动力。我们要牢牢把握城镇化发展的正确方向，把城镇化建设作为当前应对经济下行压力、促进产业升级的重要抓手，作为扩大内需、促进经济持续健康发展的重要载体，积极稳妥扎实有序推进新型城镇化。

根据党的十六大提出的全面建设小康社会的总体目标。全面建设小康社会的任务艰巨，面对这一艰巨任务，从各地区的实际出发，把加快城镇化建设作为一个突破口，以城镇化带动农牧业现代化和各地区的工业化，促进城乡一体化，从而推动区域经济快速发展和社会的全面进步，不失为一个重要的战略选择。

城镇化是建设现代农牧业，发展农村经济，增加农牧民收入的必然要求。目前，我国乡村人口占到总人口的比例接近80%，第一产业产值占到国内生产总值的50%以上，农牧业仍然是主导产业，农村经济的发展繁荣在小康建设中占有举足轻重的地位。但是另一方面，农牧业的基础脆弱，现代化程度不高，农村产业结构不合理，综合经济效益低下，农牧民人均纯收入增长缓慢，农村经济的进一步发展遇到了许多制约因素。面对这种局面，唯一可能的选择是摆脱就农牧业抓农牧业、在农村的小圈子里发展农村经济的传统思路，加快城镇化建设，打破城乡“二元结构”，依托城镇开拓农村市场，大力发展市场经济，进一步搞活农牧产品流通，带动农牧业和农村经济的结构性调整，推进农牧业产业化经营，提高农牧业的综合效益，增加农牧民的收入。同时，只有城镇化的程度提高了，农村大量的剩余劳动力才可以在城里务工挣钱，不仅能在整体上提高农民的收入，也使农民有能力加大对农业的投入，从而促进农村经济的发展。

走新型城镇化道路是实现工业化的迫切需要。没有工业化就没有现代化，就不能建成小康社会。2001 年我国国民生产总值中第二产业的比例只有 40% 左右；而第二产业的从业人员占全部从业人员的比例均在 20% 以下，西藏自治区只有 4.9%。这既说明工业发展本身还比较落后，也反映了城镇化水平严重滞后的局面。在这种情况下，要想在 2020 年实现工业化的目标，必须大力推进新型城镇化建设。而且，我国工业目前主要集中在大城市，而且大多是国家投资的能源、原材料工业，与广大农村的经济关联程度低，对农村经济的发展带动作用小。所以要实现工业化，必须解决小城市和小城镇发展不足的问题。既要继续发展大中城市，发挥好大城市对中等城市的辐射带动作用和中等城市对大城市的补充、服务作用；更要加快发展小城市和小城镇，依托众多的小城市和星罗棋布的小城镇，加快资源开发的步子，加大农副土特产品的加工力度，大力发展具有各区域特色的乡镇企业和乡村工业，走出一条区域工业化的路子。

新型城镇化是各地区发展第三产业的重要前提。商贸、金融、信息、服务等第三产业的充分发展，既可解决大量的剩余劳动力，又是经济发展最具潜力的领域，是各区域当前和今后一个时期产业结构调整的重要方向。但是，没有工业和城市的充分发展，第三产业就难以有较大的发展。第三产业之所以发展缓慢，制约因素之一就是城镇化率比较低。所以，要把城镇化建设作为发展第三产业的重要前提，把发展中小城市和小城镇与发展第三产业同步进行。在推进城镇化的过程中要因地制宜，产业布局能工则工，能商则商，突出特色。既可工业兴市，也可商贸兴市、旅游兴市。广大的民族地区有许多特色集镇是历史上形成的富有特色的市场，如皮毛市场、骡马市场、茶叶市场、中药材市场等。以这些集镇现有的市场为基础，科学规划，加强各项基础设施建设，扩大市场容量和辐射能力，把小集镇建成具有区域性甚至全国性影响的大型专业市场，以商贸兴镇，以商贸富镇。信息产业目前在我国发展还很不充分，而城镇化必然为通讯、计算机等信息产业的发展创造了十分有利的条件。城镇服务业既是一个能大量吸纳劳动力的行业，又是一个发展前景十分广阔的经济领域。加快城镇化建设对各地区服务业发展的推动作用是不言而喻的。

新型城镇化是社会文明进步的有效载体。全面建设小康社会不仅仅是一个经济发展的过程，还是一个社会全面进步的过程。小康建设中的城镇化问题，说到底是人们的生产生活方式由乡村型向城市型转化的问题。适应这种生产生活方式的转化，我国各地区城镇化要解决的问题不只是加快经济发展，而且要大力发展文化、教育、科技、体育、卫生等社会事业，努力提高人口素质和广大人民群众的生活质量。我国各地区的绝大多数人口在乡村，受城乡“二元结构”的限制，农牧民群众除了在经济收入上远远低于城市居民外，所享受的教育机会、文化生活、医疗卫生条件和劳动保障、生活设施等，和城市居民不可同日而语。推进城镇化，降低大中城市的门槛，大力发展小城镇，把分散的乡村人口转移到城镇，使更多的人享受市民的待遇，就能从总体上不断提高人口素质和广大群众的生活水平。

各地区城镇化建设还有不少制约因素。从现实条件上看，目前经济和社会的发展水平还未能给城镇化的快速发展提供最有利的时机。从政策和体制层面看，我国户籍管理制度、土地使用权制度等改革相对滞后，行政区划还带有很强的计划经济体制特征，劳动力市场尚未培育成熟，还有在长期的农业文明影响下人们深厚的传统观念和习惯势力，都制约和阻碍着新型城镇化的发展。从这种现实情况出发，各地区的各级党委和政府要深入学习领会和认真贯彻十八大关于加快城镇化建设的精神，把城镇化建设作为全面建设小康社会的重大任务，列入战略规划，摆上重要议事日程。要坚持解放思想，努力开拓创新，加快改革，扩大开放，不断消除不利于城镇化发展的体制和政策障碍。要花大力气做好政策宣传、舆论引导和思想动员工作，激发民族地区广大干部和群众的积极性，推动民族地区加快城镇化建设步伐，从而带动全国各地区一道实现全面建设小康社会的宏伟目标。[1]

第五节　新型城镇化是当前中国经济最大发展潜力和扩大内需主要方式

在《中央关于国民经济和社会发展十二五规划的建议》中，将扩大内需由工作方针提升到发展战略的高度，凸显扩大内需在国民经济和社会发展中的地位。调整经济结构需要扩大内需，转变经济发展方式需要扩大内需，提高人们生活水平需要扩大内需。如何才能有效地扩大内需呢？通过对城镇化作用的分析，当前推进新型城镇化当属启动最大的内需。

（一）推进新型城镇化尚有很大的潜力

新型城镇化，是指人口从分散到集中，农村人口转化为城镇人口，农村地域转化为城镇地域，农业活动转化为非农业活动，农村价值观转化为城镇价值观，农业生活方式转化为城镇生活方式的多层面、宽领域、纵深化的综合转化过程。我国实施城镇化战略已有十余年了，城镇化水平有了较大幅度的提高。衡量城镇化水平的指标是城镇化率，通常城镇化率由市、镇人口占全部人口的百分比来表示，用于反映人口向城镇聚集的过程和聚集程度。我国城镇化率 1999 年为 30. 9%，2009 年达到 46. 6%，城镇人口已突破 6 亿，虽然城镇化战略的实施取得了一定的成就，但是还有巨大的潜力。

第一，当前我国城镇化水平还较低。2009 年，我国第二、第三产业占 GDP 比重已达 89. 4%，人均 GDP 达到 4000 美元，进入中等收入国家行列，但城镇化率低于世界平均水平 5 个百分点，低于经济发展水平与我国相当的俄罗斯和巴西分别 30 个百分点左右。[2]

第二，我国城镇化正处加速发展时期。按照城镇化的一般规律，城镇化率达到 30% 后开始加速，达到 70% 后趋于平稳，城镇化率在 30% ~

---

[1] 赵少智. 城镇化是民族地区全面建设小康社会的必由之路［N/OL］.［2004-1-30］. http://www.data.3g.sina.com.cn.

[2] 潘峰. 推进新型城镇化是扩大内需的战略选择［J］. 中国改革论坛，2011（5）.

70%区间为加速发展期。我国处在城镇化加速期的前半期，距离平稳发展还有较大的差距，因此，城镇化的快速发展还将持续较长一段时间。

第三，我国还存在不完全城镇化的现象。尽管从统计上看，这些年来我国的城镇化人口比重在不断的提升，但是我们城镇居民的素质、生活质量、消费行为、思想观念、管理方法都难以跟上，城镇化的质量还较低，与人口城镇化的速度不相适应，因此我国目前的城镇化率只是统计上不完全的城镇化率。要使不完全的城镇化率转变为真实的城镇化率尚有发展的空间。

第四，我国已经具备快速提升城镇化水平的条件。我国农业人口比重远高于农业产值比重，大量人口滞留在农业部门和农村。近年来，我国工业化进程加快，工业化进程需要大量的劳力，这为滞留在农业部门和农村的劳力转入到工业部门和城镇中创造了条件，也为快速提升城镇化水平创造了条件。

（二）推进新型城镇化是启动最大的内需

推进新型城镇化尚有很大的潜力，那么这种潜力将转化为推进城镇化发展的动力和实现城镇化而推动扩大内需的需求力。

1. 城镇化建设需要大量的物质，创造工业品需求

当前我国工业产品供给与需求的矛盾突出。一方面，供给过大。我国进入工业化中后期，工业生产能力大幅度提升，已成为全球重要的加工制造基地，有210种工业产品的产量位居世界第一。另一方面，国内消费能力赶不上供给能力的增加，工业化高投资形成的生产能力远远超出国内工业品市场需求，只能大量依靠外需而出口。金融危机以来，外部市场逆变，出口受阻，产能过剩、内需不足明显表现出来。

推进城镇化可以带动房地产业建设、基础设施建设、市政工程建设，直接扩大对第二产业中的冶金、建材、建筑、装备制造、电子信息等行业的需求；同时还将扩大对房地产、现代物流、设计规划、咨询服务、金融保险等第三产业的需求。以上产业都将延伸产业链条，产业相关效应明显，其发展能够扩大投资需求。根据测算，城镇化每增加一个城镇人口可带动50万元的投资，若每年我国城镇化率提高1个百分点，则全国每年将有1 300万人从农村进入城镇，那么全年将新增6.5万亿的投资。由此引发的投资可以消耗大量的钢铁、水泥等

建筑材料，极大地缓解冶金、建材等行业产能过剩的压力。

我国每年有10万亿的出口额，推进城镇化，每年新增6.5万亿的投资，可以替代10万亿出口的大部分，以此可以抵御国际市场风险及各类国际性的危机。

2. 城镇化发展提升消费水平，刺激消费品需求

满足人民群众不断增长的物质文化需求，应当成为我国经济和社会持续发展的最根本的动因。刺激消费需求，特别是提高中低收入群体的消费需求，成为全面提高国民生活质量和增强经济内在动力的重要选择。推进城镇化，鼓励更多农村人口在城镇定居，实质是着眼于扩大低收入群体消费需求。

推进城镇化，必然改变进入城镇人员的消费心理。一是不同层次城镇的消费心理逐渐向上趋同。农村消费者将小城镇作为消费风向标，小城镇将中等城市作为消费风向标，中等城市将大城市作为消费风向标，由此刺激消费。二是由于大城市的消费信息更丰富，消费渠道更广泛，因此在小城镇消费中有巨大的示范作用。三是城镇逐渐扩张，自然伴随着消费品的增多，消费行为也将更时尚。城镇化带来消费心理与内容的不断更新，刺激着消费行为。据测算，如果城镇化率每年提高1个百分点，未来10年，中国居民消费率有望提高15个百分点，使居民消费率从35%提高到50%左右，最终消费率由不到50%提高到60%左右。

3. 城镇化进程提高居民收入，带动全方位需求

内需不足的主要原因是消费者购买力不足，购买力不足的主要原因是消费者收入低。解决了消费者收入问题，就可以带动消费者全方位的需求。

城镇化可以产生提高收入的系列效应。一是可以提高从农民转移到城镇来的居民的收入。从农村转移到城镇来的人员主要从事第二、第三产业，从事第二、第三产业人员的劳动生产率肯定高于从事第一产业时的劳动生产率。随着劳动生产率的提高，他们的收入水平肯定会高于原来在农村的收入水平。他们之所以从农村转移到城镇，也是为了追求更高的收入。二是可以提高原有城镇居民的收入。每年数以千万计的农村人员转入城镇，带动万亿级投资，可以增加原有城镇居民的收入；进城人员衣食住行等在城镇消费，也会增加原有城镇居民

的收入；进城人员工作在城镇，他们创造的财富会远大于自己所拿的工资，这些由他们创造的剩余财富同样会增加原有城镇居民的收入。三是可以提高还在农村的人员收入。农村富余人员多，农村劳动生产率低，大量的农村富余人员转入城镇，加速土地向专业户集中，农村劳动生产率可以提高，那么还留在农村的人员其收入可以提高。推进城镇化，加快城镇信息向农村传递，必然会影响到农民的价值观念、思维方式、市场意识、竞争意识、生产技能，提高农民的素质。农民的素质提高了，创造财富增多了，也会增加农民的收入。推进城镇化，大量农民进入城镇，增加了城镇人口对农产品的需求量，必然会推动农产品价格的上涨，同样也就会增加农民的收入。提高收入的系列效应，引发购买力提升，启动全方位的需求。

4. 城镇化转型推动产业升级，扩充新市场需求

城镇化的进程推动城镇的转型变革，城镇的转型变革，推动产业的升级。城市的转型和产业的升级，扩充新市场需求。其基本过程：一是推进城镇化，促进了以城镇为主体的生产要素再分配。由于城镇相比农村往往具有资本技术、交通运输、居住条件、人力资源、通讯设备等方面的比较优势，这种再分配过程使得大量的劳动力和生产活动不断向城镇聚集，城镇市场规模不断扩大，推动产业结构不断升级。二是要素生产率正向牵引，推动城市递进升级。城镇比农村要素生产率高，大城市通常比中小城镇要素生产率高，而一切生产要素都是向要素生产率更高处递进式流动，那么必然会产生大城市向城市圈升级，中小城镇向大城市升级，农村向城镇升级。[1] 三是城镇化与第三产业紧密相连，推动第三产业快速发展。城镇化发展不仅能够推动以教育、医疗、社保等为主要内容的公共服务发展，也能够推动以商贸、餐饮、旅游等为主要内容的消费型服务业和以金融、保险、物流等为主要内容的生产型服务业的发展，而且这种发展是城镇越大，发展越快。服务业发展越快，新市场扩充的量就越大。

---

[1] 潘峰. 推进新型城镇化是扩大内需的战略选择 [J]. 学习月刊，2011（5）.

参考文献

一、图书

[1] 卡洛. 欧洲经济史［M］. 徐璇，吴良健，译. 北京：商务印书馆，1989.

[2] 克拉潘. 现代英国经济史［M］. 姚曾廙，译. 北京：商务印书馆，1964.

[3] 王章辉，孙娴. 工业社会的勃兴［M］. 北京：人民出版社，1995.

[4] 钱乘旦. 英国史论文集［M］. 北京：三联出版社，1982.

[5] 李其荣. 世界城市史话［M］. 武汉：湖北人民出版社，1997.

[6] 齐世荣. 精粹世界史——推动历史进程的工业革命［M］. 北京：中国青年出版社，1999.

[7] 波梁斯基. 外国经济史［M］. 北京大学经济史经济学说史教研室，译. 北京：生活、读书、新知三联书店，1963.

[8] 柯武刚，石漫飞. 制度经济学［M］. 北京：商务印书馆，2000.

[9] 布莱克. 日本和俄国的现代化［M］. 周平铭，等，译. 北京：商务印书馆，1992.

[10] 速水融，宫本又郎. 日本经济史［M］. 北京：三联书店，1997.

[11] 高桥幸八郎，永原庆二. 日本近现代史概说［M］. 东京：东京大学出版社，1981.

[12] 江秀平. 走向近代化的东方对话［M］. 北京：中国社会科学出版社，1993.

[13] 日本史史料研究会. 日本史史料集［M］. 地点不详：有朋堂，1966.

[14] 远山茂树. 日本史研究入门［M］. 吕永清，译. 北京：三联书店，1959.

[15] 高国汉. 资本论［M］. 北京：人民出版社，1975.

[16] 金日坤. 儒家文化圈的伦理秩序与经济［M］. 北京：中国人民大学出版社，1991.

[17] 井上清. 日本史［M］. 东京：东京岩波书店，1965.

[18] 孙承. 日本资本主义国内市场形成［M］. 上海：东方出版社，1993.

[19] 信夫清三郎. 日本政治史［M］. 吕万和，等，译. 上海：上海译文出版社，1988.

[20] 守屋典郎. 日本经济史 [M]. 周锡卿，译. 北京：三联书店，1963.
[21] 中央编译局. 列宁选集 [M]. 北京：人民出版社，1972.
[22] 中共中央马克思恩格斯列宁斯大林作编译局，中共中央马克思恩格斯列宁斯大林著作编译局. 资本论 [M]. 北京：人民出版社，2004 (1).
[23] 今井登志喜. 都市发达史研究 [M]. 东京：东京大学出版社，1951.
[24] 柚木学. 近世海运史研究 [M]. 东京：法政大学出版局，1979.
[25] 中共中央马克思恩格斯列宁斯大林著作编译局. 马克思恩格斯选集 [M]. 北京：人民出版社，1972.
[26] 朴正熙. 我们国家的道路 [M]. 陈琦伟，译. 北京：华夏出版社，1988.
[27] 赵利济，金赢亨. 韩国经济腾飞的政策剖析 [M]. 武汉：华中理工大学出版社，1996.
[28] 李庆臻，金吉龙. 韩国现代化研究 [M]. 济南：济南出版社，1995.
[29] 任晓. 当代各国政治体制 [M]. 兰州：兰州大学出版社，1998.
[30] 陈秀山，张可云. 区域经济理论 [M]. 北京：商务印书馆，2005.
[31] 辜胜阻. 城镇化与经济发展热点问题探索 [M]. 北京：科学出版社，2007.
[32] 张俊. 集聚发展城市化进程中小城镇的发展之路 [M]. 北京：中国电力出版社，2008.
[33] 张聪群. 产业集群互动机理研究 [M]. 北京：经济科学出版社，2007.
[34] 顾朝林. 城镇体系规划：理论·方法·实例 [M]. 北京：中国建筑工业出版社，2005.
[35] 顾朝林. 经济全球化与中国城市发展 [M]. 北京：商务印书馆，1999.
[36] 李翅. 走向理性之城——快速城市化进程中的城市新区发展与增长调控 [M]. 北京：中国建筑工业出版社，2006.
[37] 刘勇. 中国城镇化战略研究 [M]. 北京：经济科学出版社，2004.
[38] 王茂林. 新中国城市经济 50 年 [M]. 北京：经济管理出版社，2000.
[39] 王梦奎，冯并，谢伏瞻. 中国特色城镇化道路 [M]. 北京：中国发展出版社，2005.
[40] 王梦奎. 中国中长期发展的重要问题（2006-2020） [M]. 北京：中国发展出版社，2005.
[41] 权衡等. 中国区域经济——统筹协调发展 [M]. 上海：上海人民出版社，2008.
[42] 高国力. 区域经济不平衡发展论 [M]. 北京：经济科学出版社，2008.
[43] 冯治. 中国农村现代化道路与规律 [M]. 北京：人民出版社，2004.

[44] 刘传江，郑凌云. 城镇化与城乡可持续发展 [M]. 北京：科学出版社，2004.
[45] 傅崇兰，周明俊. 中国特色城市发展理论与实践 [M]. 北京：中国社会科学出版社，2003.
[46] 胡顺延，周明祖，水延凯. 国城市化发展战略 [M]. 北京：中央党校出版社，2002.
[47] 牛凤瑞. 西部大开发聚焦在城镇 [M]. 北京：社会科学文献出版社，2002.
[48] 王士兰，陈行上，陈钢炎. 中国小城镇规划新视角 [M]. 北京：中国建筑工业出版社，2004.
[49] 张京祥. 西方城市规划思想史纲 [M]. 南京：东南大学出版社，2005.
[50] 孙施文. 城市规划哲学 [M]. 北京：中国建筑工业出版社，1997.
[51] 邹德慈. 城市规划导论 [M]. 北京：中国建筑工业出版社，2002.
[52] 富山和子. 何谓环境问题 [M]. 东京：PHP 研究所，2001.
[53] 陈宗胜. 发展经济学——从贫困走向富裕 [M]. 上海：上海复旦大学出版社，2000.
[54] 马洪. 中国发展研究 [M]. 北京：中国发展出版社，2002.
[55] 易炼红. 第三产业理论分析与对策研究 [M]. 香港：国际展望出版社，1993.
[56] 邱志忠. 中国市县区发展研究 [M]. 北京：海潮出版社，2002.
[57] 张培刚. 发展经济学与中国经济发展 [M]. 北京：经济科学出版社，1996.
[58] 贾志永. 西部地区城市化及就业结构转换研究 [M]. 重庆：西南交大出版社，2002.
[59] 林广. 成功与代价——中外城市化比较新论 [M]. 南京：东南大学出版社，2000.
[60] 白跃. 中国农业现代化路径选择分析 [M]. 北京：中国社科出版社，2004.
[61] 徐勇. 三农中国 [M]. 武汉：湖北人民出版社，2003.
[62] 徐祥临. 三农问题论剑 [M]. 海口：海南出版社，2002.
[63] 奥斯本，盖布勒. 政府改革——企业精神如何改革看公营部门 [M]. 上海：上海译文出版社，1996.
[64] 周一星. 城市地理学 [M]. 北京：商务印书馆，1997.
[65] 董鉴泓. 中国古代城市建设 [M]. 北京：中国建筑工业出版社，1988.
[66] 张承中. 环境规划与管理 [M]. 北京：高等教育出版社，2007.

二、报纸期刊

[1] 李佑军. 应促进小城镇优胜劣汰［N］. 中国经济时报，2004-08-16.

[2] 任远. 东部沿海地区城市化发展战略研究［N］. 联合早报，2001-04-13.

[3] 肖黎明. 浩浩长江盼立法［N］. 法制日报，1999-10-04.

[4] 王金霞. 我国水资源面临的挑战和思考［N］. 科技日报，2000-06-23.

[5] 罗宏斌. "新型城镇化"的内涵与意义［N］. 湖南日报，2010.

[6] 张立群. 加快解决城镇化相对滞后问题［N］. 中国经济时报，2013-04-01.

[7] 黄晓蕾. 日本以立体交通缓解城市拥堵［N］. 华东科技，2010-04-55.

[8] 中国水资源问题堪忧 原因之一快速城市化［N］. 环球在线，2006-08-01.

[9] 童国庆. 新加坡，一个可供我们学习借鉴的城市水资源管理模式［N］. 中国水利报，2007-07-04.

[10] 胡守勇. 新型城镇化与农业现代化的内在逻辑［N］. 农民日报，2014-08-01.

[11] 黄序. 法国的城市化与城乡一体化及启迪［J］. 城市问题，1997（5）.

[12] 李丽萍，郭宝华. 城市化形成及演进机制的比较［J］. 改革，2006（3）.

[13] 孙颖泽. 面向全球一体化的韩国空间政策［J］. 地理译报，1995.

[14] 张明军. 对甘肃省城市化道路问题的思考［J］. 西北人口，1998（3）.

[15] 程怀远. 论中国传统农业向现代化农业的转变［J］. 经济学动态，2004（12）.

[16] 辜胜阻，李永周. 农村城镇化的战略方向［J］. 中国农村经济，2000（6）.

[17] 虞锡君. 发达地区农村城市化的四个重要环节［J］. 中国农村经济，2000（3）.

[18] 王竹林. 飞地型城镇建设与西部农村城镇化的跨越式发展［J］. 甘肃社会科学，2005（5）.

[19] 刘新卫. 中国城镇化快速发展阶段的土地利用问题［J］. 国土资源情报，2006（12）.

[20] 王春光. 没有城镇化就不可能有成功的现代化［J］. 中国青年，2005（21）.

[21] 林仲豪. 我国区域经济差异收敛弱化原因分析：基于要素极化式聚集的视角［J］. 山东社会科学，2008（8）.

[22] 张迎珍. 我国小城镇发展的主要模式及其思考［J］. 太原师范学院学报：社会科学版，2004（6）.

[23] 许毅，柳文. 农业产业化与城镇化的几个问题［J］. 中南财经政法大学学报，2004.

[24] 张明池. 城镇化推进：有中国特色的城市化道路［J］. 山东经济战略研究，2001（6）.

[25] 肖秀玲. 加快小城镇发展的思考 [J]. 广东经济，2007 (9).
[26] 张璐. 浅谈小城镇规划发展 [J]. 发展之道，2003 (5).
[27] 王小惠. 关于小城镇规划中的几个问题 [J]. 和谐发展论坛，1999 (7).
[28] 蒋思富. 我国小城镇建设中的问题及对策 [J]. 渝州大学学报：社会科学版，1999 (4).
[29] 刘平. 议小城镇的建设与发展 [J]. 建材与装饰，2007 (1).
[30] 刘延龙，张丽敏，李艳娟. 小城镇规划中存在的问题与对策 [J]. 小城镇建设，2004 (6).
[31] 杨森林. 小城镇建设存在的误区及对策 [J]. 小城镇建设，2004 (6).
[32] 覃建芝. 小城镇规划管理研究 [J]. 小城镇建设，2004 (8).
[33] 闫慧军. 小城镇绿化工作之我见 [J]. 小城镇建设，2005 (8).
[34] 徐巨洲. 城市规划与城市经济发展 [J]. 城市规划，2001，25.
[35] 张庭伟. 市场经济下的规划及其实施 [J]. 城市规划，1994，5.
[36] 黄天元，乔现民. 小城镇工业园区建设研究 [J]. 经济地理，2001，21.
[37] 傅应铨. 小城镇建设中土地利用探讨 [J]. 财经科学，2000 (5).
[38] 程久苗. 我国小城镇发展中土地利用问题探析 [J]. 中国软科学，2002 (9).
[39] 任晓静. 小城镇建设要合理利用土地 [J]. 小城镇建设，2003 (9).
[40] 俞孔坚，李迪华. 城市生态基础设施建设的十大景观战略 [J]. 规划师，2001.
[41] 董哲仁. 河流治理生态工程学的发展沿革与趋势 [J]. 水利水电技术，2004 (1).
[42] 于华东. 从农村师资状况透视城乡教育的差距 [J]. 湖北民族学院学报：哲学社会科学版，2008 (4).
[43] 李慧. 城乡一体化取向下的我国公共服务改革——兼论协同效应在构建城乡统筹的公共服务体系中的径路 [J]. 湖北成人教育学院学报，2009 (5).
[44] 李永宁. 统筹城乡公共产品供给的财政政策思考 [J]. 理论导刊，2008 (11).
[45] 国家统计局农村社会经济调查司. 2005 年我国农村经济稳定增长 [J]. 调研世界，2006 (3).
[46] 陈祖海，汪陈友. 论农村基本公共服务的诱致性需求与效率供给 [J]. 当代经济，2006 (6 下).
[47] 米有录. 试论我国劳动力转移在国民经济宏观运行中的条件 [J]. 经济研究，1988 (3).
[48] 温铁军. 劳动力转移对农业生产的影响研究 [J]. 中国农村经济，1997 (1).
[49] 安希及. 2010 年我国粮食需求与供给状况 [J]. 农村社会经济学刊，1995 (2).

[50] 杨华. 论农村人口城市化进程缓慢的主要因素 [J]. 新疆财经，2001 (6).
[51] 朱铁臻. 城市化是新世纪中国经济高增长的强大动力 [J]. 经济界，2000 (1).
[52] 仇保兴. 小城镇十种发展模式 [J]. 建设科技，2004 (19).
[53] 朱孔来，李静静，乐菲菲. 中国城镇化进程与经济增长关系的实证研究 [J]. 统计研究，2011 (9).
[54] 王春艳. 美国城市化的历史、特征及启示 [J]. 城市问题，2007 (6).
[55] 毛大庆. 新加坡城市规划纵览 [J]. 环境保护，2006 (11).
[56] 黄汉权，李华刚，胡拥军. 专家：四大体制障碍制约新型城镇化发展 [2] [J]. 中国发展观察杂志社，2013，8.
[57] 孟秀琴. 农民失地问题分析及对策建议 [J]. 贵州民族学院：哲学社会科学版，2005 (5).
[58] 李倩. 浅析城镇化进程中户籍制度存在的问题及对策 [J]. 决策探索，2013 (8).
[59] 沈刚. 科学发展轨道交通　走新型城市化道路 [J]. 中国发展观察，2008 (12).
[60] 严立冬，崔元峰. 城市化进程中的水生态安全问题探讨 [J]. 中国软科学，2002.
[61] 刘彦理，付兰英. 浅析城市水系变化对水生态的影响及对策 [J]. 城市建设理论研究：电子版，2011 (22).
[62] 戴冬梅，韩铁军. 日本水循环经济发展中的经验和做法及对我国的启示 [J]. 区域经济与产业经济，2014，7.
[63] 朱宏兰，高伟生. 我国乡村城市化中的环境问题及其对策 [J]. 环境科学进展，1998，6 (2).
[64] 姜爱林，钟京涛，张志辉. 发达国家城市环境治理的若干经验 [J]. 内蒙古环境科学，2008，10 (20).
[65] 姜爱林，陈海秋. 发达国家城市环境治理的若干政策措施 [J]. 钦州学院学报，2009，4.
[66] 李少元. 城镇化的挑战与农村教育决策的应对 [J]. 东北师大学报，2003，1.
[67] 郭建如. 国家——社会视角下的农村基础教育发展：教育整治学分析 [J]. 北京大学教育评论，2005 (33).
[68] 于艳华. 现代教育技术与教师的能力素质 [J]. 防灾科技学院学报，2006，12 (8).
[69] 干启明，梁俊思，王小元. 论加快城镇化发展对解决“三农”问题的重要意义 [J]. 经济与社会发展，2008 (12).
[70] 潘峰. 推进新型城镇化是扩大内需的战略选择 [J]. 学习月刊，2011 (5).

三、网络文献

[1] 韩俊. 社会主义新农村该怎么建? [EB/OL]. [2005-12-15]. http://www.sare.com.cn.
[2] 姚鸿明. 关于推进城镇化进程的若干建议 [EB/OL]. [2005-3-11]. 人民网.
[3] 费孝通.小城镇大问题 [EB/OL]. (2013-04-02) [2016-01-01] http://www.360doc.com/content/13/0402/17/7664736 _275552603.shtml.
[4] 国家统计局. 中华人民共和国 2002 年国民经济和社会发展统计公报 [EB/OL]. (2003-02-28) [2016-01-22] http://www.cfen.com.cn/sjpd/hg/201601/t20160122_1655003.html.
[5] 财政部财政科学研究所，山东省国税局课题组. 工业反哺农业的国际经验及其借鉴 [EB/OL]. (2007-08-25) [2016-01-01] http://wenku.baidu.com/link?url=W91sXXKjszF5-AGHgvIuKHPq--CZVY-WWexDoH5DnUy4oegbVrIu6g2oK_4F _vFcYdlNMM-w9TefDtowFIiBpVHHy _Oq4W9rUDAnVe5SL4e.
[6] 常红. 我国城镇化率超过 50%，城市化仍滞后于工业化 [N/OL]. [2012-8-24]. http://politics.people.com.cn/n/2012/0824/c1001-18826393.html.
[7] 钮旺春. 城镇化进程中的土地问题 [EB/OL]. (2010-12-7) [2016-4-1] http://blog.gmw.cn/blog-4305-289851.html.
[8] 韩长赋. 我国工业化、城镇化进程中的土地问题 [EB/OL]. [2004-11-16]. http://www.npc.gov.cn/npc/oldarchives/zht/zgrdw/common/zw.jsp@label=wxzlk&id=333914&pdmc=1510.htm.
[9] 高占先. 把握全域城市化建设机遇谋求交通管理工作可持续发展 [EB/OL]. (2014-4-23) [2013-6-15] http://www.jxhld.gov.cn/news/g/3/201004/23-63116.html.
[10] 王海莲. 缓解北京交通拥堵的几点想法 [N/OL]. 新华网，2008-08-01.
[11] 张茂林. [EB/OL]. 城镇化建设中的几个税收问题，三明市政府门户网.
[12] 林家彬. 日本国土整治体系考察报告——水资源管理篇 [EB/OL]. [2003-3-1]. 国务院发展研究中心信息网.
[13] 沈静珠. 城市进化过程中注重解决环境污染和生态破坏 [EB/OL]. [2004-5-8]. http://www.people.com.cn/GB/14576/33320/33329/ 2483649.
[14] 刘迪平. 浅析农村城镇化进程中的农村教育问题 [EB/OL]. [206-1-14]. http://m.chinavalue.net/Finance/Aritide/2006-1-14/28430.html.
[15] 周济. 正视教育困难和问题 并通过改革予以解决 [N/OL]. [2006-5-2]. http://www.npjy.gov.cn/newsInfo.aspx?pkId=497684.

[16] 吴德义. 怎样有效发挥新型城镇化对农业现代化辐射带动作用 [N/OL]. [2015-3-26]. http://www.china.com.cn/opinion/think/2015-03-26/contents_35159566.htm.
[17] 赵少智. 城镇化是民族地区全面建设小康社会的必由之路 [N/OL]. [2004-1-30]. http://www.data.3g.sina.com.cn.

四、外文文献

[1] Encyclopadia Britannica X. chicago: Encyclopadia Britannica, Inc, 1974.
[2] E. Herbert. Nerman. Japan's Emergence as a modern state. New York: International secretariat institute of Pacific Relation, 1940.
[3] Brown, L. R. Who Will Feed China. New York: North & Company, 1995.
[4] Ecological Safety Evaluation of Land Use in Ji'an City Based on the Principal Component Analysis. Asian Agricultural Research, 2010 (2).
[5] Edgar M. Hoover, An Introduction to Regional Economics. Alfred A · knopf, 1984. Third Edition.
[6] Sukko Kim & Robcrt A, Margo. Historical Perspective on U. S. Geography. Handbook of Regional and Urban Economics, 2003, volume 4, August.
[7] R. M. Mortham, Urban Geography, New York: J. Wiley & Sons, 1975: 65-67.

五、其他

[1] 建设部城乡规划司，城乡规划管理中心. 1998 年全国设市城市及其人口统计资料，1999.
[2] 日本国土交通省土地水资源局水资源部. 日本的水资源，2001.
[3] 日本国土厅. 新全国综合水资源规划，1999.
[4] 鄢泽兵. 与经济发展相适应的小城镇动态规划方法研究 [D]. 武汉：华中科技大学，2004.
[5] 杨健强. 水资源与城市可持续发展：昆明水资源研究 [D]. 北京：清华大学，2001.